XIFANG
ZHEXUE
GUSHI

图解西方哲学故事

尚墨 著

西苑出版社

图书在版编目（CIP）数据

图解西方哲学故事 / 尚墨编著. --北京：西苑出版社，
2011.8
ISBN 978-7-5151-0062-3

Ⅰ.①图… Ⅱ.①尚… Ⅲ.①哲学史－西方国家－图解 Ⅳ.①B5-64

中国版本图书馆CIP数据核字（2011）第166583号

图解西方哲学故事

编　　著	尚墨
出版发行	西苑出版社
通讯地址	北京市海淀区阜石路15号 邮政编码：100143
	电　话：010-64210030 传　真：010-64283954
	网　址 www.xycbs.com E-mail: xycbs8@126.com
印　　刷	北京亚通印刷有限责任公司
经　　销	全国新华书店
开　　本	710mm×1000mm 1/16
字　　数	200千字
印　　张	24.25
版　　次	2012年1月第1版
印　　次	2012年1月第1次印刷
书　　号	ISBN 978-7-5151-0062-3
定　　价	58.00 元

（凡西苑版图书如有缺漏页、残破等质量问题，本社邮购部负责调换）

前言 Preface

在哲学界，有一个流行的说法：要难倒一个哲学家，最简单、最有效的办法，就是问他："哲学是什么？"吊诡的是，这是一个哲学家们无法回答的问题。

哲学，一个神圣而博学的代名词，源于古希腊，19世纪末通过日本转译到中国。英语的Philosophy来源于希腊的philosophia，可以拆分为爱philos和智慧sophia两个词。在"晦涩哲人"赫拉克利特看来，哲学是一个形容词，意思是"爱智慧的"，表示人与万物和谐一致，在苏格拉底和柏拉图看来，哲学是一个名词，"爱智慧"表示人对自然渴望与追求。

对于哲学，德国古典唯心主义辩证法哲学的集大成者黑格尔有过七个生动形象、寓意深刻的比喻。

第一个比喻："庙里的神"。哲学在人类文化中的地位就像是庙里的神，是文化的灵魂所在，哲学是人类文化和精神的灵光。

第二个比喻："厮杀的战场"。古往今来，各种哲学流派相互批判、相互整合，这是哲学运动发展的表现形式。所以英国哲学史家艾耶尔会说："对一个哲学家来说，从世俗的角度看来，他所作的最幸运的事情，莫过于能够改变整个哲学的方向了。”

第三个比喻：花蕾、花朵和果实。由花蕾到花朵到果实，这是哲学否定之否定、螺旋上升的发展逻辑，所以怀特海说：“欧洲哲学传统最确实的一般的特征是，它由对柏拉图的一系列脚注构成。”

第四个比喻：密涅瓦的猫头鹰。密涅瓦是希腊神话中的智慧女神，她肩上的猫头鹰，是智慧和理性的体现。这种在黑夜伫立枝头的鸟儿代表的是哲学的沉思、哲学的理性、哲学的批判。

第五个比喻：消化与生理学。哲学之于思想就像消化之于生理学，正如生理学不是教人消化的，哲学也不是教人思维的。不学哲学照样可以思维，但学过哲学可以把握更好的思维。

第六个比喻：“同一句格言”。同样的一句话，从一个饱经风霜的老人的口里说出与从一个乳臭未干的年轻人口里说出，其效果全然不同的。理性对于哲学必不可少，却并非全部，丰富的阅历和深刻的体验对于学好哲学同样不可或缺。

第七个比喻："动物听音乐"。有些动物，它们听见了音乐中的一切的音调，但这些音调的一致性与协调性所显示的伟大意义，却不是它们能理解的。哲学是思维奏出无声的乐曲，谁拥有机敏的耳能听出那美妙的旋律呢？哲学不是僵化的知识，如果把哲学当做僵化的知识来接受和套用，虽然可以使用某些哲学概念，却始终不知道哲学为何物，因而也不可能真正地进入哲学思考。

哲学流派及思想巨人，他们的思想如同夜空中星星，当我们在人生前进的路上抬头仰望监察，必然会感受到一种令人敬畏和信仰的力量。哲学充满智慧，但似乎高深莫测，甚至也枯燥无趣，这让许多人望而却步。这大概与许多哲学著作的行文有关，术语过于艰深，表达太过专业，非要把哲学思考弄得玄而又玄，好像非如此不足以显示哲学的智慧。对大多数哲学门外汉而言，哲学的殿堂门槛太高，难以窥见其中奥妙。直到现在，哲学博士仍是西方学校最难获得的学位之一。西方哲学史上从来不乏晦涩难懂如同天书的哲学著作，但人们却更需要内容既详尽精准，又非常好玩有趣，能让人手不释卷，津津有味的哲学入门书籍，本书恰好弥补了这方面的缺陷。

本书以长短适当的篇幅，把西方两千多年的哲学思想作了一个清晰的展示。它以时间顺序为基本主线，介绍了各个历史时期的哲学家和哲学流派，同时它又综合了从哲学的主要的、基本的问题展开的方法，吸收了当代哲学和哲学史研究的最新发展的一些研究成果，多层面、立体地展现哲学的发展脉络。本书观点公正、材料翔实、结论清晰明了，能让读者对西方哲学的总体发展有一个准确的把握。

同时，它没有艰涩的哲学术语，文字通俗易懂，讲解深入浅出，章节标题准确又有趣。书中每一节文字的开始部分都以一个引人入胜的问题作为切入点，富于启发性。

尽管如些，西方哲学中许多艰涩的理念，如果用文字来描述表述的效果很难尽如人意，根据“一图胜千页”的信息传播理论，我们配置了数百张清晰精美的图片，对一些哲学问题的万千解释尽在图片中得到直观阐明。让读者轻松跨过哲学的门槛，便捷走进哲学的殿堂，进而登堂入室。

目录

目录

CONTENTS

目录

XIFANG
ZHEXUE
GUSHI

水是万物之源

水是万物之本源，万物终归于水。

——泰勒斯

几乎每个人在小时候都曾问过自己的父母“我是从哪里来的？”这个问题。作为一个活生生的人，早期的哲学家也在思考着这个世界究竟是从哪里来的：周围的花草树木、动植物究竟如何产生的？怎么会有现在人们生活的世界？世界如此之大，人类又是如此的渺小。于是，西方历史上有一个人第一次尝试寻找世界的本原。孩子们也许可以从父母那里得到答案，而世界不会说话，只能靠人们不断地思考。所以，这个今天看来简单甚至可以称得上简陋的命题，承载着的是古人的思考的智慧，千万不要小看它。

泰勒斯是记载中的西方哲学史上的第一位哲学家，他出生于公元前六世纪的爱奥尼亚的米利都，是著名的希腊七贤之首。

泰勒斯（约公元前624年－公元前546年），古希腊时期著名的哲学家、科学家，希腊最早的哲学派系——米利都学派（也称爱奥尼亚学派）的创始人。他是西方思想史上第一个有记载且有名字留下来的思想家，被誉为“科学和哲学之祖”

泰勒斯还是一个数学家，他第一个在圆周里画出了直角三角形，还观察到某一时刻人的影子与身高等长，并利用这个发现，测出了金字塔的高度。

他最热衷的是天文学，他是第一个预言日食、确定冬至、夏至的人，是第一个宣称太阳和月亮的直径是其运行轨道的七百二十分之一的人。他确立每月30天和每年365天。还发现了小熊星座。

有一次，他从朋友家里赴宴结束，走在回家的路上，看到头上的天空星光灿烂，非常适合观察天象，于是他如痴如醉地观察着天空，思考着宇宙和万物的由来。他沉浸在自己的思考中，顾不得脚下崎岖不平的小路，一不小心竟掉进了水沟里。

他的呼救声引来了邻居家老妇人的嘲笑：“泰勒斯，你只顾着想知道天上的一切，却连自己脚下的东西都看不到。”这件事从此成了笑话，人们见到泰勒斯就要调侃几句。说他无法看清眼前的东西。

由于泰勒斯忙于自己的各种研究，生活过得十分窘迫，人们便总是嘲笑他的天文学是不务正业。有一年由于天气不好，橄榄油歉收。许多做橄榄油生意的商人都赔了本，大家心灰意冷。第二年开春后，泰勒斯居然租下了米利都所有的榨油机，人们都觉得他疯了。结果当年的橄榄油大获丰收，米利都的榨油机都属于泰勒斯，泰勒斯高价出租榨油机，赚了一大笔钱。原来，泰勒斯通过天文观察，分析出第二年会风调雨顺，橄榄油会获得丰收。这样，泰勒斯运用自己的知识堵住了那些整日蔑视他知识的人们的嘴巴。

古希腊人最早认为世界是神造的，并且用神的超自然的力量来解释自然，他们认为宇宙最先是混沌的，然后从混沌中分化出天空和大地，天空和大地也就是父亲和母亲，他们所生的孩子是最高的神，然后又繁衍了诸神及其后代，等等。泰勒斯最早用自然本身来说明自然，开始用抽象的理性的思维方式取代神话的形象思维方式。他认为水是万物的本原。

泰勒斯的家庭属于奴隶主贵族阶级，所以他从小受到良好的教育。他游历过很多国家。在埃及的时候，他向埃及人学习观察洪水，他仔细阅读了尼罗河水每年涨退的记录，还看到每年尼罗河水退后的现象。他发现每次洪水退后，不但留下了肥沃的淤泥，还在淤泥里留下了无数的嫩芽和幼虫。雨后的坑洼里，会出现蝌蚪。他觉得水是世界的基本构成元素。

他观察到万物都靠水来滋养，种子需要水才能发芽，动物和人需要

这是大画家高更作品，表达了“我们从哪里来？我们是谁？我们往哪里去？”的迷茫。关于人的来源问题，这是从古至今许多人都在关注和思考的问题，而泰勒斯提出“水是万物之源”，开创了西方哲学史上第一个哲学命题。

水生命才能延续，世界万物离开水都不能生存。他认为世界万物都是普遍联系的，他们统一于水。

此外，他还观察到，阳光照射到海面上，海水被蒸发，雾从水面升腾为云，云又化成雨，重新回到大海。所以万物来源于水，最终又复归于水，万物都是水的变化形态，水才是永恒长存的本体。

他觉得，人脚下的陆地像一个圆盘浮在水上，天上也是水，万物生于水而归于水，水是不变的本体，地球就漂在水上。

他还把这些现象与埃及人原有的关于神造宇宙的神话结合起来，得出万物由水生成的结论。另外，古希腊神话说，海洋之神奥克安诺创造了万物；古代埃及和古巴比伦的神话也认为，一切皆水，水是原始的混沌状态，万物皆由水产生。这些神话传说更坚定了泰勒斯的“水是万物的本原”的想法。

泰勒斯提出“万物的本原是水”的命题虽然非常的粗糙与简单，但却标志着人类思维开始从神话的形象的思维向抽象的理性的思维过渡。希腊哲学始祖泰勒斯的贡献就在于他首次打破神话的形式，用自然的原因去解释自然界的统一性，从而在哲学上提出本原的思想。

泰勒斯终生独自生活。他的母亲曾试图劝他结婚，他回答说还太早。于是他的母亲推迟了对他的劝告，当她再次催促他时，他回答说已经太迟了。有一次，梭伦去拜访泰勒斯，问他为什么不娶妻生子。泰勒斯没有回答，他指示了一个人假扮成从雅典来的商人，给梭伦带来一个噩耗，说梭伦的儿子已经死了，梭伦听到这个消息后，肝肠寸断，悲痛欲绝。这时，泰勒斯说：“像你这样一个意志坚强的人都如此，这就是我不娶妻生子的原因。不过你不要伤心，我是骗你的。”

年老的泰勒斯在观看一场比赛时，死于酷暑。而他用物质性的东西来说明物质世界的本原，用流动性的东西来说明世界的变化，标志着人类摆脱了传统的神话宗教宇宙观的束缚，第一次提出了朴素的唯物主义宇宙观，却是人类思想的一次伟大飞跃。“世界的本原是水”是西方哲学史上第一个哲学命题。

XIFANG
ZHEXUE
GUSHI

数构成世界

自然界的所有事物都由数构成，万物必须服从数的和谐。

——毕达哥拉斯

毕达哥拉斯出生于米利都附近的萨摩斯岛。父亲是一个富商，九岁时被送到提尔，在闪族（又称闪米特人）叙利亚学者那里进行学习，在那里他接触了东方的宗教和文化。毕达哥拉斯曾到米利都、得洛斯等地，拜访了泰勒斯、阿那克西曼德和菲尔库德斯，并成为了他们的学生。在这里学习到了大量的知识。毕达哥拉斯平时衣着朴素，吃简单的食物，大多赤脚走路，过着简朴的生活。

毕达哥拉斯的哲学思想比较独特，他所认为的万物的本原不具有实体性，他用“数”构建了自己的哲学体系。他认为数是万物的本原，万物是由数的各种各样的形式构成的。每一个事物的背后都包含数，都可以用数来度量。整个宇宙就是从数中演化出来的。数先于事物而存在，是构成事物的基本单元。一切事物都是由基本的几何形状构成的几何结构，而这种几何结构又可以被数所量化。数学为宇宙提供了一个概念模型，数量和形状决定了各种自然物体的形式，数不但在量上有多寡，而且还具有几何形状。从这个意义上说，毕达哥拉斯把数理解为自然物体的基本形式，是构成一切事物的总根源。有了数才有了几何学上的点，进而有了线、面和立体，进而有了火、气、水、土四种元素，从而形成了万物，所以数在物之先。他认为一切都是变化的，但数是永存的，只有数才是和谐的、美好的，自然界的一切现象和规律都由数所决定，都必须服从“数的和谐”。

毕达哥拉斯是第一位提倡素食者，被西方称为素食主义者之父。其道德规范起初被作为一种哲学伦理盛行于那个时代，目的是要创造一种普遍适用的法律，包括禁止杀生、禁止粗暴的流血、禁止动物祭祀，提倡“永远不吃肉”。图中的蔬果就是毕达哥拉斯与其门徒们的食物。

毕达哥拉斯企图用数来解释一切。他认为依靠数学可使灵魂得到升华，与上帝融为一体，万物都由数构成，万物都包含数，上帝通过数来统治宇宙。研究数学的目的并不在于使用而是为了探索自然的奥秘。

毕达哥拉斯在意大利成立了一个学术性的宗教团体，被称为“毕达哥拉斯学派”，这是一个秘密组织，他们致力于数学的研究与探讨。

团体的成员要接受长期的训练和考核，通过考试的人才能见到毕达哥拉斯。他们所有的研究发现都属于学派的首领，并且宣誓永不泄露学派的秘密和学说。

此外，每个成员还必须遵守各条古怪的戒律：禁食豆子；东西落下了，不要去捡；不要去碰白公鸡；不要用刀切开面包；不要迈过门闩；不要用铁器拨火；不要吃整个的面包；不要戴花环；不要坐在斗上；不要在大路上行走；房里不许让燕子进来；从火上把锅拿下来时，不要把锅的印迹留在灰上，而要把它抹掉；不要在光亮的旁边照镜子；脱下睡衣的时候，要把它卷起，把身上的印迹摩平。这些戒律有些甚至很可笑。

毕达哥拉斯本人甚至死于自己制定的戒律。有一次，毕达哥拉斯与人结了怨，他和门徒们被对手追到一块豆子地前，因为学派中有一条戒律是不可以践踏豆子，所以他们严守戒律，不肯踩着豆子地走过去，就这样毕达哥拉斯被对手捉住并割断了喉管。

毕达哥拉斯和他的学派在数学上取得了很大成就：在几何学方面，毕达哥拉斯学派证明了“三角形内角之和等于180°”的论断；研究了黄金分割；发明了正五角形和相似多边形的作法；还证明了正多面体只有五种——正四面体、正六面体、正八面体、正十二面体和正二十面体。

他最伟大的发现是毕达哥拉斯定理，即直角三角形的两直角边长度平方之和等于第三边长度的平方，也就是中国的勾股定理。

据说，有一次毕达哥拉斯应一位富有政要的邀请去参加餐会，在这间豪华宫殿般的餐厅里，满地铺的是美丽的正方形大理石地板砖。这些饥肠辘辘的贵宾对于大餐迟迟不上桌颇有怨言，善于观察和理解的毕达哥拉斯则凝视着脚下这些排列规则的美丽方形瓷砖。对于毕达哥拉斯来说，他不只欣赏着瓷砖的美丽，还想到了它们和数之间的关系，他越想越兴奋，完全被自己的思考迷住，索性拿了尺子和笔蹲在地板上，在4块大理石拼成的大正方形上，都以每块大理石的对角线为边，画出一个新的正方形，他发现这个正方形的面积正好等于2块大理石的面积；他又以2块大理石组成的矩形对角线为边，画出了一个更大的正方形，而这个正方形正好等于5块大理石的面积。至此，毕达哥拉斯作了一个大胆的假设：任何直角三角形，其斜边的平方都等于另外两条边的平方之和。那一次的餐会，古希腊这位数学大师，视线一直都在盯着地面。著名的毕达哥拉斯定理就这样产生了。

后来，他的一个学生希巴斯通过勾股定理发现了无理数，这一发现打破了数的和谐，为了不让这个秘密被外人知道，希巴斯被悲惨地处死。

毕达哥拉斯还是“哲学”这个词的第一个使用者。

古希腊人热爱运动，渴望拥有一个健壮的体魄，对高超的竞技能力很是欣赏。有一次，毕达哥拉斯受菲罗斯僭主勒翁的邀请去观看一场竞技比赛。盛大的竞技场里人山人海，场面很是恢宏。两人谈天说地，气氛和谐。勒翁对毕达哥拉斯的知识和学问很钦佩，看着竞技场中各种身份的人士和竞技台上身怀绝技的勇士，他转身问毕达哥拉斯是什么样的人。

毕达哥拉斯回答说：“我是哲学家（在希腊语中，‘哲学’的意思是爱智慧，‘哲学家’是指爱智慧的人）。”

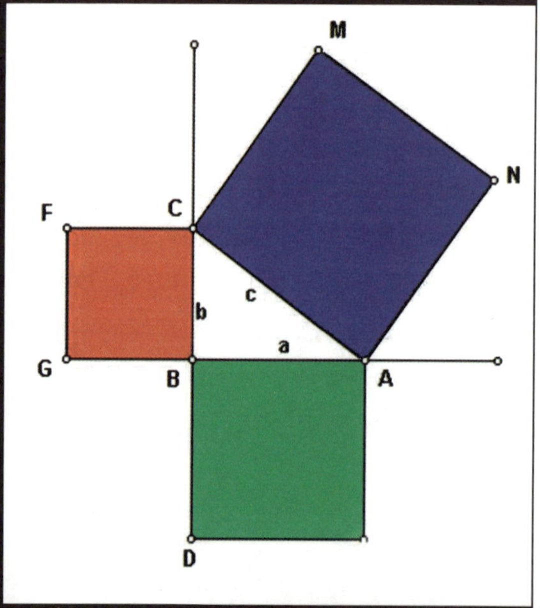

毕达哥拉斯定理在中国被称为勾股定理，即直角三角形的两直角边的平方和等于斜边的平方。传统认为此定理是由古希腊哲学家毕达哥拉斯所证明。毕达哥拉斯树则是根据毕达哥拉斯定理根画出来的一个可以无限重复的图形。

勒翁问：“为什么是爱智慧，而不是智慧呢？”

泰勒斯把水看做是“万物的始基”，水既是万物之源，又是人类文明进化的开始。海洋则是储存水的巨大宝库。海神波塞冬是地球上水的象征，三叉戟是他身份的象征，鱼、虾等则是水孕育生命的最好说明。因为海神在战斗中创造了第一匹马，所以他同时也是马匹的保护神。

毕达哥拉斯说：“只有伟大的神才是智慧的，人顶多是爱智慧。就好比今天到竞技场来的各种各样的人，他们有的是来做生意挣钱，有的则是无所事事闲逛，这其中最好的人就是沉思的观众。就像生活中，许多人为卑微的欲望追求名利，而只有哲学家是在寻求真理。”

从此，世界有了“哲学家”这个词，追求真理也就成了哲学家永不放弃的目标和信念。

毕达哥拉斯另一个著名思想是“灵魂转世说”。

据色诺芬尼记载：有一次毕达哥拉斯在闲逛时，看见一个人正在打一条狗，他厉声说："住手，不要再打它。它是我朋友的灵魂，我一听见它的声音就知道。"

我们现在听起来可能觉得好笑，但是毕达哥拉斯的灵魂转世思想十分风靡，在欧洲也家喻户晓。

在莎士比亚的"第十二夜"中有这样的一段对话：

小丑：毕达哥拉斯对于野鸟有什么意见？

马伏里奥：他说我们祖母的灵魂也许会在鸟儿的身体里寄住过。

小丑：你对他的意见觉得怎样？

马伏里奥：我认为灵魂是高贵的，绝对不赞成他的说法。

小丑：再见，你在黑暗里住下去吧，等到你赞成了毕达哥拉斯的说法之后，我才可以承认你的头脑健全。

毕达哥拉斯认为灵魂是永恒的，永远不会死的。它循环往复、周而复始，还可以变成别的东西，就像我们中国民间流传的"转世投胎"。

毕达哥拉斯建立的毕达哥拉斯学派是最早把数的概念提到突出地位的学派，推动了人类的理性思维。他们从五个苹果、五个手指等事物中抽象出了"五"这个数。虽然在今天看来这很平常，但当时在哲学和实用数学界，却是一个巨大的进步。在实用数学方面，它使得计算成为可能；在哲学方面，这个发现促使人们相信数是构成物质世界的基础。

XIFANG
ZHEXUE
GUSHI

宇宙是一团永恒的活火

这个世界，对于一切存在物都是一样的，它不是任何神所创造的，也不是任何人所创造的，它过去、现在、未来永远是一团永恒的活火，在一定的分寸上燃烧，在一定的分寸上熄灭。

——赫拉克利特

继毕达哥拉斯之后，赫拉克利特是又一位哲学思想影响着后人千年之久的哲学家。他生于伊奥尼亚地区的爱菲斯城邦的一个王族家庭，本该继承王位的他却将王位让给了自己的兄弟，自己跑到深山隐居起来。

赫拉克利特生性孤傲，根本不屑与任何人为伍。他自是甚高，敢于反对一切传统权威，就连赫赫有名的诗人荷马都不放在眼里。他对荷马的“但愿诸神和人把斗争消灭掉”的说法不以为然，他甚至说：“应该把荷马从赛会中赶出去，并且抽他一顿鞭子。” 波斯帝国的国王大流士一世曾慕名邀请他去波斯宫廷教授希腊文化，也被他傲慢地拒绝了，并且说：“我惧怕显赫，只有卑微适宜我的心灵。”就连伟大的哲学家柏拉图也总是讽刺赫拉克利特为人刻薄，喜欢说别人的坏话。

赫拉克利特（约公元前530年—公元前470年），是一位富有传奇色彩的人物。他生于伊奥尼亚地区的爱菲斯城邦的王族家庭，将本该属于自己的王位让给了兄弟，自己却过起了隐居的生活。

不过，我觉得赫拉克利特应该是一个对友谊忠诚且嫉恶如仇的人，虽然他似乎一生只有一个朋友——赫尔谟多罗。

当他知道爱菲斯城邦放逐了他的朋友赫尔谟多罗时，他怒不可遏地说：“爱菲斯的每个成年人最好都将自己吊死，把城邦留给具有纯真天性的少年。因为他们放逐了赫尔谟多罗，而他又是我们中间最优秀的人，并且说：‘我们中间不需要最优秀的人；有这样人的话，就让他到别处去和别人在一起吧。’”

他写过一部总称《论自然》的书，内容包括“论万物”“论政治”“论神灵”三部分。但是文章深奥难懂，富有隐喻，只有行家才能读得懂，似乎他是故意写得如此难以理解。但是这部让他名声大振的著作却没有被保存下来，现在能看到的130多个残篇，都是从不同时期的著作中摘录出来的。残篇的语言多采取形象比喻的形式，内容是深奥的辩证法，让人读起来感觉十分困难，因此人们送给赫拉克利特一个称号——“晦涩哲人”。

赫拉克利特不是任何人的学生，他从自己身上学习一切知识，他也从来不像别的哲学家那样招收门徒，传授自己的知识。世俗的一切，都不被他放在眼里。他后来隐居在阿尔忒弥神庙里。那时候神庙正在重建，庙前有一大片空地，每天都有很多小孩儿来这里玩游戏，赫拉克利特也加入了小孩们的队伍和他们一起玩骰子。爱菲斯城里的大人们看见赫拉克利特整天不干正事，和孩子们一起玩扔动物骨头的游戏，在他们看来，这完全就是疯子的行径。于是，全城的人都涌来瞧热闹、起哄，嘲笑他。赫拉克利特向喧嚣的人群抛出一句无比轻蔑的话：“你们这些无赖，我和孩子们玩耍有什么大惊小怪的，这岂不比你们一起搞政治正当吗？”

赫拉克利特崇尚变化，他认为火是诸多元素中最精致，并且最接近于没有形体的东西，它比其他元素更活跃，更富于变化。万物就“像火的燃烧和熄灭一样是不断变化的”。宇宙就是一团“永恒的活火”。

火是一种无法固定、总是在跳动的东西，是一种充满了能量，灼热的、随时都在变化的东西。而由这种东西所产生的世界也处在不断的变化之中，不断地流动，不断地产生和消灭，世界万物都是由火产生，最终又复归于火。这种产生和复归，都是基于一种“对立斗争和报复”的原则。“万物都转换为火，火又转换为万物，正如通过交换将货物变成黄金，将黄金变成货物一样”。火既是运动的，又能使别的事物运动。燃烧的火象征着自然界中普遍的川流不息的现象和转化，在不断地变化中，火持续不断地经历着它的两条变化之道：火经由浓缩变成湿气，气再聚合变成水，水凝结后又变成土。他把这一过程叫做“下行之路”。反过来，土又溶解变成水；水进一步蒸发变成气，气又回到火。他把这一过程叫做“上行之路”。这两种互相矛盾的过程是对立统一的。向上再向下，前进又返回，交替并举，从火到水，从水到土，又从土回到水，从水回到火。

毕达哥拉斯认为，世界是不断变化的，宇宙万物都是由火转化而成的一种形态。整个宇宙就是一团“永恒的活火”：万物由火产生，消亡时又归于火，周而复始。梵高在自己的《星空》作品中，将柏树描绘为一颗燃烧的树，天空的星星也在翻滚，星空下的小镇似乎也在涌动，一切都像一团火，充满能量，在不断变化着。

赫拉克利特还认为人的身体是土，而人的灵魂是纯净的火，是人体中最热烈的部分。灵魂受潮，人就入睡或失去知觉，灵魂全部潮湿，人就死亡；反过来，最干燥的灵魂是最有智慧的。

宇宙万物是火的转化形态。它们都由火产生，消亡时又都复归于火。宇宙就处于周而复始的以火为基础的变化之中，并且按照一定的规律永恒运动着。“这个世界，对于一切存在物都是一样的，它不是任何神所创造的，也不是任何人所创造的，它过去、现在、未来永远是一团永恒的活火，在一定的分寸上燃烧，在一定的分寸上熄灭。”

赫拉克利特的这一思想，不用超自然的神，而用自然界本身的物质去寻求世界万物的本原，用一种形态的物质来说明千变万化、五彩缤纷的世界，也体现了他试图从多样性中寻求统一性的思想。

晚年的赫拉克利特变得十分厌恶他的同胞，自己隐居起来并在山间流浪，靠吃草根、树皮维持生活，这种生活导致了他在六十岁时就死于水肿病。

XIFANG
ZHEXUE
GUSHI

可以两次踏入同一条河流吗？

可以两次踏入同一条河流吗？

万物皆流，无物永驻。我们走下而又没有走下同一条河流。我们存在而又不存在。

——赫拉克利特

听到这个问题，你会不会觉得这是一个脑筋急转弯，或者是个莫名其妙的问题？

其实这是希腊哲学家赫拉克利特的一个著名哲学命题。不用诧异，赫拉克利特有他自己的道理。

赫拉克利特哲学的主要特征是强调变化。他生活的时期正值希波战争，当时社会充满了动荡，这种动荡和变化对赫拉克利特的思想产生了很大的影响。

赫拉克利特与德谟克利特都是古希腊伟大的唯物主义哲学家。他们研究的侧重点不同，前者侧重物质的运动，后者侧重物质的生成与消失；前者的哲学特征是强调“变化”，后者利用“原子论”解释万物的产生以及宇宙的生成。

他的一个著名的哲学命题是“人不能两次踏入同一条河流”。当人抬腿第二次进入这条河的那一瞬间，早已经是新的水流而不是原来的水流在流淌了。而且我们也不再是第一次的我们。存在的东西，是不会留下的。一切皆变，其中也包括人。

他认为，世界上的一切事物没有什么是绝对静止的，一切都处在永恒的变化之中，并且事物的流转变化遵循着一定的秩序或规律。赫拉克利特强调运动变化，但并不否定静止。在他的思想中，运动是绝对的，静止是相对的。他把存在的东西比作一条河。“万物皆流，无物永驻”。赫拉克利特认为万物的这种变化是按照一定的尺度和规律进行的。这就是他的逻各斯学说。

所谓逻各斯，通俗的说就是指世界的可理解的规律。在赫拉克利特看来，世间万物的形成、转化及消灭都是按照一定的逻各斯进行的。但是逻各斯与一般的规律还是有所不同，逻各斯主要是指一种尺度、大小和分寸等，但是仅仅表现为数量上的一定的比例和关系，而一般规律却不仅表现在数量方面，也可以表现在其他方面。从范围上来说，一般规律比尺度的范围要更大，即尺度一定是一般规律，但是一般规律不一定就是尺度。从人类的认识发展过程来看，先认识具体事物，然后发现一般，最后发现普遍规律，即从个性到共性，再到普遍性。而尺度就相当于共性，一般规律就相当于普遍性。逻各斯学说正是处在人类的认识发展到共性这个阶段。

但是要认识到共性，发现规律，一般的耳闻目睹是远远不够的，还必须用心思索，要付出像从沙里淘金一样的艰苦劳动。

要发现运动的规律，首先要知道事物运动和变化的原因。在这点上，赫拉克利特提出了“斗争是产生万物的根源”的观点。他认为，事物之所以运动，之所以产生变化，根本原因就是事物本身存在着矛盾和对立，正是由于对立面的斗争和统一，事物才能运动，才能发生变化。这个现象在自然界中普遍存在，如生与死、醒与梦、少与老、冷与热、干与湿。善与恶、日与夜、冬与夏、战与和。其中历史的发展最能证明这一点，中国有句古话叫做“天下分久必合，合久必分”，正是这种分分合合才推动着历史的车轮向前行进，而分分合合的根本在于斗争。这些成对的现象不仅是对立的关系，还可以相互转化，进行统一。

“人不能两次踏进同一条河流”反映了朴素的辩证唯物主义运动观。辩证唯物主义运动观认为，运动是物质的根本属性和存在方式，世界上不存在一成不变的事物，只有永恒运动着的物质。即世界唯一的不变就是“变”。

但是如果顺着这个思路往深处想，一切事物都处于运动之中，此时的事物非彼时的事物，甚至都无法判断它是什么，我们又该如何认识事物、区别事物呢？赫拉克利特的学生克拉底鲁就有过这样的疑问，既然一切都变化不定，那么“人连一次也不能踏入同一条河流。”这其实是运动观点的极端理解。虽然物质总是处在运动之中，但是也同样要承认物质有某种静止和稳定的形式，只不过这种静止和稳定是相对的，是运动的一种特殊状态而已。物质的运动产生了物质的多样性，但是这种多样性只有在相对静止中才能显现出来。因为只有在相对静止的状态下，才能对事物进行确定的分析，把握其性质，对它进行科学的分析，也才能够把事物彼此区别开来。如果不承认物质有相对静止的状态，那么物质的形态就不可捉摸，甚至都无法被认识，对于无法认识的物质，又怎么进行研究呢？这就会导致相对主义的诡辩论，克拉底鲁的理论就是如此。

“这是克罗底河吗？”曾经有人指着克罗底河问克拉底鲁。但是他的回答却是：“我不知道，因为我说的时候它就变了。”

提问者接着问道：“河流如此，那么其他事物呢？”

“毫无疑问，世间万物都在永不停息地运动着，当然所有的事物都无法说明它是什么。”克拉底鲁不假思索地回答道。

“那你现在坐着什么呢？”

世间万物都处于永恒的变化之中，就像赫拉克利特所说的，人不能两次踏进同一河流。源源不断的泉水就是这一命题的最好例证。万事万物早已在我们不经意间发生了变化。但是，克拉底鲁把这一命题推向极端的做法，忽视了事物变化的相对性，是不对的。

“椅子啊！”克拉底鲁回答道。

“是吗？但是按照你的理论，在你回答的时候，它已经不是椅子了啊？”

克拉底鲁被自己的观点打败了，无言以对。

这样，克拉底鲁就由否认事物的相对稳定而导向了诡辩。

“人不能两次踏入同一条河流”，这句话表达了万物都在变化和发展这样一个真理，它说明了客观事物是在永恒地运动着的。这个朴素的世界观第一次由赫拉克利特明白地表述了出来：一切都存在着，但是因为万物的运动，一切又都不存在，都在变化、产生和消失。由于赫拉克利特对事物运动变化规律的理解包含着丰富的辩证法思想，这也是辩证法思想在西方哲学史中最早被表述。因而他被列宁称为“辩证法的奠基人之一”。

万事万物都是变化发展的，一成不变的事物是没有的。任何事物都有其产生和发展的过程。人生也是一个变化发展的过程，当我们走在人生的道路上，无论遇到什么困难和挫折，请让我们记住赫拉克利特的另一句脍炙人口的名言：“太阳每天都是新的！”

XIFANG ZHEXUE GUSHI

存在是唯一的

存在是永恒的，不生也不灭。

——巴门尼德

巴门尼德是爱利亚学派创始人。出生在爱丽亚本地一个富裕且受人尊敬的家庭里，他学识渊博，仪表非凡，品德高尚，积极参加城邦的政治活动，为城邦的法制改革做出了很大贡献。

之前曾说过赫拉克利特“万物皆流”的哲学思想，赫拉克利特认为一切事物都是变化的，而比他生活再稍晚一点时代的巴门尼德则针锋相对地指出“没有事物会改变；我们的感官认知是不可靠的”。唯一真实的存在就是“一”。

他提出了“存在”的概念。使得在他之后的西方哲学家都把界定“存在”这个概念当做自己的重要任务。

其实巴门尼德受克塞诺芬尼关于神是不动的“一”的理论影响，依靠抽象形象，从感性世界概括出最一般的范畴“存在”。“一”是无限的、不可分的。比如，“冷”对于他来说仅仅是意味着“不热”，而“黑暗”则是“不光明”。与我们观念中的上帝不同，巴门尼德似乎把“一”认为是物质的，而且占有空间。他说“一”是球形的，不可分割的，它的全体无所不在。

巴门尼德（公元前515年—约公元前5世纪中叶后），古希腊伟大的哲学家，是继苏格拉底之后最伟大的哲学家之一，他首次提出“思想与存在是同一的”命题。认为存在是永恒的，连续不可分的，是真实的，可以被思想的。

他曾在自己的哲学著作《论自然》中用神话的形式写道，他在自己年轻的时候就知道了真理。因为他在乘坐女神的马车上天之后，太阳神告诉过他。他的哲学著作都有一个特点，就是他擅长将自己的哲学学说用诗歌的形式表达出来，而这本《论自然》就是用散文体写成的。可是由于时间的久远，这本著作已经失传了，仅仅剩下了一些残章断句供人们阅读。这些残篇由诗序、真理之路、意见之路三部分组成。诗序在一开始就表明了巴门尼德的哲学宗旨：

她执著我的手说：
年轻人啊，
欢迎你由不朽的御手陪伴，
乘着轩车来到我的庭院。
你走上这条道路，

送你远行的并非邪恶而是公正。
在这里，你应当通晓一切事件，
不仅有圆满真理不可动摇的核心
还有那些常人意见，全无真理可言。

从诗序中我们不难看出，巴门尼德在他的著作中着重论述的其实就是真理之路。寻求由“公正”引导的“道路”，即寻求真理之路，而这一思想核心也正是他借正义女神之口来表达的自己的思想宗旨。

当寻求真理的途径这一哲学宗旨明确之后，他便提出了一道要在通向真理的途径中要做的“选择题”，那就是要在“存在”与“非存在”之间作出一个选择。当然在这里，他认为要得到真理，就必须选择“存在”这条路，因为这是通向真理的唯一途径。残篇二中这样说道：

来吧，我将告诉你，
请你倾听并牢记心底。
只有哪些研究途径是可以思想的：
一条是存在而不能不在，
这是确信的途径，与真理同行；
另一条是非存在而决不能是存在，
我要告诉你，此路不通。
非存在你不认识也说不出，
因为这是不可能的，
作为思想和作为存在是一回事情。

巴门尼德认为，存在是唯一的、连续的和不可分的。存在的唯一性或者说是单一性就是由于它的连续性和不可分性。他说：“存在不可分，因为它整个完全相同。如果它在这里多一些，它的联结就会受到影响；如果它在那里少一些，存在就不充盈了。存在和存在紧接在一起，使得存在的东西整个地连续不断。”

“存在是永恒的，不生也不灭”，为此，他从来源、时间两个方面进行了论证。从来源上来看，存在无生成；从时间上来看，存在亦无生成。

巴门尼德认为，存在是永恒的，不生不灭。就在大家都以为基督已经死去的时候，他却用真实的形象告诉大家，他还“存在着”，并且他会一直庇佑着每一个忠实的信徒。仿佛他曾经的到来只是为了在自己的生命历程中完成某项使命。

此外，“存在是不动的”。“生成和消灭已被真信念所驱逐，消失得无影无踪。所以存在在巨大的锁链里被局限而静止不动，无始无终。它保持着自身同一，居留在同一个地方，被在它所处的位置固定，强大的必然把它禁锢在这锁链中。”

同时，“存在是完满的”。巴门尼德形容“存在”，“就像一个滚圆的球体，从中心到每一边都距离都相等，任何一个地方都不会多一些或少一些，也没有任何地方大一些或小一些。它完全没有任何差别，从所有方面到中心的距离都相等。也没有什么非存在妨害存在的东西相联结。”

巴门尼德还认为，“存在是思想的对象”。一方面，思想的对象只能是存在，不能是非存在；另一方面，只有思想才能掌握存在，光凭感觉是行不通的。因为你会发现，一个思想是不会孤立存在的，他一定有他所要表达的存在物。

当你思想的时候，你必定会思想到某种事物；当你使用一个名字的时候，它必定是用来代指某种事物。因为思想和语言都需要在它们本身以外具有某种客体，所以凡是可以被想到的或者可以被思考的，就必然随时随地都存在着，也就不可能会有变化，因为变化本身就包含着事物的产生与灭亡。

巴门尼德是早期希腊哲学发展中的一个转折点。他创造了一种形而上学的论证形式，后来大多数形而上学的学者们也曾经采取这种论证形式。所以，与其说他曾经创造了逻辑，还不如说他真正创造的是基于逻辑的形而上学。在他以前，从米利都学派到赫拉克利特，他们提出问题、思考问题和认识问题的出发点是万物的本原是什么，以及万物是如何生成变化的。而毕达哥拉斯学派，虽然提出了数的理论，但还是把它当做了万物的本原，说明数是如何生成万物的。而到巴门尼德时，他的全部哲学宗旨在于寻求一条通向真理的途径。与先前的哲学家们试图去说明什么是真理、什么是世界本原不同的是，巴门尼德探索出了另一种提问方式，目的是想解决怎样达到真理的问题，即寻找真理的途径。

XIFANG
ZHEXUE
GUSHI

阿基里斯永远追不上乌龟？

运动不存在。因为，位移事物在达到目的地之前必须先抵达一半处。

——芝诺

在柏拉图的著作中，有一篇《巴门尼德》，是关于芝诺和巴门尼德在公元前五世纪中期去雅典访问的记述。文中说，巴门尼德当时年事已高，虽然满头银发，但却仪表堂堂。而当时的芝诺年龄在40岁左右，年华正盛，身材魁梧。芝诺著有《论自然》一书，在柏拉图的著作中还提到，芝诺在谈到自己的著作时表示，自己是由于年轻气盛而著成此篇，书成后即被人窃取，以致不能决断是否要将它问世。

据说芝诺与老师巴门尼德的交情非常好，他一生都致力于证明巴门尼德“存在者不动”的哲学观点。巴门尼德认为真正可信的东西是始终

芝诺（约公元前490年—前425年），古希腊最伟大的哲学家之一，著名哲学家巴门尼德的学生和朋友，其最著名的思想有我们熟知的“阿基里斯追不上乌龟”，兔子追不上乌龟，即是由此衍化而来。他被亚里士多德誉为“辩证法的发明人”。

如一的，是不动的，不会变化的，始终稳固的。不会被产生，也不会被消灭，它是完整、唯一、不动和无限的，既没有过去，也没有未来，是“不生、不灭、完整、不动和无限”的东西。与老师不同的是，芝诺喜欢用反面来证明巴门尼德的存在是“一”而不是“多”，是“静”而不是“动”。他常常用归谬法从反面去证明：“如果事物是多数的，将要比是‘一’的假设得出更可笑的结果。”当时，古希腊的各个思想流派对观点的推理检验都基于逻各斯（赫拉克利特最早将这个概念引入哲学，是为了说明万物的生灭变化虽然变幻无常，但它仍有一定的尺度，人是能够掌握它的），芝诺就发现逻各斯有时与现实是会产生矛盾的。于是他提出无限可分的概念，巧妙地构想出一些关于运动的论点。他的这些论点，就是有名的“芝诺悖论”。

芝诺的论证常常弄得自以为是的哲学家摸不着头脑。他提出了四个非常著名的论证，“阿基里斯追不上乌龟”、“二分法”、“飞矢不动”、“一半的时间等于一倍的时间”，其中第一个最为著名。

阿基里斯是荷马史诗《伊利亚特》中最善跑的猛将。这个论点说明，即使阿基里斯健步如飞，也不可能追上一个跑得最慢的人。因为他每次都必须先跑到跑得最慢的那个人的起跑点，所以他是无论如何都追不上的那个人的。

阿基里斯要追上乌龟，首先必须到达乌龟的起点处A，而当阿基里斯赶到A点时，乌龟已经向前跑了一段路L1，到了B点；当阿基里斯跑完L1这段路程到达B点时，乌龟又向前跑了一段路L2到达C点；当阿基里斯赶到C点时，乌龟又向前跑了一段路L3到达D点，如此下去，虽然L2比L1小，L3比L2小，但总是还有一段距离存在。LN会越来越小，但由于时空是无限可分的，所以总有比LN更小的LN+1存在，那么点与点的距离虽然不断缩小，但永远不会重合。所以，阿基里斯虽然健步如飞，日行千里，但在他前面却永远有着新的Sn+1等待着他去超越，这样，阿基里斯可以无限接近乌龟，但永远也别想追上它。

根据经验，我们都知道这个论断是不可能的。所以在芝诺提出这个悖论时，第欧根尼就试图用实际行动来推翻它，但是由于芝诺的推理过

根据芝诺的理论，跑得最快的永远也跟不上跑得最慢的，乌龟永远追不上兔子。他的理由是，当兔子跑到乌龟的起点A时，乌龟已经跑到B点；当兔子跑到B点时，乌龟已经跑到C点；……明显，这是一个悖论。

程非常严谨，而且合乎逻辑，所以长期以来竟然没有人能够从理论上真正弄清它的错误到底出在哪里。芝诺用这个论证结结实实地反驳了那些反对他老师巴门尼德的学说的人。

19世纪时，黑格尔第一次对运动做了辩证法的表述，这才从理论上澄清了芝诺的错误。时间和空间是连续的，而芝诺在考察运动史，把间断性和连续性这两个本身不可分离的方面割裂开来，只看到了间断性，却丢掉了连续性。比如从第一秒钟到第二秒钟，中间经过了一秒钟。而芝诺把这一秒钟分为第1.1秒，第1.2秒，第1.9秒，第1.99秒，第1.999……9秒，这样这一秒钟就会无限接近于第2秒，但永远无法到达第二秒钟。这种对时间的理解方式显然是错误的。因为第一秒和第二秒之间是连续的，“滴答”一声之后时间自然就会从第一秒钟走到第二秒钟。芝诺的错误就在于没有看到运动就是矛盾，运动意味着某一事物既在这个地方同时又不在这个地方。这就是间断性与连续性的对立统一，只有这样认识才能真正把握运动。

芝诺还是一个品德高尚的人。他蔑视权贵，反对独裁。据说他曾因为密谋推翻专制的僭主而被捕，当僭主让他供出他的同谋时，他将僭主的所有朋友都说成是自己的同谋。当僭主继续追问时，他则将僭主指为自己的同谋。他的回答使僭主恼羞成怒，他又假装有秘密要告诉僭主，当僭主把耳朵附过来时，他一口把他的耳朵咬了下来。然后对着侍从们说：“你们这群胆小鬼，还要继续当他的奴隶吗？”

芝诺的死时候六十多岁，关于他的死有两种说法，一个是众人在他的激励下起义，用石头把僭主打死救出了他，然后自然死亡；另一种说法是，他被僭主抛进石臼用杵捣死。

XIFANG
ZHEXUE
GUSHI

神奇的原子模型

宇宙万物都是由原子构成的。原子是最小的、不可分割的物质粒子。原子之间存在着虚空，无数的原子就存在于虚空之中，既不能创生，也不能毁灭，它们在无限的虚空中运动着。

——德谟克利特

两千多年前，有位天才哲学家，他运用自己独特的思维模式提出了“原子论”的设想，这一理论近似于近代的化学理论的模型。这位天才哲学家就是德谟克利特。他认为万物的本原是“原子”和“虚空”，并在“原子论”的基础上，解释万物乃至宇宙的存在根源，他超前的思想至今为后人所称道。

德谟克利特出生于希腊的一个富商之家，从小就见多识广，富有极强的想象力，一生更是勤奋钻研，知识渊博，喜欢漫游和探索世界，是“原子论”的主要代表人物，他常用原子论的学说解释了许多复杂的自然现象。

德谟克利特（约公元前460年—前370年或前356年），古希腊伟大的唯物主义哲学家，杰出的全才，在哲学、逻辑学、物理学、数学、天文学等方面都有所建树。此外，他还精通音乐、绘画、雕塑和诗歌，在古希腊思想史上占有重要地位。

原子一词来源于希腊语，原意是“不可分割的”。原子有无限之多，性质相似，内部坚固，是一种不可再分的物质微粒。在德谟克利特看来，万物都具有性质上的不同，原子也是如此。比如，原子在重量上有轻有重，有大有小；排列方式上，有高有低，有前有后；质感有光滑的，还有粗糙的；形状上，也是千形百态，有方的有圆的，有长的有扁的，有凹的还有凸的，甚至还有钩状。德谟克利特认为，太阳和月亮活动性高与球形原子不无关系，因为不仅太阳、月亮本身是由光滑的球型原子组成的，其核心原子和火原子也由最精细的球型原子构成。他认为，原子以唯一的“振动”方式永恒地运动着，且不可毁灭，由于体积微小，除了理性认识，我们也无法感知到它的存在。

“虚空”的特点和原子截然不同，是“非存在”的，空虚而又稀疏，不过这并不意味着它就是绝对的虚无。事实上，和“存在”相比，它也同样“实在”，而并没有少些什么。

德谟克利特认为，“虚空”是原子运动的原因。虚空是原子运动必不可少的场所，也就是说，原子的运动离不开虚空的存在。没有虚空，原子就无法运动，无法结合在一起，世界万物也就无法构成，无法存在，因而，虚空对于原子的运动来说是必不可少的。

德谟克利特的“原子论”学说使得许多复杂的自然现象得以被解释，虽然未必科学，但以自然之道解释自然本身却是难能可贵的。以磁石和铁为例，德谟克利特认为，磁、铁相吸，源于二者内部原子的运动，由于磁石与铁的原子构成相似，而且磁石原子清晰度更高，空隙更大，因此它的活动力也更强。由于虚空的存在，磁石的原子不断向它类似的铁原子运动，进入其空隙，带动铁原子的运动，进而流向磁石。

在这个观点的基础上，德谟克利特又解释了宇宙和万物的产生和消亡。他认为，在宇宙诞生之初，充满着无限的虚空，而虚空中又存在着无限之多、大大小小、形态各异的原子，许许多多的原子聚集在一起，不断向四面八方做剧烈地不规则运动，它们彼此互相撞击，漩涡也由此形成。在漩涡运动中，轻、重物质开始出现分化，轻的被甩到虚空之中，而重的则继续保持在漩涡中心，发生激烈碰撞，这样循环之后，最后留下的重物质就更加紧密地结合在一起，形成了最原始的球形体。球形体在漩涡中心的推动力之下继续保持高速旋转，邻近的潮湿泥沙等不断被吸附在上面，后来又逐渐被风干，于是就形成了地球。那些日、月、星辰，则是由最初被甩出漩涡之外的轻物质燃烧起来，发出光亮而逐渐形成的。

在这个运动过程中，同时还诞生了地球上存在的其他物质。如形状各异的原子按不同规则叠合在一起，就可以组成各种混合物。钩行的，表面粗糙的，较大的原子结合形成土元素。而圆形的、表面圆滑的、最精细和最活泼的原子聚集形成火元素，还有其他的一些相同原子聚在一起组成了水、气元素等。随着这些物质的一一形成，我们现在所生活的世界也就诞生了。

德谟克利特最早提出了“原子论”，用以解释万物的产生及宇宙的生成，成为古希腊自然哲学的理论高峰。为了纪念这位伟大的智者，现在希腊国家发行的面值100德拉克马的钞票上，印有德谟克利特的头像。

但是，这样产生的世界并不是唯一的，而是有无限多个，因为虚空无限，所以也就存在无限多的旋涡运动，旋涡大小不同，形成的地球大小也各不相同。被甩出的轻物质数量不同或者没有，所以日、月、星辰在不同的世界大小也不同，数量也可能更多，甚至有些世界里根本没有太阳和月亮，生物也是如此，有的世界里有，有的世界里则不存在。

德谟克利特认为，人之所以有生命，是因为灵与肉的结合。人的全部都是由原子构成的，圆形的、光滑的原子构成了灵，而这些原子更精致，更具有能动性，与肉体结合便使人具有了生命。它们分离时，人也就不复存在了，而灵魂也就随之陨灭了。

总之，原子是永恒的，运动的，万事万物都是由原子构成的，原子的结合是事物产生的根源，原子的分离是事物毁灭的缘由。有了原子，就有了世界。

XIFANG
ZHEXUE
GUSHI

人是万物的尺度

神是不可知的，一切风俗习惯、道德、法律都是人为的，它们合理与否，也是以人的判断为尺度。

——普罗泰戈拉

普罗泰戈拉出生于阿布德拉，是德谟克利特的同乡。他学习哲学的渊源还得追溯到与德谟克利特的一次相遇上。普罗泰戈拉曾是一个木材搬运工。一天与德谟克利特相遇，在同乡间愉快的交谈中，德谟克利特发现普罗泰戈拉有着惊人、出奇的智力。因此，通过德谟克利特的鼓励和指导，他走上了哲学的道路。

公元前5世纪中叶，雅典的民主政治达到鼎盛时期，几乎所有的民众都有参加城邦的政治、文化活动的机会。而参加这些活动需要一定的讲演辩论的才能。普罗泰戈拉凭借着自己的如簧巧舌和超人的辩论才能，开展了自己有偿教学的营生。他是第一个收取学生学费的老师，希腊最受人尊敬的"智者"。

普罗泰哥拉是古希腊伟大哲学家，智者派的代表人物，据说是大哲学家德谟克利特的学生。普罗泰哥拉最初是一名搬运工，他特殊的捆柴方式让德谟克利特赞赏不已，于是便收他作学生，向他传授知识。

这位"智者"希望在学习的过程当中，学生只要先付给他一半的学费就能在学校学习，然后等到学生学成毕业之后，帮助别人打赢第一场官司后再付给他另一半学费。当然，他还说了，如果学生这第一场官司没打赢，那么就代表着作为老师的他教学质量不佳，

他的一个学生叫欧亚塞卢。这位学生由于家境贫寒，凑不足学费，所以普罗泰戈拉就和他约定先让他交一半的学费，等他毕业之后再交另外一半。可是欧亚塞卢在毕业之后，既没有帮助别人出庭打官司，也没有交给普罗泰戈拉另外一半学费。这使得普罗泰戈拉感到很生气，于是他向法院提起诉讼，决定与他的这位学生对簿公堂。这就是著名的"半

费之诉”。

这对师生在法庭上针锋相对，他的学生欧亚塞卢继承了他雄辩的口才，对他的辩论和指控毫不示弱。可是普罗泰戈拉不愧是伟大的雄辩家，他镇定地说：“如果你打赢了这场官司，按照我们的约定，你应该付给我另一半学费；可是如果你输了，按照法庭的裁决，你也应该付给我另一半学费。所以，这次官司不论你是输还是赢，你都逃不过付给我另一半学费的命运。”全场震惊了，都臣服在这位伟大的辩论家的话语之下。

可是没想到欧亚塞卢从容地走到辩护席的前端，彬彬有理地对泰戈拉说：“我亲爱的老师，如果这场官司我赢了，那么，根据法庭判决，我将不必付给您学费；如果我输了，那么根据协议，我也不必付给您另一半学费。所以这场官司不论我赢还是我输，我都不必付给您那一半学费。

整个法庭沸腾了，大家目睹了这样一场师生之间的雄伟辩论。同时这场著名的“半费之诉”就为大家所熟知，并为后世所津津乐道。

这位伟大的辩论家同时还著有《论真理》《论相反论证》《论神》等著作。

普罗泰格拉是雅典学派中的重要一员，后面右侧穿黄衣服者就是他。普罗泰哥拉认为人的感觉都是可靠的，人们对事物的判断是根据自己的感觉作出的，无所谓好坏真假，即“人是万物的尺度”。他还主张“知识就是感觉”，认为人们只要借助感觉就可获得知识。他的这些思想含有主观唯心主义成分，但与后来的典型主观唯心主义还是有所区别的。

相信大家都知道普罗泰戈拉的著作《论神》，其中开头是这样论述的："关于神，我既不知道他们存在，也不知道他们不存在。有许多东西阻碍着我们的认识，如问题晦涩、人生短促等。"也正是由于这些话，给他带来了可以说是相当严重的后果。被他的言论激怒的雅典人，把他的著作从抄录收藏的人手里收集起来，在广场上烧毁，并且把他驱逐出了城邦。

其实普罗泰戈拉留传下来的最主要的哲学名言是在《论真理》中说的："人是万物的尺度，存在时万物存在，不存在时万物不存在。"我们可以这样认为：他指的人实际上是强调了人对万物的感觉是以人的感觉为标准的。事物是什么，要以人的感觉为标准。普罗泰戈拉的这句哲学名言在当时具有反传统的意义。我们要知道，在当时的希腊普遍是以神为万物的尺度，传统的观念、事物的存在、好还是坏都是由神决定的。而普罗泰戈拉以人的感觉为准，让人取代神的地位，这在希腊哲学史上无疑是一颗重磅炸弹。普罗泰戈拉认为神是不可知的，一切风俗习惯、道德、法律都是人为的，它们是否合理、正确，也是以人的判断为尺度的。他认为在怀疑神的存在以后，在人将万能的神取代之后，人们就可以在觉得法律不合理时进行改革，这就为改革找到了一个辩护的理由。

但是，依照我们唯物辩证法的观点来看，他的这些话和思想也是不正确的。因为客观事物的存在和性质是不以人的意志为转移的，也并不是以人的感觉变化而存在的。他把事物的性质，如冷热，看成是主观感觉的产物，否定了事物性质存在的客观性，事实上是陷入了主观唯心主义之中。

普罗泰戈拉一生旅居各地。这位伟大的雄辩家在被赶出雅典后，就在去西西里的途中，由于乘坐的船只沉没而身亡了。

XIFANG
ZHEXUE
GUSHI

认识你自己的无知

阿波罗神之所以说我是最智慧的，是因为我知道自己无知；别人也同样是无知，但他们却认识不到这一点，总以为自己很智慧。我非常自觉地意识到自己的无知，从这点上我比他聪明，起码我不以我所不知为知。

——苏格拉底

苏格拉底是雅典著名的哲学家，他的一生虽然没有留下著作，但是他的哲学思想对后世影响巨大，为古代希腊思想界开创了一个新纪元。他与他的学生柏拉图，以及柏拉图的学生亚里士多德被后世称为“希腊三贤”。

关于苏格拉底的所有资料都来自与别人的记载，主要是他的两个学生：色诺芬和柏拉图。虽然记载的是同一个人，但是两个人记录却大相径庭，这又给这位伟大的哲学大师蒙上了一层神秘的面纱。

苏格拉底（公元前469—前399），古希腊著名思想家、哲学家、教育家，西方哲学的奠基者，与学生柏拉图、柏拉图的学生亚里士多德并称为“古希腊三贤”。之前，哲学家只关注世界的本原是什么，苏格拉底则将目光转向人类本身，即人类的伦理问题，使哲学“从天上回到人间”，在哲学史上具有伟大意义。

苏格拉底（公元前469—前399），古希腊著名思想家、哲学家、教育家，西方哲学的奠基者，与学生柏拉图、柏拉图的学生亚里士多德并称为“古希腊三贤”。之前，哲学家只关注世界的本原是什么，苏格拉底则将目光转向人类本身，即人类的伦理问题，使哲学“从天上回到人间”，在哲学史上具有伟大意义。

据记载，苏格拉底容貌丑陋。笨拙而矮小的个子，不相称的大脑袋，让人看见还害怕的脸庞。他还有两道像北京猿人一样高高地在额头突起的眉毛，而眉毛下那两个如深井一样的眼窝又陷得很深，眼睛瞪得很大，且呆呆地望着前面，若有所思。再看那个又大又扁的酒糟鼻，配上两个又大又粗的鼻孔，真是让人感到“吃惊”。最后是他那张宽阔的嘴巴，足可以塞得下一只鸡了。嘴下边是一大把又脏又乱的胡子，一边一个招风耳。可苏格拉底却从来不觉得自己相貌丑陋，他曾经自豪地说过：“别人都觉得我的相貌丑陋，可是我却觉得再没有比我的长相更实用的了。我的脑袋很大，所以智慧就盛得多；眉骨高凸，就可以像屋檐一样遮挡雨水，而且还可以保护眼睛不受伤；虽说我是招风耳，可是我听得很清楚；至于鼻孔朝天，那是为了让鼻涕不易流出来弄脏了街道；嘴大吃得多，说话快。”

其实，“认识你自己”本来是希腊德尔斐神庙门楣上的铭言，苏格拉底将其作为自己哲学原则的宣言。

有一次，苏格拉底的朋友海勒丰到德尔斐神庙去参拜，他问阿波罗神谁是最智慧的人，神传下神谕，说苏格拉底是世上最智慧的人。

他回来把这个事情告诉苏格拉底，苏格拉底听后感到十分困惑。他不认为自己有那么优秀，因为他知道自己还有很多事情不了解，在很多方面都还很无知。为了验证神谕，他决定去拜访古希腊的智者和贤人们，想要找到一个比他更聪明的人。

他拜访了“勇敢的将军”，问他“勇敢是什么”，将军张口结舌地回答不上来。接着，他拜访了被公认为最聪明的政治家，问他“正义是什么”，政治家不知所措，也回答不出来。然后，他又在著名的诗人中寻找聪明人，他请诗人们解释他们的诗歌中那些睿智的言辞，诗人们解释不出来，苏格拉底发现诗人们不是凭借智慧，而是凭借灵感写作，而且居然对自己写的东西一窍不通。最后苏格拉底拜访了一些能工巧匠，发现他们只在自己的专业领域内是最有智慧的，而且他们因为手艺好，就自以为在别的方面都聪明过人，假装在自己不熟悉的地方也很精通。

在考察了很多人后，苏格拉底发现他们只是自以为聪明而并非真正聪明，所以，他恍然大悟：“之所以阿波罗神说我是最智慧的，是因为意识到了自己的无知；别的人虽然无知，却意识不到，还总以为自己很有智慧呢。我能认识到自己的无知，从这点上说，我比别人聪明，起码我不将自己不知道的强装知道。”

有个青年人曾经自称自己比苏格拉底还要聪明。有一天，苏格拉底问了青年人一个问题：“世界上是先有鸡还是先有蛋？”青年人说：“鸡是从蛋中孵化出来的，当然是先有蛋了！”

阿波罗太阳神是古希腊最著名神祇之一，主神宙斯与暗夜女神勒托之子。主管光明、青春、医药、畜牧、音乐等，是人类的保护神、光明之神、迁徙和航海者的保护神、医神以及消灾弥难之神，他能语言人的未来，所以苏格拉底的朋友才会问阿波罗神谁是最智慧的人。

“既然蛋是鸡下的，那么没有鸡，蛋是从哪里来的呢？”苏格拉底又问。

青年人想了想又说：“那就先有鸡吧。”

“你刚才不是说鸡是从蛋中孵出来的吗？那么没有蛋，鸡是从哪里来的呢？”苏格拉底又问。

青年人对苏格拉底提出这么古怪的问题很是抱怨，就说：“我也问你一个问题吧。”

“你说吧。”

“你说是先有鸡还是先有蛋呢？”

苏格拉底很诚实地说他不知道。

青年人得意地笑了：“原来，堂堂的大哲学家也和我差不多啊！”

苏格拉底认真说道：“不，你是不知道却强装知道，而我却敢于承认自己的无知。不懂装懂并不是聪明，敢于承认自己的无知也并不是不聪明。

苏格拉底是个优秀的教育者，他不仅充分认识自己，还会帮助别人认识自己。

柏拉图有一个堂弟叫格老孔，这个还不到20岁的年轻人好高骛远，不求实际。自己一点做领导的知识和才能都没有就梦想做城邦领袖，还总喜欢在众人面前进行演讲。家人总担心他在众人面前丢脸，落下笑柄。但却都不能说服他不要再这样做。苏格拉底知道后，决定开导一下这位不知天高地厚的年轻人。

有一天，格老孔迎面走来，苏格拉底看到后，老远就朝他喊：“喂，老弟！听说你决心要做我们城邦的领袖，是真的吗？”苏格拉底装出很热情的样子。为了让格老孔乐意听自己的话，故意选择了他最感兴趣的话题。

“是这样的，我确实是这样想的。”格老孔答道。

“那真是太好了！这真是人间的一大好事。如果你成功了，你就能轻而易举地得到你想要的任何东西；你还可以帮助你的朋友；为你的家庭光宗耀祖；为你的国家增光；同时你的名声还会传遍全城，传遍整个希腊，甚至在全世界都会享有盛名。到那个时候，不管你去哪里，都会受到人们的敬仰。”苏格拉底说道。

听了苏格拉底的赞美，格老孔非常高兴，于是便停下来和苏格拉底交谈起来。苏格拉底抓住机会继续对格老孔说：“可是，如果你想得到人们的尊重，你就必须得为城邦的人民作出贡献啊。”

“是这样的。”格老孔回答。

于是，苏格拉底就请格老孔谈谈如何对国家做贡献的打算。在格老孔思考的时候，他对格老孔说，为了让城邦富裕起来，就必须增加税收，格老孔对此表示同意。苏格拉底接着问，税收打算从哪里来？税收的总数是多少？税收不足时怎么办？格老孔说自己对这些问题还没有考虑过。然后，苏格拉底又问他对治理国家的一些看法，如削减开支、国防力量、防御战略、粮食供应等。对有些问题，格老孔回答还没有考虑，有些问题则支支吾吾，甚至还推脱说这类事情他没必要亲自操心。

看到格老孔如此难堪，苏格拉底便进一步开始开导他说：“其实，治理国和家是一个道理。国家人多，问题也多，不好解决，可是家毕竟小，如果你能帮助一个家庭，便能进而帮助更多的家庭。为什么你不尝试先从增加你叔父家的福利开始呢？”

格老孔说：“如果叔父肯听我的，按照我说的去做，我一定能帮他们增加福利。”

苏格拉底笑了：“怎么？你想让整个希腊人听你的，却连叔父也说服不了吗？当心啊，老弟！可不要因为一心想出名而把自己的名声弄坏了呀！看看这个世界上，哪一个受到尊敬和赞扬的人不是具有广博的知识呢？无知的人是不会受到人们尊敬的。所以，如果你真想得到城邦中人们的赞扬，就要寻求广泛的知识以便促成自己想做的事。这样，你就会超越别人。在作为一个领导者处理政务时，就很容易达成自己的目标了。”

高傲的的格老孔就这样被苏格拉底说服了。

XIFANG
ZHEXUE
GUSHI

真理的助产术

我的母亲是个助产婆，我要追随她的脚步。我是个精神上的助产士，帮助别人产生他们自己的思想。最有效的教育方法不是告诉人们答案，而是向他们提问。教育就是把人们的内心勾引出来的工具和方法。

——苏格拉底

苏格拉底终生从事教育工作，具有丰富的教育实践经验并有自己的教育理论。虽然他并没有创办自己的学校。不过他的施教场所却非常多，广场、庙宇、街头、商店、作坊、体育馆，等等，都是他施教的场所。青年人、老年人、有钱人、穷人、农民、手艺人、贵族、平民，都是他施教的对象，不论是谁，只要向他求教，他都热情施教。

“苏格拉底方法”就是他发明的一套独特的教学法，这种教学法是苏格拉底经过长期的教学实践和摸索总结出来的。因为苏格拉底的母亲是一位接生婆，所以他对自己的教学法有一个很形象的比喻，他将提问者比作孕妇，所要寻求的答案比作未出世的胎儿，自己则是知识的接生婆，自己的任务就是帮助提问者产生他自己的思想。他把这种教学方法称作“精神助产术”。“精神助产术”是为思想接生，是要引导人们产生正确的思想。苏格拉底在教学生某种思想和概念时，都是先向学生提问，而不是直接把答案告诉他们。通过提问题的方式，激发学生大脑进行积极思考，如果学生回答错误，他不是直接纠正，而是灵活变通，提出另外的问题引导学生思考，从而一步步得出正确答案。这为启发式教学奠定了基础。

苏格拉底认为，教育对一个人的成长非常重要。任何人不管他天资聪明还是愚钝，都必须经过勤学苦练才能获得值得人们称道的成就。

苏格拉底在教学上主张采取引导的方式，即不把正确答案告诉学生，而是采取不断提问的方式刺激学生的大脑进行思考，一步步得出正确答案。这种教学方法被称为“精神助产术”。

在教育内容方面，苏格拉底认为，应该首先培养人的美德，使其具备做人的基本素质，成为一个有德行的人。其次才是学习广博而实用的知识，这也是一个治国者必须掌握的。他曾经在说服自己的堂弟格老孔时说过，在任何方面，受到人们尊敬和赞扬的都是那些具有广博知识的人，而那些受到人们谴责的人则是最无知的人。最后，他认为人应该有一个健康的体魄，主张教人锻炼身体。他说，健康的身体无论是在平时还是在战争期间，都对人的体力和思维活动有重要意义。而健康的身体则来自于人们的长期锻炼。

有一次，苏格拉底走在热闹的雅典市场上，他顺手拉住一个过路人，问道："人人都想做一个有道德的人，但是道德究竟是什么呢？"

路人回答："有道德就是要做到忠诚老实，不欺骗人。"

苏格拉底又问："照你这么说，那为什么在和敌人作战的时候，我们的将领要千方百计地去诱骗敌人呢？"

"欺骗敌人是道德所允许的，但欺骗自己人却是道德不允许的。"路人回答道。

苏格拉底反驳道："那么，当我军被敌人包围时，将领为了鼓舞士气而欺骗士兵说援军已经到了，大家一定要奋力突围出去，结果突围真的成功了。这种欺骗也是不道德的吗？"

路人说："那是特殊情况，在战争中也是被逼无奈啊。但如果我们在日常生活中还这样做，就是不道德了。"

苏格拉底继续追问："又比如说，你儿子生病了，可是他嫌药苦不肯吃，这时作为父亲的你就欺骗他说，这不是药，是世界上最好吃的东西。然后孩子把药吃了。这种欺骗也是不道德的吗？"

那人只好承认："这种欺骗也是符合道德的。"

苏格拉底对此回答并不满足，又继续问道："这么说，不骗人是道德的，但骗人既可以是道德的，也可以是不道德的，也就是说欺骗并不是道德与不道德的标准。那么，道德的标准到底是什么呢？"

路人想了一会儿，说："不知道道德就不能做到道德，知道了道德才能做到道德。”

苏格拉底满意地笑了，拉着路人的手说：“我衷心地感谢您，您让我弄明白了一个长期困扰我的问题，使我了解了关于道德的知识，您是一位真正的伟大的哲学家。”

其实苏格拉底所探讨，所关心的是什么是善，什么是正义之类，也就是今天伦理学所关注的问题，可称为是伦理学的鼻祖。他对于这些问题的一个共同观点是：在正义、善等这类德行与知识之间存在着紧密联系，认识因为无知而犯罪，智慧则可以消除罪恶。

苏格拉底擅长采用讥讽、助产术、归纳、定义四个步骤，从个别抽象出普遍的东西。

“讥讽”就是通过不断地追问，让对方产生自相矛盾的感觉，然后促使对方承认自己对于这个问题确实是一无所知；“助产术”则是指帮助对方摒弃错误的见解，然后去寻找正确的、普遍的答案，即我们所谓的让真理“横空出世”；“归纳”就是在个别事物中寻找出共性，然后再通过分析和比较来寻找普遍的规律；“定义”就是把分析出来的单一的结果或概念总结在一起，成为一个大家认可，能描述普遍真理的一个概念。

苏格拉底在教育学生的时候，自始至终都是采取师生问答的形式，即“问答法”。他通过找人聊天的方式来探讨他的哲学，而不是像我们现在的学校中将真理以填鸭的形式直接告诉学生。他采取不断提问让人回答的形式，帮人一步步找到正确答案，他倡导的这种问答式的教学法对后世产生了很大影响。直到现在，问答法仍然被作为一种重要的教学方法。

苏格拉底意志力非常坚强，是一名优秀的战士，他一生三次参军作战，在战争经历中表现得顽强而勇敢，并且曾冒着生命危险在战场上救过战友的命。有一个叫阿尔西拜阿底斯的战友对苏格拉底当兵时的经历有过描述：

……当时我们的供应被切断了，不得不空枵行军，苏格拉底的坚持力每次在这种情况下都远远超过了我和其他人，他的忍耐力真是大得惊人。曾有一次严霜，其他所有人要么躲在屋里，要么用厚的可怕的衣服紧紧把自己裹起来，还用毛毡把脚包上。只有苏格拉底仍旧穿着平时的衣服，而且他竟然赤着脚站在冰上！但他比别的穿着鞋的士兵走得还好！在他们看来，苏格拉底好像是在嘲笑他们呢，所以他们都对他侧目而视。

大哲学家苏格拉底同时还是一位优秀的战士。这是苏格拉底在临出征前的宣誓，他手持长矛，眼神坚定，坐在高高的石墩上，指天发誓要誓死捍卫祖国。一旁亲友的悲伤和依依不舍，与军人的坚定、誓死如归的神态形成了鲜明的对比。

苏格拉底为人幽默，曾说过一句名言，“务必要结婚，娶个好女人，你会很快乐；娶个坏女人，你会成为哲学家”。他的妻子是哲学史上最有名的妻子，名叫桑迪普，是一位性情非常急躁的人，毫不夸张地说是一个悍妇。她经常当众给这位著名的哲学家以难堪，据说苏格拉底就是因为妻子擅长破口大骂，可以锻炼自己的忍耐能力，所以才娶得她。

当有人问苏格拉底为什么要娶这样一个女人做老婆时，他回答说：

“擅长骑马的人总是挑选烈马，因为骑惯了烈马，驾驭其他马就很容易了。我如果连这样的女人都能忍受，天下还有谁会与我相处不来呢？”

大哲学家苏格拉底的妻子是一个泼辣的女人，经常莫名其妙地对他破口大骂，苏格拉底对此早已习惯。这次，他的妻子更是莫名其妙地将一盆洗脚水浇在苏格拉底的头上，苏格拉底顿时全身湿透。但是苏格拉底并不以此为意，他有自己的理论：“擅长马术的人总要挑烈马骑，骑惯了烈马，驾驭其他的马就不在话下。”

有一次，苏格拉底正在和学生们讨论学术问题时，桑迪普不知为什么又大骂起老公来，震撼了整个课堂。苏格拉底像平常一样一言不发，任她骂去。过了一会儿，桑迪普索性端起一盆洗脚水向老公泼来，把苏格拉底浇成了一只落汤鸡，在场的学生都为桑迪普捏了一把汗，以为苏格拉底一定会对她的行为横加指责。但苏格拉底只是将脸上的水珠抹去，摸了摸身上湿透的衣服，幽默地说道：“我就知道，电闪雷鸣之后，必定是倾盆大雨。”妻子听完忍俊不禁，怒火一下消失殆尽。大家听后也欣然大笑起来，更敬佩这位智者明智的高超文化素质、艺术修养和坦荡胸怀。

XIFANG
ZHEXUE
GUSHI

苏格拉底之死

那些人这样做是无可非议的，因为在他们看来，延迟服毒酒就获得了某些东西；但对我来说，推迟服毒酒时间并不能获得什么，我吝惜和挽救的生命已经奄奄一息了，要是那么做，我只能感到自己可笑。请按照我的话去做吧，不要拒绝我。

——苏格拉底

苏格拉底一直反对古雅典民主制，他一方面主张“知识即德行”，且只属于少数贵族，另一方面又向民众演示和传授民主与智慧，结果导致民众信仰秩序大乱。在雅典恢复奴隶主民主制后，苏格拉底被指控，最终以藐视宗教、引进新神、败坏青年和反对民主等罪名被判处死刑。苏格拉底在雅典的最高法院迪卡斯特里法院被审判，按照古雅典的法规，1000多名参与审判的人中，大多数都同意苏格拉底被判处死刑——以饮毒鸩的方式结束他的生命。

被判刑后的苏格拉底谢绝学生们的帮助，一直坐在牢中等待着处死的日子。苏格拉底在坐牢时，有一次听到隔壁牢房里传来一首新歌，这是他从未听过的。苏格拉底急忙请求唱这首歌的朋友教他唱那首歌。监狱里的人都知道苏格拉底已经被判处死刑，而且就要在近期行刑。听到他的请求，唱歌的狱友很是吃惊："您不是马上就要被处决了吗？"

"是啊，"苏格拉底轻松地回答。

狱友不解地问："那您为什么还要学唱新歌呢？"

这位大哲学家回答道："这样我在临终之前就多会唱一首歌。"

即使将要死亡，苏格拉底仍然乐观睿智，当时有许多青年人天天去监狱探望苏格拉底。一个探望他的朋友悲伤地说："我亲爱的苏格拉底，您就这样被不公平地处死，我真的感到很难过啊。"

苏格拉底最终因主张无神论和言论自由而被诬陷入狱，被判处服毒自杀。苏格拉底拒绝了亲友和弟子的逃往国外的劝说，而从容服下毒药。图中描绘的正是苏格拉底服毒自杀的情节，他一边向弟子阐述自己的思想，一边镇定地接过弟子递来的毒药，在死亡面前毫不畏惧。

苏格拉底平静地说："我亲爱的朋友，难道您希望看到我被公正地处决而死吗？"

还有位青年问苏格拉底有无什么遗言时，苏格拉底回答说："我没有什么要求，我只希望你们牢记我平时对你们说的话。你们要按我说的那样去生活，务必要保持节操。不然的话，无论你们对我许下什么诺言都无法让我的灵魂得到告慰。"说完他便起身去洗浴了。在苏格拉底即将被处决的那个晚上，他支开自己的妻儿，而去同他的学生讨论有关灵魂永生的问题了。

苏格拉底执行死刑的那一天，他的学生柏拉图记录下了当天的情况：

他站起身，叫我们稍后，然后就与克里同一起去浴室了。我们边等待边说话，大家都很沉痛，我们仿佛要失去一位父亲了，以后我们只能孤独地去过自己的生活了……太阳快落山了，长时间的等待之后，他终于出来了，又与我们坐在一起……大家只是相对，谁也不说话。不久，狱卒进来了，他走到苏格拉底身边，说道："苏格拉底，你是到这里来的所有人中最高尚、最温和、最善良的。我每次按照上峰的命令，吩咐其他犯人服毒时，他们都发疯似地对我又打又骂。我知道，您是不会像他们那样的，因为您知道，对您的错误处决是别人而不是我，这只是我的一份差事。我在这里向您告别，生死有命，请您想开些。我现在开始执行命令了，希望您少受些痛苦。别了，我的朋友。"说完，他流着泪离开了牢房。苏格拉底对着狱卒的背影说："别了，我的朋友。您的好意我心领了。我会按照您说的去做的。"他转过头来，对我们说："真是个好人啊！从我到这里以来，他天天来狱中看我，还陪我聊天。你们看他刚才是多么慷慨地向我表示遗憾啊。我们不能违背了他的吩咐。克里同，你过来。毒酒准备好了没有？快点取来给我。如果没有，就快点叫人去调配吧。"

克利同回答说："现在太阳还在山头上呢！别的犯人听到要被处决时，总是千方百计地拖延时间，目的是要享受一顿丰盛的晚餐，再最后寻欢作乐一次。您干吗这么着急呢，时间还早着呢！”这时苏格拉底说：“您说得对，他们那样做无可厚非，因为他们拖延服毒酒的时间就会获得某些东西；但对于我来说，拖延时间并不能获得什么，我的生命已经奄奄一息了，这样做已经没有任何意义了，只会让我觉得自己很可笑。您就按我说的做吧！”

旁边的铁链是苏格拉底铁窗生涯的见证，盛过毒药的杯子被扔在地下，旁边亲友对于苏格拉底的即将离开而伤心欲绝，但喝下毒药后痛苦万分的苏格拉底却仍然在安慰他们！显示了坚持真理的他在死亡面前大无畏的精神。

克里同听后向仆人做了个手势。仆人走进内室，不一会儿就和端着毒鸩的狱卒一起出来了。苏格拉底面不改色地说：“我的朋友，您是有经验的，就请您告诉我应该怎么做吧。”狱卒回答说：“您只要在饮下毒鸩后来回走动，等走不动的时候就躺下来，那是毒性开始发作了。”

说完，他把杯子递给苏格拉底。苏格拉底轻松自如地接过杯子，问道：“请您告诉我，我可以用这杯酒来祭奠神灵吗？”狱卒回答：“不好意思，苏格拉底，我们就准备了这一杯。”“我知道了，”他说，“不过我还是要，而且必须祈求众神保佑我一路平安地到达另一个世界——但愿我的这点愿望能得到满足。”然后，他爽快地将毒鸩一饮而尽。

开始我们还能控制住自己的情绪。但是，当我们看到他一口气将毒鸩喝完时，我们都没能控制住自己的眼泪。我用双手捂住自己的脸，但泪水仍然像泉水般顺着指缝流了下来。我是在为自己哭泣，而不是为他而哭，一想到自己将与这位良师益友永别，就有一种大难临头的感觉让我悲痛不已。克里同也没能控制住自己的眼泪，他起身躲到其他地方去了。阿波罗多罗斯刚才还是一旁悄然啜泣，现在突然失声痛哭起来，这让大家一下子失去了勇气。

整个屋子里只有苏格拉底泰然自若：“你们这么哭哭啼啼地算怎么回事？我把自己的妻儿支开，就是怕他们这样。人应该在平静中死去，这你们应该知道的。安静一点吧！”听到这些，我们都会自己刚才的失态感到羞愧，于是便忍住眼泪。

他开始在房间里来回走动，直到他走不动时，才躺下身来。送毒鸩的狱卒不断地检查他的双腿和双脚。他在苏格拉底的脚上使劲捏了一把，问他有没有感觉。苏格拉底说没感觉。然后，狱卒顺着他的脚踝一路向上捏着，苏格拉底正逐渐变得僵硬冰凉。他自己也感觉到了，他说：“毒鸩到达心脏了，一切就要结束了。”他的下腹周围开始变凉，这时他将身上的被单撩开，露出脸说出了自己的临终遗言：“克里同，我还欠阿斯克勒庇斯一只公鸡没还，请您替我还清这笔债好吗？”“我一定替您还上，”克里同说，“您还有什么吩咐吗？”没有回音，一切又恢复寂静。过了一会儿，我们看见他动弹了一下，狱卒掀开被单，他的目光已经凝滞了。克里同替他合上了双眼和嘴巴。

苏格拉底死了。

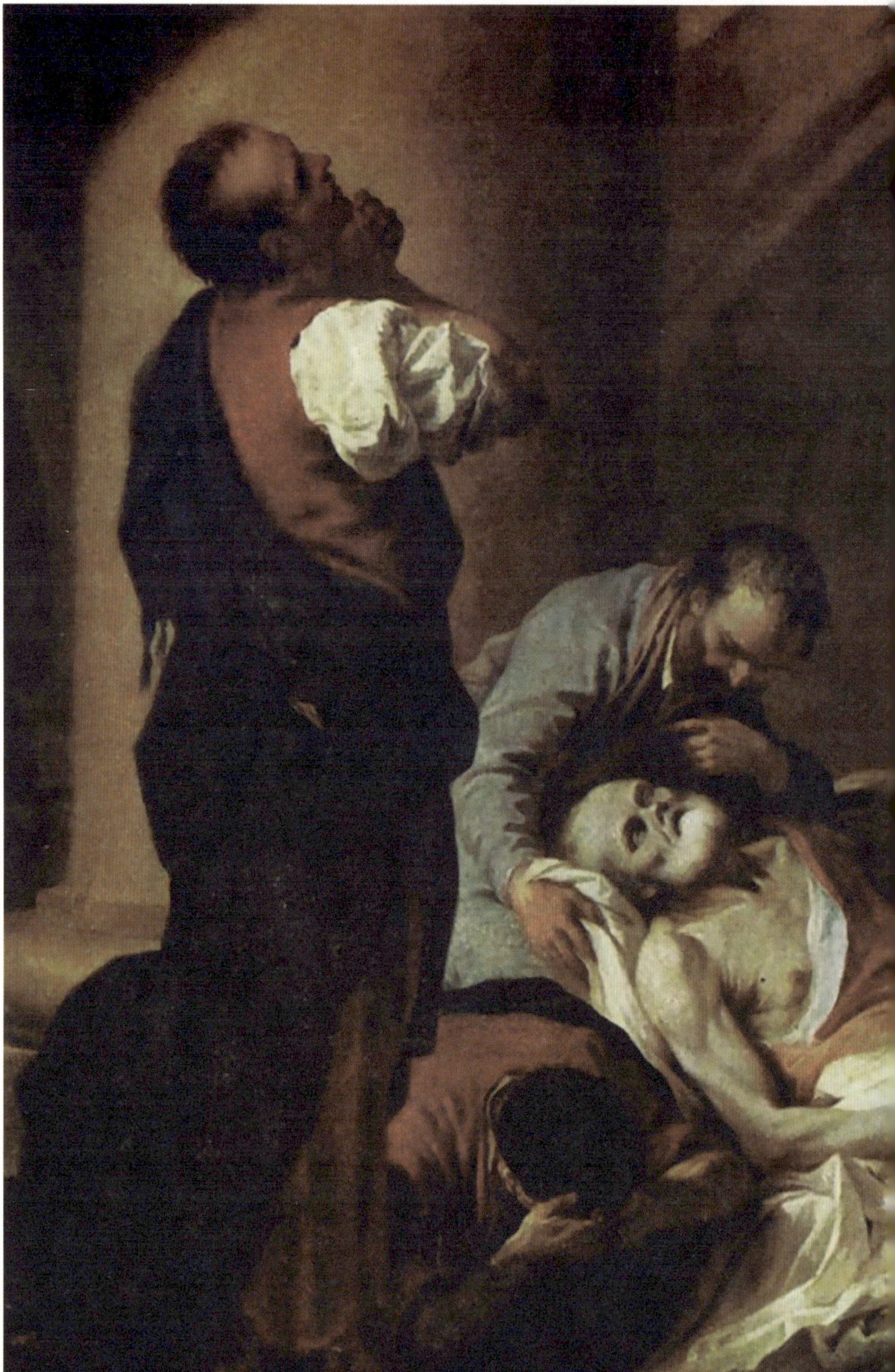

另一位画家，在他的画里表现了苏格拉底服下毒药后死去，亲人呼天抢地地痛苦，亲人的伤心欲绝与苏格拉底死后的安详神态构成强烈对比。逝者已矣，唯将他的真理遗留给世人。

XIFANG ZHEXUE GUSHI

理想之国的全民教育

在儿童时期就应该进行基础教育，不过不是强制性的灌输，因为一个自由人在获取知识时也应该是个自由人……在强制的情况下获得的知识是不稳固的，因此不要使用强制手段，而应该让早期教育成为一种娱乐活动，这样才会使你更好地发现孩子的天赋。

——柏拉图

柏拉图一生的转折点就是与苏格拉底相遇。贵族家庭出身的柏拉图，相貌英俊、生机勃勃，并且热衷于各项体育运动，他曾两次在古希腊的奥林匹克运动会上获得奖牌。但是在与苏格拉底相遇之后，他便从运动场上抽身出来，步入了崇高的思想殿堂，全心全意地追求智慧，也成为了苏格拉底最忠实的崇拜者。因为当他看到老师用问题的尖刀击中对手的要害，戳穿那些僵死的教条和武断的设想时，感觉真是惬意极了。他经常说的一句话就是：“我感谢神明，使我托生为希腊人，而不是野蛮人；自由人而不是奴隶；男人而不是女人。不过最主要的还是，我出身在苏格拉底时代。”正是在老“牛虻”苏格拉底的指导，他告别了以往单纯的辩论，开始进行剖毫析微的分析和卓有成效的讨论。可见苏格拉底在他心目中的地位之崇高。

柏拉图是苏格拉底忠实的追随者。图中师徒二人每人手持一书，仿佛是授课完毕后意犹未尽，仍在边走边谈，苏格拉底手指天空，与自己的学生探讨着人类的哲学问题，柏拉图则当仁不让地与其进行着辩论。

柏拉图二十八岁时，他的导师辞世了，这件事影响了柏拉图的一生。他充满了对奴隶主民主政治与群氓的极端蔑视和痛恨，这种蔑视与痛恨使他断定民主政体非摧毁不可。在他以后的人生中，他致力于寻找一种最好的国家制度——乌托邦。用出类拔萃之辈来统治国家，寻找一种英才，并给予他们权力，使他们能够出来治理国家的方法，成了他毕生所关注的问题。

柏拉图认为，理想国的公民应当分为三个部分：普通人、士兵和护国者。如果这三类人能够各自安心工作，就可以达到宝贵的正义。在理想国里男女完全平等，一切事情，凡男的可以做，女的同样可以做，包括做士兵。在筛选考试中以及在平常的训练中，男女是完全在一起的，男孩与女孩有同样的机会成为普通人、士兵或者护国者。他曾说过："造就一个男子成为一个优良的护国者的教育，也同样会造就一个女子成为一个优良的护国者；因为他们的本性是一样的。"

普通人是数量最多的一群，他们头脑简单，担负着养活士兵和护国者的职责。除了作战和做王之外，理想国所有的职业都由他们来承担。

士兵是直接管理国家的一群人，地位比普通人要高，担负着保卫国家，辅助国王等工作。

护国者就是哲学王。

柏拉图的理想国是一个贵族社会，但是与斯巴达的寡头制不一样。理想国的贵族并非世袭，而是人人有份儿，凭个人能力来决定。于是柏拉图制定了一套按部就班的筛选步骤。

第一件事就是普及全民教育。首先，必须把10岁以上的城市居民全部送到乡下去，把所有的儿童都掌握住，这样他们就不会受到父母不良习惯的侵染。从一开始必须以公平无私的态度给予所有儿童完全均等的受教育的机会。

在人生的头十年里，应该注重于身体素质的培养；每所学校都应备有体育馆和运动场；游戏和运动应该是全部课程；在这十年里，每个受教育者都应练就一副强健的体魄。

当然，仅仅通过运动和体操是不能使人得到全面发展的。柏拉图要求理想国的公民们不但要有野蛮的体魄，还要有文明的精神，他认为培养公民文明的精神的最佳方法就是音乐教育。音乐和韵律可使人的身心健康，人格高尚。

第二步就是音乐教育，音乐教育不单纯是音乐，可以把枯燥乏味的课程用音乐来赋予它们令人喜爱的形式，把难学的课程编写得像诗句一样优美，并用歌声加以美化，使其变得轻快活。即便如此，也不应该把这些课程强加给不愿学习它们的人，在一定的限度内，自由的精神是必须提倡的。

音乐教育直到孩子们20岁为止，然后就进行一场考试，这场考试是绝对公正的，没有任何感情色彩，不允许任何裙带关系。通过考试的就继续学下去，通过不了的就被淘汰，去做第一类公民——普通人。这样就将所有的孩子区分为两部分人。

顺利通过考试的人继续第三步骤的学习，在身体、心灵和性格等方面再接受十年的教育和训练，然后进行第二次考试，这次考试比第一次更加严格。淘汰的人去做第二类公民——士兵，通过者就将成为最高的等级成员——护国者。

柏拉图（约公元前427年—前347年），古希腊伟大的哲学家，“古希腊三贤”之一。西方客观唯心主义的创始人，其哲学思想博大精深，这在他的教育思想中有所体现。他认为人的知识由天赋而来，教育就是要恢复人们对理念世界的回忆。

每一次的筛选都是极度公正公平的，在一次次的严格筛选中，如何防止每次考试中大量的落选者因为强烈的不满情绪而进行反抗呢？柏拉图认为一个国家只有相信神灵才会强盛，为了保持理想国的安定团结，就必须将这一切说成是神意。宗教和信仰就成了他的救星，他告诉这些年轻人，这一切都是神的旨意，是不可改变的，然后又编了个关于金属的神话：

“我亲爱的公民们，你们要相信你们是亲如手足的兄弟。而伟大的神在创造你们的时候却选择了不同的材料，因而你们会出现不同的地位。你们中有享有最高荣誉的人，他们有发号施令的权力，这是因为神在创造他们的时候选用的是金子；而有些人则会成为他们的辅助人员，这是因为神选用了银子来创造他们；然而做农夫铁匠的人你们要清楚，神在创造你们的时候选用的是铜和铁。这种划分在一般情况下是代代相传的，可是你们不必灰心，因为你们都有一个共同的祖先。有时候金质的父母会生出银质的儿子；反之，银质的父母也能生金质的儿子。神的旨意是……统治者绝对不应该因为子女的等级下降，成为了农民和工匠就去怜悯他们。我们要遵从神的旨意，决不允许铜质或铁质的人来掌握政权，否则国家势必灭亡。”

这个崇高庄严的寓言基本得到了普遍的赞同。

那么那些闯过历史选择的风浪而未被淘汰的少数幸运者，情况又如何呢？这时他们已年届三十，但仍然要继续学习，这轮学习的内容是柏拉图的治国之道——哲学。一共要学习五年，培训学生们处理复杂事物并随时保持清醒头脑的能力。

经过这些磨练，这些完美的人才应该加冕等级，开始履行国家事务的最高职责了吧？他们已经成为统治国家并使人类得到解放的哲学家国王了吧？还早着呢，他们的教育还远远没有完成。这些精英要被抛入人生的角逐场，先成为一个普通人，承受生活的考验与磨砺，让他们去与狡猾的商人竞争，去与追求实际、精明贪婪的个人主义者，同蛮横凶暴之徒去竞争。即使他们饿得头晕眼花，累得走不动路，也要时刻牢记自己是未来的护国者，在最困苦的环境下要永远保持清醒的头脑，自力更生，去理解做一个哲学王所要具备的一切品质与技能。最终剩下的人已经年过半百；他们饱经风霜，但是充满智慧，以前学者的自负早已让生活的磨难消磨得干干净净。现在他们才是真正的、完美的护国者——哲学王。

XIFANG
ZHEXUE
GUSHI

万物皆虚幻，唯有理念真

我们肉眼所见的万事万物都是不真实的，唯有理念才是真实的。个体事物只是理念在我们眼中那块玻璃体上的虚假映像，是不真实的。

——柏拉图

柏拉图师承苏格拉底，当时，苏格拉底就因为反对雅典民主制，被贵族们视为眼中钉肉中刺，终于逮着一个机会将其被捕，并判为死刑，看着狱中的老师，柏拉图与其他同学一起极力营救，托人的托人，行贿的行贿。然而营救未果，苏格拉底实在太实诚了，学生们打点好一切，他却不愿意出逃，最后饮鸩而亡。而柏拉图也因为在营救苏格拉底时所作的种种努力引起了民主派领袖们的愤怒与猜忌。柏拉图见大事不妙，便匆匆收拾行囊，远走他乡了，正好利用这个时机出去增长见识。

在外流浪的柏拉图，从不同的民族汲取了智慧，也接触到了更多的人和事，同时更增长了很多见识，而此时他变得更加的成熟稳重。虽然年轻人的热情在他的身上消失了不少，但他却拥有了更广阔的视野和更深邃的思想。正是这种广阔的视野和深邃的思想，使他认识到每一种偏激的见解都是一个片面的真理；每一个问题的许多方面都交织在一起则让真理的每个侧面都闪现出不同的光辉。因此柏拉图拥有广博的知识和极高的艺术天赋，成为集哲学家与诗人于一身的天才。

由于国内的事态趋于平稳，在远离故土12年之后的柏拉图又重新回到了雅典。他也像他的老师苏格拉底那样开始了教书育人，并且还创办了一所真正的学校——阿卡德米。他开办这所学校的目的就是传授知识，学校里开设的课程有哲学、天文学、几何学、声学、数学，等等。

公元前386年，柏拉图在雅典的近郊开办了阿卡德米学园，这是他生命史上的转折点。从此，柏拉图结束了他的流浪生涯，开始了他一边教学，一边著作的生涯。

这里还有一个关于阿卡德米学校的经典笑话。讲的是在阿卡德米学校学习几年的一个学生终于等到了一个假期，他高兴地回家去看望父母。父母与儿子久未见面，见到儿子当然很高兴，同时还杀了一只鸡来款待儿子。

一家人其乐融融地吃着饭。父亲觉得儿子跟着伟大的哲学家柏拉图学习了好几年，一定学到了不少东西，于是就在席间让儿子汇报一下学哲学到底有什么好处。

儿子愉快地答应了。他清了清嗓子，顺手指着桌子上的一盘鸡问道：“爸爸，你看这桌上一共有几只鸡呢？”

“就一只啊，亲爱的。”父亲不假思索地回答道。

听了父亲的话，儿子似乎很得意地笑着说：“您不是问我学哲学有什么用吗？现在我就告诉您。在您看来桌上只有一只鸡，可是在我看来这桌上却有两只鸡。一只鸡是我们能用眼睛看得到的这只个体的鸡，而另一只则是老师告诉我们的理念的鸡。您现在明白了吗？”

听了儿子的话，聪明的父亲计上心来，立刻将那盘鸡端到自己的面前，然后对儿子说：“哦，多美妙的哲学啊！那儿子你就吃你那只理念的鸡好了，我们来吃这只看得见的个体的鸡吧！”

当然这只是一个笑话，可是从这对父子的谈话间我们可以体会到柏拉图的“理念”这一哲学中的核心概念。

这个哲学理念听起来很神秘，那么到底什么是理念呢？

我们不妨用上面那个笑话中父子谈论的鸡作为例子来具体解释一下理念的含义。

鸡的种类很多，首先是个体的鸡，比如打鸣的公鸡、生蛋的母鸡、还有刚孵出来的小鸡、喜欢打架的斗鸡。

接着再思考一下，什么是鸡？

这个问题看起来很简单，却很棘手。如果将“鸡” 与“个体的鸡”进行比较，就会发现鸡的一些特点。

“鸡”与每个“个体的鸡”是不同的。“鸡”必须具有我们所看到的所有“个体的鸡”的一般性质，而每只“个体的鸡”也应该有“鸡”的性质，否则“个体的鸡”就不能称之为鸡。我们必须明白，“鸡”这个字就意味着某个理想的鸡，是被神所创造出来的唯一的“鸡”。个别的鸡都分享着“鸡”的性质，但却多少是不完全的；正是由于这种不完全，所以才出现了各种各样的鸡。“鸡”是真实的，而“个体的鸡”则仅仅是现象。每只“个体的鸡”会经历生老病死，但是这个理念的“鸡”是不会死的，它能跨越时间与空间，它是“永恒的”。

我们说的“鸡”就是一种理念。

在柏拉图看来，所有个体事物都有他们的“理念”。不论是鸡鸭还是花草树木抑或是没有生命的瓶瓶罐罐。只不过“理念”并非是抽象的概念，而是超越于个别事物之外且又作为其存在依据的实在。不同事物有不同的“理念”。个别事物有很多种，而“理念”则被看做“一”。对于个体事物自身来说，“理念”是永恒不变的自我完善的整体。所以，“理念”不受任何事物的影响。即使同是“理念”，他们之间也没有任何关联。因为它们是绝对的自身的存在，不可能成为别的事物。个别事物始终在生成与消亡，它们仅仅是个别的、相对的、偶然的。只有“理念”是亘古不变的，它们的存在是普遍的、绝对的，也是必然的。所以，个体事物是感觉的对象，而它们的“理念”则是知识的对象。关于理念与事物的关系，柏拉图认为，可知的理念是可感的事物的依据和原因，而可感的事物则是由可知的理念派生出来的。

举个小例子，电影《骇客帝国》里面有一个场景，Murphis带着Neo去找先知，想让先知辨别一下他是不是救世主，在Neo等待先知的时候看到了一个可爱的小男孩，小男孩有一个厉害的本事，他可以将汤匙左右弯曲，不用任何蛮力与工具，只是用眼睛“盯”着汤匙。Neo觉得很神奇，接下来，小男孩便教Neo如何用理念弯曲汤勺，他说：“不要试着折断汤勺，那是不可能的……汤勺是不存在的……改变的不是汤勺，而是你的内心。”

我们用肉眼看到的万事万物，也就是个体事物，都是不真实的，这是柏拉图的一个基本观点。

为什么说肉眼看到的万事万物都是不真实的呢？因为我们看到的具体事物有一些特点。如，有时，它们看起来是美的，有时，它们又好像不是美的；有时，它们看起来是正义的，但有时，它们又好像不正义。它们如此地矛盾的，而真实的事物则必须是不自相矛盾的。真善美都是如此。

这个结论怎么得出来的？要看一下理念论的前提。

柏拉图有名言："尊重人不应该胜过尊重真理。"坚持真理至上的柏拉图，在教学方法上继承了苏格拉底的问答法，他反对用强制性手段灌输知识，把学习知识的过程视为一种启发的过程。此外他还要求学生有数学方面的基础，这一要求刻在学园的大门上："不懂几何的人禁入"。

柏拉图认为：凡是真实的事物，必须是不存在自相矛盾的。也就是说，它必须要么是美的，要么是不美的；要么是正义的，要么是不正义的，否则就是不真实的。

这段话就是柏拉图理念论的前提，他也正是由此而步步推进地提出了理念论的其他思想。

柏拉图得出，世间一切个体事物都是自相矛盾的，永远具有相反的特性。

他还认为：凡是自相矛盾的东西都是不真实的。因为肉眼看到的一切都是矛盾的，所以世间一切个体事物都是不真实的。

既然所有个体的东西在柏拉图看来都是不真实的，那么什么才是真实的呢?当然是理念。只有理念的物才是真实的，至于我们肉眼所看到的具体的物，都只不过是理念在我们眼中那块玻璃体上的虚假映像，是不真实的。

XIFANG
ZHEXUE
GUSHI

洞穴里的囚徒

……在他不断的申述与论辩中，终于激起了众怒，他们把他当做一个异教徒来审判和惩罚。他的失败是必然的，因为光明难以适应黑暗；然而，他同时又是幸运的，因为唯有他知道关于世界的真相。

——柏拉图

有一次，在苏格拉底的课堂上，有个学生问他，如何才能做到像他那样拥有渊博的知识。苏格拉底没有直接回答，而是对学生们说："同学们，咱们现在不讲哲学，大家来做一个简单动作：把手向前摆动300下，然后再向后摆动300下，看看你们能不能每天坚持下去。"几天之后的课堂上，苏格拉底请坚持下来的人举手，只有90%的人举起了手。一个月之后，坚持下来的同学减少到了70%。一年之后，坚持下来的同学就只有一个人了，他就是后来的大哲学家柏拉图。此时的柏拉图还很年轻，虽然与成名后的柏拉图相比显得还很稚嫩，但作为一个杰出人物应该具有的执著、坚持不懈的心理素质在他身上已经表现出来了。在成为哲学家之前，柏拉图的大部分时间显得平淡无奇，但在看似平淡、枯燥的重复生活中，柏拉图却早已确定了自己的目标，并为之坚持不懈。

随着柏拉图哲学体系的成熟，他最终把世界分为理念的世界和现实的世界。“洞穴”是柏拉图为说明其理念论所作的一个寓言式的比喻，即著名的“洞穴之喻”。这个概念极富隐喻性。

柏拉图曾经通过一系列的比喻来论证理念世界和现实世界，其中比较有名的有日喻、线喻和洞喻。通过一系列的论证和比喻，柏拉图实现了他关于两个世界的区分，从而建立起他的理念世界。本文论及的洞穴里的囚徒，就是其中最著名的洞穴之喻。

世代居于洞穴里的囚徒，由于活动受限，视野狭小，所形成的观念与实际事物间出现很大的偏颇，误将假象作为事实。直到走出洞外，才会逐渐认识到太阳下的真实事物。这个比喻与前两个比喻的实质是一样的，都是为了论证两个领域及其各自等级层次的区分。

故事是这样的：

在某一个洞穴中，有一群人世代居住在那里，他们先天被缚在一个固定的地点，仿佛囚徒一般。就连他们的脖子也被锁住了，以致不能转头环顾，只能看到前面墙壁上的景象。他们的身后是一堵矮墙，矮墙的外面有一堆火。在矮墙与火之间有人举着各种各样的雕像走来走去，这些雕像就将影子投在囚徒面前的墙壁上，这些不同的、变动着的影像就这样在囚徒面前晃动着，他们的一生都好像是在看皮影戏，他们看不到自己的模样，也看不到其他人长什么样，更不能回头去看造成墙壁上影像的原因。在他们看来，眼前晃动的影像就是真实的人、真实的动物、真实的植物。

但是，囚徒们并不感觉自己的命运悲惨，也没有走出囚室、挣脱束缚的欲望，因为他们已经习惯了这种生活。一个偶然的原因，一个囚徒走出了囚室，获得了自由。当他回头看到火光、雕像、以及墙壁上的影像时，他知道了，墙壁上的影像只是雕像在火光的照射下的投影而已。走出洞外的他，终于看清了阳光下的一切，明白了什么是真正事物，什么是假象，他甚至还看到了阳光，知道了岁月在不断流逝，季节在反复更迭。他开始意识到洞内囚徒的命运是悲惨的，因为他们一辈子看到的只是事物的影像。出于对昔日同伴的同情，他又返回了洞穴，想努力帮助他人摆脱束缚、认识真相。由于眼睛已经适应了阳光下的真实世界，他不可能再相信那些影像就是真实的人、动物和植物。但是囚室里的人却嘲笑他，根本不相信真实存在的另一个世界。他的不断申述与论辩，终于激怒了大家，他们说他是一个异教徒，并对他进行审判和惩罚。这种情况下，他的失败是必然的，因为光明难以与黑暗融为一体。但他又是幸运的，因为在他们之间，只有他知道外面世界的真相。

这一比喻达到了两个效果：一方面暗示了苏格拉底的悲剧；另一方面通俗易懂地说明了柏拉图理念世界与经验世界的关系。洞外的世界，比喻真实的理念世界，人们的经验和知识就是这个理念世界的投影。但是，从更深一层来说，洞外的世界也是在暗喻当时真正的哲学在现实生活中不被人们认可的悲惨命运。在柏拉图看来，哲学就是洞外的世界，就是人们对真实理念世界的探索。但是这种探索却难以被长期困守于黑暗中的人们所接受，人们仍然怡然自得于现实的幻想中。所以，柏拉图对自己提出的“哲学王”这一概念还是有些无奈，他说：“除非哲学家能成为这个世界的王，或者我们现在成为王和统治者的人真正地成为哲学家，否则，国家的灾难，人类的灾难将没有尽头。”也就是说，哲学家如果通过哲学让人们认识真实的世界，追求真正的善，是非常困难的，只能通过先诊治，再治疗的方法来实现。所以，哲学家最终未能成为“王”，也很少有“王”能将自己培养成为哲学家。洞内的世界纷繁复杂，但哲学家们并没有放弃对光明的追求与探索。

XIFANG
ZHEXUE
GUSHI

吾爱我师，吾更爱真理

人生最终的价值在于觉醒和思考的能力，而不只在于生存。凡善于考虑的人，一定是能根据其思考而追求可以通过行动取得最有益于人类东西的人。

——亚里士多德

亚里士多德，古希腊最伟大的哲学家、科学家和逻辑学家之一，他是柏拉图的学生、亚历山大的老师，一生著作无数，内容包罗万象，天文学、动物学、植物学、胚胎学、地理学、地质学、物理学、解剖学、生理学等古希腊的各个学科都有涉及。他的思想曾经统治全欧洲达几千年之久，对人类产生了深远影响。恩格斯称他是古代的“黑格尔”，也是“最博学的人”。

亚里士多德出生于斯塔吉拉城，父亲是马其顿国王的御医。18岁时他进入柏拉图学园开始跟随柏拉图学习，此后便一直住在那里，直至柏拉图去世。后来又担任教师。亚里士多德在学术上有自己的想法，丝毫不崇拜权威、唯唯诺诺，因此尽管他在学园中表现出色，被柏拉图称作是“学园之灵”，却无法消除他们师生二人在思想上的差异，甚至到了柏拉图晚年，两人还时常争吵，他们之间的分歧也越来越大。亚里士多德还曾婉约地表达，智慧不会随柏拉图一起死亡。

亚里士多德是大哲学家柏拉图的学生，古希腊最伟大的人物之一。他博学多才，在哲学、科学、教育等许多学科都作出了重要贡献。在哲学方面，他虽师从柏拉图，但并未继承老师唯心主义的观点，而是形成了自己的思想体系。

柏拉图是唯心主义哲学最经典的代表人物。他重视研究抽象的理念，可以从人类需要和意向中先验地推导出对于自然的看法。先验，即经验之前，无需经验就可得出对事物的认识。实验和技术在柏拉图看来是无关紧要的，但对数学这样的演绎学科，他却相当重视。他40岁创办欧洲第一所学院时，还特意在门上挂了一个牌子，写着“不懂几何学的人，请勿进来”。数学课程在他的学园中也很多见。“哲学”与“智慧”是相通的，“哲学”的本意就是“爱智慧”，在古希腊还不能说是一门明确的学科。人类对于智慧，只能“爱好”，因为它是神明所享受的特权，我们是无法“拥有”的。表面上看，“智慧”与变化多端的现实世界是相互隔离的，但人类又是极聪明的，可以通过使用抽象能力，来摆脱感官对现实世界的依赖。数学（包括几何学）则刚好完美体现了这种抽象能力。

理念是唯一的存在，个体是影子。在柏拉图的世界中，感官对象是不断变化的，只有心的对象“类”（共相）处于静态不变。“心”与“类”原本都是虚的，“心”找到“类”之后，二者才有了实在。这就是柏拉图的唯实论。

亚里士多德对这些玄理之说没什么兴趣。与柏拉图截然相反，他把数学看做是最烦人的东西，不仅喜欢研究个体，收集各种资料，勤奋钻研，还为自己成立了一个图书室。据记载，柏拉图为此嘲讽他是一个书呆子。亚里士多德的名言：“吾爱吾师，吾更爱真理”，印证了他对真理的追求。他博学多才，通晓古代世界知识，在很多领域都有重要贡献。在哲学方面，提出唯名论，承认感官和“心灵”对象都是实在的，不过他认为个体是唯一的实在，“类”只是名称或心理概念。在学科研究上，他总结泰利斯以来古希腊哲学发展的成果，首次将哲学和其他科学相区分，并且开创逻辑学、伦理学、政治学和生物学等学科的独立研究。他的学术思想在西方文化发展史上具有深远的影响。

亚里士多德与柏拉图思想的背道而驰，使他无缘于校长的职位。柏拉图临死之际，将它传给了继承他哲学思想的另一个学生——斯波西普斯。亚里士多德也告别待了20年的阿卡德米，从此开始自己新的生活。

公元前242年，应马其顿王菲利普二世之召，亚里士多德成为王子亚历山大的教师。公元前339年，亚里士多德离开马其顿的宫廷。公元前335年，回到雅典创办讲坛。讲坛是在城外吕克昂的阿波罗神庙附近的运动场里，所以，也称吕克昂学园。他多在运动场里的散步区教学，边走边讨论问题，故又被称为逍遥学派。和柏拉图学园的学风大不相同，吕克昂更注重实际，注重在研究中提出疑难，重视材料的多方面收集、尝试和探索。在哲学和许多其他古代知识学科中取得了巨大成果。

这幅图是阿拉伯人描绘的亚里士多德授课图。他的教学方法与老师柏拉图不同，更注重实际、尝试和探索。亚里士多德坐在椅子上，在几位学生面前，用实实在在的教具向学生们讲解着他们提出的疑难。

亚历山大为亚里士多德的研究提供了很大支持。不仅投入大量研究经费，还派人到处为老师收集资料、采集标本。亚里士多德曾打碎过无数只鸡蛋，来考察小鸡胚胎的发育过程；对至少五十多种动物进行解剖研究，认为鲸鱼是胎生的；还对五百多种不同的植物、动物进行了分类。

亚里士多德的许多结论在现在看来都是极端错误的，然而，在古代，却统治了整个欧洲长达数千年之久。

亚里士多德认为，水、火、土、气和五种元素构成了宇宙万物。宇宙分为很多层，每个层的天体都是完美的球形，神居住在最高层创造世界。以月亮为界限，月亮以下的物质由水、火、土、气四个元素构成，有生命存在。月亮以上的所有物质由第五元素构成，没有生命。以地球为中心，太阳、月亮等所有天体都在围绕地球旋转。

一千多年后，乔尔丹诺•布鲁诺宣扬哥白尼学说——“日心说”，被教会视为极端有害的“异端”，最终，这位具有超人远见的伟大天文学家，被烧死在繁华广场。

亚里士多德认为“物体下落速度和重量成比例”，1900年之后，伽利略在比萨斜塔上做了一个试验，证明“两个球同时落地”，推翻了这一错误结论。

伽利略自制天文望远镜，观测天体，并亲手绘制了第一幅月面图。他发现木星的四颗卫星，印证了哥白尼学说，“日心说”得以重见天日。

比萨斜塔位于意大利比萨教堂的后面，“两个铁球同时落地”的著名试验就发生在这里。在这里，伽利略用试验推翻了亚里士多德持续多年的学说。“物体下落速度和重量成比例”这个观点是错误的。

公元前323年，反马其顿运动爆发。亚里士多德被控“亵渎神灵”，成为政治打击的对象。后在卡尔因避难，次年病逝。

亚里士多德一生博学多才，涉猎各类古代知识，并对知识系统考察、全面掌握，后世几百年都没有再出现这样的奇才。

亚里士多德的那句名言——“吾爱我师，吾更爱真理”，体现了他在权威和真理之间的抉择，也体现他对真理的执著追求。但中国有句古话，“道不同而不相为谋”，虽亚里士多德和柏拉图同是哲学天才，却因观点不同，而无法同“谋”。在真理面前，人人平等，亚里士多德的坚持换来了他的巨大成就。

XIFANG ZHEXUE GUSHI

人生而不平等

一件物品为越多的人所共用，关心它的人也就越少。人们对公正和平等的看法在涉及物时，是很容易达成一致的，都主张应该平等；但涉及人时，却有着巨大的分歧。

——亚里士多德

柏拉图的理想之国理论，在亚里士多德眼里，完全是在胡说八道。

哲学王们共产共妻，所有一出生的婴儿即被带离父母身边，这样那些父母就无法辨别哪个才是自己的孩子，只好对所有孩子付出同样多的爱。而这些孩子们，也会把所有的同伴都看做是自己的兄弟姐妹，人人相亲相爱，其乐融融。这就是柏拉图式的理想国。

亚里士多德可就不这么认为了。所谓三个和尚没水吃，在这个理想国里，智慧滋生人的惰性和依赖心理，谁都不想做，因为“别人”有很多。父母、兄弟姐妹多了也是一样，彼此之间的感情就不会很深，导致最后谁也得不到谁的真正的爱，爱不会多，反而会缺失。对于财产也是一样，如果真的公有，大概也不会有人去关心了。毕竟，按中国话说，还是物以稀为贵。而且好的东西不会等到这么久才出现，理想国如果真的好，为什么之前就没有人想到呢？

柏拉图和亚里士多德这对师徒是古希腊最伟大的哲学家。在拉斐尔的画作中，古希腊的著名哲学家汇聚一堂，柏拉图和亚里士多德则位于图中最突出的位置。师徒二人边走边谈，争论着自己对同一问题的不同看法。其他人则分别从事着自己的学术活动。

亚里士多德认为人生而不平等。当然，这个不平等不是以肤色、血缘、民族或者出生地来判定的，这是一种自然的不平等，在这种不平等基础上，衍生出其他更多的不平等。

人天生就是有差别的，比如有些人聪明，有些人愚蠢，有些人勤劳，有些人懒惰，这都是与生俱来的。而这些与生俱来的差别，也造成了每个人后天在社会地位和分工上的差异。

社会的上层人物通常都是那些天生聪明勤劳的人，他们是领导者，懂得用头脑统治人，用智慧取信人，可谓一人之下万人之上。但是，那些天生就愚蠢懒惰的人，则注定只能听命于聪明人的差遣，在他们的统治下做苦力，过下等人的生活。这也是世上为什么会有主人和奴隶的原因。在主人眼里，这些奴隶只不过是工具而已，就像亚里士多德自己所说的："奴隶是有生命的工具，而工具是无生命的奴隶。"

手工业者、农民等体力劳动者是奴隶，商人和放高利贷的人也是奴隶。不过，亚里士多德说放高利贷是最恶心人的交易方式，他特讨厌那些家伙。

天生聪明的主人们做的可都是高贵的职业。要么搞哲学，求取智慧；要么搞政治，统治人民。若是为了挣钱，就只能在房地产上多花些工夫了，不仅方式正当，而且赚来的钱也是"自然的"。

亚里士多德认为，人天生就有聪明愚蠢、勤劳懒惰等区别，由此造成了人地位的高低，分工的差异。那些做着主人的统治者都是天生聪明的人，反之，则是愚笨的人。由此看来，著名的统治者尤利乌斯·凯撒大帝应该算是天生聪明的人了，但他竟被以布鲁图所领导的元老院成员暗杀身亡。

若男人是奴隶，女人就是主人，一个是体力劳动者，一个是脑力劳动者，两者之间也是完全不平等的。

亚里士多德认为女人无论是在智力、体力还是在性格上都是不及男人的。男人聪明，女人相对愚蠢；男人强壮，女人相对娇弱；男人性情刚烈，女人则意志薄弱。

正是这些差别导致了男人与女人的互相吸引。差异越大，吸引力也越大；反之，吸引力就越小。为了增加男女之间的吸引力，就要扩大这种差别，而不是缩小。

鉴于男女之间存在如此多的差别，亚里士多德也提出了自己对于结婚生子的看法。他认为，男女成熟期不同，女子在20岁就比较成熟了，而男子则要到30岁，而这个30岁对于结婚来说，还是早了些。男人还需要花费七年的时间去学会如何驾驭自己的老婆。因此，按照亚里士多德的观点，男女结婚的最佳年龄应该是男子37岁，女子20岁。

亚里士多德认为男女都不宜过早结婚，因为那时男子身体正处于发育期，身高和发育会受到影响；而女子就会养成骄纵任性的脾性，这样对丈夫不好。

亚里士多德主张夫妻分工，女人在家里，洗衣做饭，处理家庭事务；男人在外面努力奋斗，赚钱养家糊口。婚后，就像奴隶要服从主人那样，女人也要绝对服从男人。

对于生育问题，亚里士多德认为“人口过少的国家难以做到自给自足，但若人口过多……国家就成了联邦之国，无法维持立宪政府。”因此，如果人口过少，夫妻二人又不愿意生孩子，那么国家就要采取强硬措施。但是，生孩子也不是毫无节制的，如果出现人口过剩，就该用流产的办法来控制人口数量了。这是历史上最早的“计划生育”。

XIFANG
ZHEXUE
GUSHI

快乐是天生最高的善

你之所以会被问题所困扰，可能是由于你忘记了天性；是你给自己创造出了无穷的恐惧和欲望。所以说，满怀忧愁地过富足的生活还不如无忧无虑地过简陋的生活。

——伊壁鸠鲁

公元前四世纪末，雅典出现了一个新的学派，被称为“快乐学派”，它是由古希腊思想家伊壁鸠鲁建立的。之所以是“快乐学派”，是因为伊壁鸠鲁学派认为人生就是要追求快乐的，快乐才是生活的目的，是天生的最高的善。据说伊壁鸠鲁庭院的门口还挂有一告示牌，上面写着：“陌生人，你将在此过着舒适的生活。在这里享乐乃是至善之事。”人们还称这一学派是“花园学派”，称伊壁鸠鲁为“花园哲学家”，因为他以自己庭院的花园作为学校。特罗多洛、克洛特等也是学派的代表人物。

伊壁鸠鲁（公元前341年–前270年），古希腊唯物主义哲学家，无神论者，伊壁鸠鲁学派的创始人。他将阿瑞斯提普斯的享乐主义加以发展，并将其与德谟克利特的原子论结合起来，主要宗旨就是让人要达到一种不受干扰的宁静状态。

在伊壁鸠鲁的花园里，不存在种族和身份的限制，很多学生慕名而来，他们以追求快乐为目的。伊壁鸠鲁推崇享乐，在当时声望很高，许多富人都支持他，他的追随者们更是对他顶礼膜拜，认为他是神圣之人。历代弟子将他的学说奉为信条，严格遵守，不会轻易改动。快乐学派影响力很大，叙利亚、埃及、意大利等地中海地区的很多国家，在它的感染下都创办了“快乐学派”，“快乐学派”存在了六百年之久。

第欧根尼是出了名的“自虐狂”，伊壁鸠鲁可不是。他常言：“让我们吃喝，因为明天我们就会死亡”，劝诫人们要及时享乐。伊壁鸠鲁坦承自己喜欢享乐的生活方式，让很多人感到震惊，因为很少有哲学家会像他这样。那些对他心怀不满的人就趁机来诋毁他，扭曲他的“快乐哲理”。提莫克拉是伊壁鸠鲁助手特罗多洛的兄弟，他就散布谣言，称伊壁鸠鲁每天要呕吐两次，因为他吃的太多了。

伊壁鸠鲁对此辩言：“我们所说的快乐，不是那些花费无度或沉溺于感官享乐的人的快乐。有些人对我们的看法一无所知、反对或恶意歪曲，认为我们就是那样的。实际上，我们讲的快乐是指身体的无痛苦和灵魂的无烦恼。”

快乐来源于肉体和感官的基本欲望的满足，他们对此也是肯定的，因为这是一个人快乐生活的基本条件。但是，他们追求的快乐并不仅仅如此，更重要的是还要获得精神的快乐和心灵的宁静。比如节制欲望、远离政事，消除对神灵和死亡的恐惧等，从而实现真正的快乐。

人的欲望是无止境的，永远不可能完全满足，对身体的享用也是这样。伊壁鸠鲁学派认为，无休止地过度追逐身体的享受并不是身体的快乐，适度的享用才是。一味地追求身体享受，灵魂就会感到不安，快乐也就不可能实现。伊壁鸠鲁与学生们都喜欢简单的生活。没有豪华的住宅，没有丰盛的大餐，对他们来说，一顿饭有面包、蔬菜和一把橄榄就足够了，而且他们只喝水不喝酒。伊壁鸠鲁曾对他的一位朋友说，“送我一罐奶酪，这样我想解馋时，就可以饱餐一顿盛筵了”。

伊壁鸠鲁对欲望有着非常透彻的认识。他将人的欲望分为三种：必要的、不必要的和必须不要的。必要的欲望也就是人们日常生活需要的衣食住行等必需的生存条件，是有助于人们幸福快乐的；不必要的欲望如奢华的豪宅、首饰，无休止的享乐等，虽然会给人们带来一时的快乐，但也会带来更多的烦恼，灵魂在身体过度的享受下无法得到安宁，最终会导致痛苦；必须不要的欲望包括权力、财富、名声等，都是不真实的、虚幻的，是人为制造的，因为虚假的观念而产生。这些欲望会束缚人的自由意志，无论怎样追逐都难以得到满足，许多不能控制的事情也会成为它们的依赖。这样，客观条件就会左右人的行为和思想，一旦人们发现无法掌控命运，就会与他人产生冲突，嫉妒和虚荣侵入你的灵魂，迫使你丧失本性，无法获得真正的快乐。

所以，要想快乐，就要懂得控制与满足，幸福快乐是有标准的，自己要懂得把握这个限度。学会了这一点，就不会因欲望没有得到满足而痛苦不已，不会因担心欲望无法实现而焦虑和恐惧。

伊壁鸠鲁学派倡寻求快乐和幸福，但他们所主张的快乐决不能等同于肉欲物质享受之乐，而更主要的是排除情感困扰后的心灵宁静之乐。图中一家三口在繁忙之余演奏着自己的生活乐章，他们脸上的笑容是一种发自内心的笑，是真正的快乐，这也是伊壁鸠鲁学派所追求的。

快乐学派认为身体的快乐只是当前短暂的感触，是强加在人们身上的，他们更注重精神上的快乐。因为精神的快乐是持久的，永恒的，涵盖过去、未来，人们能够控制它、支配它。与身体快乐的短暂、浅薄相比，精神快乐更为长久、深刻。

获得快乐也是需要方法和手段的。伊壁鸠鲁指出美德和友谊可以使人获得快乐。

对于美德，他认为既是获得快乐的手段，也是获得幸福生活的必需。“德性与快乐的生活一起生长，两者是不可分离的”，德性的实践是获取快乐幸福生活的源泉。

通过友谊也可以获得快乐。友谊与快乐是紧密相连的。伊壁鸠鲁非常看重友谊，他认为真正的朋友是关心你、了解你的人，他们不会用世俗的标准来衡量你，他们对你的爱是无条件的，永恒的，不会因你的外表和社会地位变化而变化，经常有朋友围绕在身边，你才能更明确自我。在用餐上，伊壁鸠鲁也有独到的见解，在他看来，与谁共餐比餐饮内容更重要。他建议在用餐之前，要好好想一想要与谁共进，而不是考虑吃什么、喝什么。如果是独自饮食，那么生活就好比狮子或野狼。我们需要的关爱和尊敬，一小群真正的朋友可以给予我们，但拥有再多的财富也不见得能提供。

另外，快乐学派关于社会契约论的观点对后世也有相当大的影响力。他们站在个人幸福的角度，认为人们应该脱离毫无益处的公共生活，尽量摆脱政治束缚，离群索居。实际上，人类本质并不是社会的和政治的动物，国家与法律也不是自然而生的。所谓契约，只是由于人们担心他人会以同样自私的行为来伤害自己，就通过这种互相契约的办法，创建国家和法律，来保障个人利益。只有当个人能够安全而宁静快乐地生活时，国家与法律才具有价值；反之，便形同虚设，个人就可以反抗它，并极力避免它的干扰。公正是相对存在的，不是独立的，建立国家契约也只不过是“自然地公正”，公正在任何时间、任何地点都可以成立，只要有一个防范彼此伤害的相互约定就可以了。但是，对于那些不能彼此互相约定不伤害的动物来说，就毫无公正可言了。

伊壁鸠鲁学派的社会契约说是近代社会契约论的模型和先驱，他的伦理思想还影响了英国边沁、密尔等的功利主义。

XIFANG ZHEXUE GUSHI

不需为死后的事情担忧

神也是由原子构成的，与人没有什么关系，人死后也不会重生，因为人无需为死后的事情担心，更无需对死亡感到恐惧。

——伊壁鸠鲁

伊壁鸠鲁是一个“快乐主义者”，他出生于萨摩斯，年轻时在小亚细亚受到了德谟克利特哲学的影响。他推崇享乐主义，认为人类活着的目的就是为了获取快乐。但是，现实生活中，有很多人是不快乐的，伊壁鸠鲁把这个原因归结于两个方面：一是对死亡的恐惧，一是对宗教的信奉。死亡和宗教本质是相互关联的。人之所以害怕死亡，是因为宗教告知人们，灵魂是不朽的，肉体死亡之后，灵魂还会留在其他的空间里面。宗教传达给人们的这种对死者不幸的见解，引起人们对死亡之后的未知感到恐慌，他们害怕死后会在阴间受苦。

伊壁鸠鲁极力使人相信，死亡并不可怕，因为人死亡后，是不会重生的，世上也没有神，更无所谓控制人的生死，人的灵魂和肉体都是由原子构成的，人的生死只不过是原子的聚散而已。灵魂和肉体的紧密结合，引起了原子的运动，人们就会产生知觉和意识，从而处于“活着”的状态；灵魂和肉体分离，那些原子们也就四处分散，不复存在了，人们的知觉和意识也会随之消失，就是我们所说的“死亡”了。所以，死亡只是人没有了感觉。当人活着时，死亡是不会存在的；而死亡到来时，人已经消失了，不会有任何感觉。所以，死亡一点也不可怕，我们不需要惧怕它，更不需为死后的事情担忧。

伊壁鸠鲁相信世界是由原子和虚空构成的。他相信灵魂原子布满着整个的身体，这种原子接触到身体散发的薄膜后就会产生感觉。但当人死后，灵魂原子消散了，就不能再有感觉。因此，伊壁鸠鲁说：“死与我们无干，因为凡是消散了的都没有感觉，而凡是无感觉的都与我们无干。”

伊壁鸠鲁认为感觉才是判断真理的标准，人们对世界的认识都是通过视觉、听觉和嗅觉等知觉来感知的。感觉是直接的，准确的，那些错误也是由于对感觉的错误判断才造成的。他凭借感觉经验，肯定物体的存在。继承并进一步发展和完善了德谟克利特的原子学说。他认同原子体积和形状的种类有非常多，但是并不是德谟克利特所说的是无限的，只是每一种形状和体积的原子数目是无限的。此外，在对原子特性的认识上，伊壁鸠鲁认为除了体积和形状，原子还有重量这个特性。原子能够向下运动，正是原子具有重量的缘故。而德谟克利特之前一直未能清楚地阐释原子运动的原因。伊壁鸠鲁提出了原子的偏斜运动，认为原子的运动方式不止一种，不仅沿着各自的轨道做直线运动，还会稍微偏离直线做偏斜运动。虽然人们不断打击这种说法，认为是“很幼稚地虚构出来的谎言”，但是，我们不能否认这是一位天才的设想。通过原子的偏斜运动，伊壁鸠鲁把偶然性引入了人类存在的问题中。人类本来是受着命运的控制或神灵的摆布的，而根据偏斜运动，运动是无法预料的，人也因此成为具有自由意志的人，世界也因此不再单调乏味，开始充满生机。伊壁鸠鲁否定命运的存在，打破了“命运的束缚”，他的这一观点与德谟克利特有着重大的分歧。

伊壁鸠鲁还认为，原子和虚空构成了人类生存的世界，广阔的虚空为原子的永恒运动提供了场所，在这个场所里，原子以各种运动方式存在，比如垂直下落、偏斜运动以及相互碰撞，通过这些运动，不同形状、不同重量和不同大小的原子就能够结合起来，从而形成世间万物。而宗教所说的神灵并没有创造世界，他们实际上也是由原子构成的，只是这些原子更加精细而已，这些神灵居住在世界的间隙中，过着宁静的生活，从来不会去干扰人类的。

很多人不乐意他对神灵的这种言论。为了让伊壁鸠鲁对这些不尊重神灵的言论负责，一天，几个宗教信徒在他每天必经的路上堵截了他。

“伊壁鸠鲁，你凭什么说神灵不主宰我们的世界，凭什么说神灵不是全能全善的？”其中一个人质问道。

“那你们认为这个世界是全善的吗？” 伊壁鸠鲁没有着急回答他的问题，而是不慌不忙地反问道。

众人不知他是何意图，答道：“当然不是了。”

“所以，若神灵存在，而且可以干预世间的事物，他就一定会去极力阻止这些‘恶’。若神灵对‘恶’想要阻止而又无法阻止，那只能说明神灵太无能了；若神灵可以阻止‘恶’却又不愿去阻止，那就是说神灵不是全善的；若神灵既不愿也没有能力去阻止‘恶’，那神灵就等于是既无能又非全善；若神灵愿意并且也有能力阻止‘恶’，那我们的世界为什么还充满这么多‘恶’呢？”

在伊壁鸠鲁看来，哲学富有一种治疗性的价值。他认为对死亡的恐惧是灵魂中的大病，而哲学的治疗性就体现在使人们摆脱对死亡的恐惧，消除种种错误虚假的观念，真正领会平静的人性快乐。

众人对此张口结舌，未等他们反应过来，伊壁鸠鲁又接着给出了自己认为满意的结论，“所以，神灵不是全善的。”

这就是著名的“伊壁鸠鲁悖论”。这些论断从此成为了基督教的劲敌，之后的神学家也都再无法回避这一问题。在中世纪，伊壁鸠鲁就是不信上帝、不信天命、不信灵魂的代名词。

伊壁鸠鲁的“快乐”是需要具有直面死亡的勇气的，临终前，他在一杯酒和几个朋友的陪伴下，平静地忍受了肾结石带来的极大痛苦，最终在这种极度痛苦中死去。

XIFANG
ZHEXUE
GUSHI

善就是过有德性的幸福生活

一个人唯一的善就是过有德性的生活，知识、德性和幸福都独立于所有外部境况之外。自然法就是理性，是至高无上的，顺应自然就可以得到自由，否则就会成为权力和财富的奴隶。

——斯多亚学派

公元前300年左右，塞浦路斯的芝诺在雅典城建立了一个学校，开始在那里聚众讲学。这个学校开设在一个画廊里，这个画廊是用希腊著名画家波立戈诺的绘画装饰起来的，在希腊文中，画廊叫做斯多噶（stoa）。因而，这个学派就被称为斯多噶学派，也有人称他们是画廊学派。

斯多噶学派分为三个时期：早期、中期、后期。早期代表人物有芝诺、克雷安德和克吕西普，中期代表人物有潘尼提乌斯、西塞罗，晚期代表人物是塞涅卡，爱比克泰德和马尔库斯•奥勒留。

西塞罗是罗马伟大的法学家和政治家，由于口才非凡，被人称为无与伦比的演说家、罗马最伟大的辩护者。他深受斯多噶派哲学家观点的影响。像斯多噶派哲学家一样，他倾向于确定自然和自然理性，并设想理性是宇宙的主宰力量。

斯多噶学派聚集着许多来自不同地方的学者们，他们的社会地位也非常的复杂。创始人芝诺，出生于腓尼基人的一个商业家庭，后来似乎是因为商业利益而移居到了雅典；塞涅卡来自西班牙，曾是罗马帝国的一名大臣，由于触怒了皇后，而被罗马皇帝流放到了科西嘉岛；爱比克泰德则是希腊人，原来是被尼罗释放的一个奴隶，后成为尼罗的大臣；

马尔库斯•奥勒留作为罗马帝国的皇帝，一生对斯多亚派的德行忠贞不二。斯多亚学派的信徒有奴隶，也有平民，有官员，也有贵族甚至还有皇帝，遍布了各个阶层。此外，斯多噶学派的追随者众多，潘尼提乌和西塞罗介绍和发挥学派的思想，使之在罗马得到了广泛的传播，影响力持久而广泛。

斯多噶派是主张压制欲望，追求正义，追求灵魂的幸福。但在罗马这座欲望之都里，大多数贵族以斯多亚派自居仅仅是为了赶时髦，装饰一下自己的文化品味。但马可·奥勒留这位帝王，却是一位不折不扣的斯多亚信徒。他在戎马生涯的间暇，写下了《沉思录》：在冷峻的现实中，保持你热切的理想；在污浊的尘世中，擦亮你的灵魂。

斯多噶学派认为外在的善是人类没有办法控制的，主张人人都独立于外部因素之外。只有尽可能摆脱这些无法控制的外部事物，学会生活在我们控制范围之内的自我之中，才能够确保我们想要的幸福。他们认为，幸福实际上是存在于自我之中的，与任何外在的善都没有关系。他们始终前后一致地坚持与苏格拉底和柏拉图同样的立场，一致认为，德性是确保一个人幸福的唯一条件，而德性又是建立在知识的基础之上的。一个人唯一的善就是过有德性的生活，没有德性的生活就是唯一的恶。生命、健康、富裕等任何其他外部境况都与此是不相干的。无论你是遭遇不幸，还是取得成功、获得荣誉，都无关紧要；无论你是主人，还是奴隶，无论你是贫穷还是富裕，也都没有关系。因为，知识、德性和幸福都是独立于所有这些外部境况之外的。

斯多噶学派强调人生的目的不是快乐而是德行，即要“顺从自然”。他们认为，宇宙是一个统一的整体，存在着一种支配万物的普遍法则，即“自然法”。这种普遍法则，也称自然的必然性，控制着宇宙间的一切。而人作为宇宙的一部分，也必然要受这个法则的支配，这是不可违背的。人们必须要抑制自己的一切情感和欲望，在命运面前绝对地服从，“按照自然去生活”，只有这样，才能达到德行的境界，从而实现人生的目的。斯多噶学派倡导以禁欲来面对外部世界，以教育来增强内在的品格力量。人们的任务就是学会愉快地接受所发生的一切事情。即使在命运的判决面前，也应当保持斯多噶式的平静和淡漠。斯多噶学派奉劝人们控制可以控制的东西，也就是他们的心灵，这是有可能的。与共同体中的人向私人的个体的转化相对应，心灵可以被看做是某种内在的东西，独立于自然界和社会世界。每个人都应远离外部环境以修养自身。

斯多噶学派最早系统地论述了自然法。在他们看来，自然法就是理性，是至高无上、普遍存在的法则，宇宙间的一切事物，包括国家和个人都必须遵守。法律的制定也必须符合自然法。他们认为，正是在自然法的诏令下，人们才共同生活在社会统一体中。在这里，自然法赋予了每个人相同的、平等的理性。不论是希腊人还是蛮族人，不论是自由民还是奴隶，也都具有同样的理性。在自然法中，没有高低贵贱之分。人为地划分不同的等级和国家，都是和自然法相违背的。因此，应当消除等级差异，废除国家界限，组成一个共同的社会，即“世界国家”。

斯多噶学派的终极理想就是建立这样一个世界国家，所有人都能在神圣的理性指引下和谐共处。

奴隶也是人，也有和其他人一样的精神品质。按塞涅卡的观点，奴役只涉及人的肉体，而人的精神是不受外部力量奴役的，所以，在精神上，奴隶与主人都是平等的，二者的内在精神是等值的。他们只要顺应自然，就都可以得到自由，反之，也都可能成为自己情欲的奴隶，受财富和权力的奴役。

古代人将人划分为奴隶和主人、野蛮人和文明人、希腊罗马人和外邦人、男人和女人、贵族和平民、穷人与富人、公民与没有公民权的各类居民等等，他们认为这种等级身份差别对维持社会秩序是至关重要的，并且对此十分执著。但在斯多亚学派这里，一切都变得无关紧要了。他们确立了一个新的价值尺度，即以人的精神特征和道德水准作为衡量人的价值的唯一标准。在这个新的尺度下，人与人之间只有智者与愚人之分，只有认识并自觉顺从自然法的人与不认识并被动地服从自然法的人之分，至于社会地位、身份、财富、种族、国籍、性别上的不同已经不再是人与人之间的重要区别了。

公民无论身处何地，都只有一种共通的公民资格，遵守一种共通的法律。这是一种广泛的平等，不过在当时的时代背景下，听起来不免有点乌托邦的意味。斯多亚学派平等思想的广泛传播以及罗马统治集团对这一思想的认可，是公民的广泛平等在这样一个庞大的帝国得以自然转变的重要原因。而且，斯多亚学派成员多元的阶级成分，也是促成这一转变的关键因素之一。斯多亚学派首次在西方思想史上提出了人类一体的观念。认为人是一个统一的类别，人人都具有精神本质，并以此确立了人与人之间的平等和兄弟姐妹性质的关系。

XIFANG ZHEXUE GUSHI

最高的善是不动心

最高的善就是不作任何判断，随着这种态度而来的便是灵魂的安宁，就像影子随着形体一样。

——皮浪

一百多年前的某一天，天空晴朗，一艘船行驶在茫茫的大海上。突然，狂风大作，暴雨倾盆，船在海浪的拍打下开始摇摇晃晃，眼看就要倾覆，船上的男女老少顿时乱作一团，惊慌失措地寻求一个避难所。他们四处逃窜，有的在找救生衣；有的拼命往救生船上挤；有的孤注一掷跳入波涛汹涌的大海；有的蹲在角落里缩成一团，抱头痛哭；有的则不停地在向神灵祷告，祈求保佑。在这片慌乱人群，却有一位乘客对眼前的情景置若罔闻，丝毫不为之所动，仍然在津津有味地享受着面前的食物，悠然自得的神情好像什么事情都不曾发生一样。到底是哪位智者会有如此强大的定力呢？定睛一看，原来是一头猪。皮浪不禁对这位镇定无畏的“乘客”发出感叹：猪活得比人还快乐！即使死到临头了，它还有享受美食的闲情逸致；而人只会惶恐不安。聪明人应该像猪那样不为外界变化而动心。

古希腊怀疑派哲学家，皮浪主义开山鼻祖。皮浪一生没有留下哲学著作，但他却用自己的行动赢得了同时代的人的尊敬。关于他最著名的一个故事，是第欧根尼·拉尔修转述的，有一次皮浪在船上遇到风暴，同船人都很害怕，他却指着船上仍在安静地吃东西的一头猪说：聪明人应该像这猪一样不动心。

皮浪生于希腊城邦爱利斯，是古希腊怀疑主义的奠基人，他早年是一名画匠，后来才转行学习哲学。他曾经参加亚历山大军队的远征，到过印度等亚洲国家，和当地的苦行僧进行交流。他走南闯北，见识过多种民族、多种信仰和多种生活方式，这使得他具有了丰富的阅历。皮浪生前并没有写过什么东西，但却以其独特的生活方式赢得了同时代人的尊重。他从不逃避任何事物，不做任何预见，不让感官武断地断定什么，而是直面一切危险，无论是撞车、摔跤、被狗咬还是其他，他都能在任何时候都保持镇定自若，即使他在演说时人们都离开了，他也不会终止自己的演说，而是坚持把话讲完。据说，有一次皮浪的老师跌入泥潭，他看见后不仅没去拉一把，反而径自走过。对此，他遭到别人的谴责，但他的老师却赞扬他的冷漠和无动于衷。皮浪的生活方式得到许多人的效仿。据说伊壁鸠鲁就十分欣赏皮浪的生活方式，还经常向人们打听皮浪的情况。皮浪也深受自己祖国人民的尊敬，他们公推他为祭司长，并且由于他的缘故，他们投票赞成免征一切哲学家的税款。

在普通人的眼里，猪是愚蠢和懒惰的代名词。但是在皮浪看来，猪却是生活智者的象征。皮浪从猪那里得到哲学理念，主张对任何事物都不动心。对一切无动于衷，不作任何反应，以免引起无谓的争论、忧虑和烦恼。只有这样，灵魂才能得到苟且安宁。就像上面故事中所说的那样，他甚至认为人还不如猪，人遇事只知道惊慌失措，而猪却能泰然自若，这与自作聪明而慌乱无措的人，形成了鲜明的对比。

皮浪并不否认现象的存在，但他否认现象的真实性，认为我们不能说它“是”，只能说它“显得如何”“看来如何”。他承认感觉，把它看做是感官印象的必然结果，由于所有事物都在并不断地变化、具有不确定性，因而感性事物是不真实的，事物之间也没有固定的差异。他的理由是，对于每一个命题，我们都可以提出一个相反与之对立的命题，而且两者具有同样的价值和效力。所以，他认为，我们不能相信我们的感觉和意见，它们并不能告诉我们什么是真理或错误，应该保持不介入、无意见、不动摇，对任何一个东西都说它既不是也不非，既同为是和非，又不同为是和非。为此，他还提出了一个著名的口号：“不作任何决定，悬搁判断”。“悬搁”的意思就是中止，既不肯定，也不否定。因为真理只有一个，在感觉的范围内，除了心灵的平静之外，一切都无差别，一切都不具有实在性。真正采取这种态度的就要做到首先保持沉默，然后才能没有任何烦恼。

皮浪是西方第一个不可知论者，他认为感性事物是不真实的，“最高的善是不做判断”，这一点与中国的庄子非常相似。庄子也提出：“自我观之，仁义之端，是非之涂，樊然淆乱。吾恶能知其辩。”既然真理是不可认识的，所以庄子提倡无欲、无为、无知，他要求人们以养生长寿为人生的第一要义。

据说，有一次皮浪和几个朋友一起在大街上散步，朋友故意出题刁难这位不可知论者。

朋友说：“皮浪！那边跑过来一辆马车，你说说看，从客观上来看，到底有没有马车呀？到底怎么正确认识马车的存在？”

“这个问题是无法回答的，因为我们人是不可能正确认识外界事物的，甚至不能说事物是否真的存在。”皮浪回答道。

对此，朋友马上反驳：“既然你说马车不存在，那你敢不敢躺在马车底下，让它从你身上轧过去？”

“这有什么！”说完，皮浪一个箭步冲到马车前，躺在地上。车夫见此情景立即刹车，马车停了下来，皮浪安全无恙。

就这样，皮浪主张对一切都要无动于衷，不作任何反应，以免引起无谓的争论和烦恼。最高的善就是不作任何判断，不要任何知识。这样，就可以排除一切烦恼，求得灵魂的安宁。

像狗一样生活

每种通行的印戳都是假的。人被打上了将帅与帝王的印戳，事物被打上了荣誉、智慧、幸福与财富的印戳；一切全都是破铜烂铁打上了假印戳罢了。

——第欧根尼

当清晨第一缕阳光照进希腊某一个集市中心的大木桶里时，他睁开了双眼，揉揉眼睛，搔搔痒，接着便在集市中心的路上忙开了。这个人头发乱蓬蓬，胡子拉碴，半裸着身子，赤着双脚，让人分不清他究竟是乞丐还是一个疯子。他走向公共喷泉边，撩起喷泉里的水洗把脸。然后走向人群中，向路人讨要一块面包和几颗橄榄，接着便蹲在喷泉边大吃起来，还不时地撩起水喝几口。

吃完早饭，他就又回到自己的“家里”，靠着那只大木桶晒起了太阳，暖洋洋的阳光洒在他的身上，他不禁有些昏昏欲睡了。这时，人群里出现一些骚动。一个相貌英俊、器宇轩昂的年轻男人在一群人的簇拥下站到了他的面前，这就是世人敬仰的亚历山大大帝。

第欧根尼（公元前404年—公元前323年），古希腊著名哲学家，犬儒学派的代表人物。主张人们应该回归简朴的自然理想状态。他身体力行，过着狗一样的乞丐生活。他经常白天打着灯笼在街上“寻找诚实的人”。

亚历山大打量着眼前的这个人——衣衫褴褛、全身肮脏、斜倚在一个破桶边上，他确定这就是他要拜访的人。“第欧根尼，你一无所有，哪像是学派的首领，分明是一个奴隶。”他问道。

第欧根尼眯起眼睛看了一眼亚历山大，然后说道：“当奴隶有什么不好的？曾经有人把我绑到奴隶市场上去卖，别人问我擅长什么，我说我最擅长的就是当主人。我的话在市场上一传开，那些前来买奴隶的人顿时都被气跑了。”

亚历山大觉得这个回答特别有趣，就接着问道："你有什么需要我帮忙的吗？"

第欧根尼伸了个懒腰："站到一边去，你挡住了我的阳光。"

亚历山大第一次被人如此冒犯，颇为诧异，不过他还是保持着谦逊和蔼的态度，继续问他："你难道不怕我吗？""你是什么东西，好东西还是坏东西？"第欧根尼反问道。"当然是好东西了。"亚历山大回答。"既然是好东西，我又为什么要害怕呢？"

亚历山大征服了那么多国家和民族，却无法征服眼前的第欧根尼，不禁对此感叹："如果我不是亚历山大，我一定要做第欧根尼。"

第欧根尼的父亲是一个银行家，他曾替父亲管理银行，后因铸造伪币，致使父亲入狱而死，自己也被驱逐出了城邦。后来，他成为了哲学家，但人们仍不忘提起这件事情来羞辱他。第欧根尼反唇相讥："那时候的我和现在的你们一样，但你们永远不可能和现在的我一样。正是因为流放，我才成了一个哲学家。他们判我流放，我判他们被监禁于城邦之内。"

一只破木桶就是他的家，除此之外，一根棍子、一个面包袋、一件斗篷，就是他的所有财产。征服过许多国家的亚历山想征服他，却被他折服。他与亚历山大的对话堪称经典，流传了两千多年。

正是文明把人类引入了歧途，制造出一种复杂的而且是错误的生活方式，作为犬儒派的首领，第欧根尼这样认为。人类应该抛弃文明，回归自然，遵循自然的指示，过简单的正确的生活。他提倡要像狗一样生活。

在街边的一个角落，一个破旧的大木桶里，住着我们伟大的哲学家第欧根尼。他正在检查自己的灯笼，大概是准备出发去寻找他眼中的“诚实的人”了吧。几条狗正在他的住所附近耐心等待着，仿佛是要为朋友的即将出行保驾护航。

他搬出房子，住进一个大木桶里，不工作，不交税，过着像狗一样的生活。这只木桶加上一件斗篷、一根棍子、一个面包袋就是他的全部家当。以前他还有个杯子可以盛水，后来有一次，他看到一个小孩用手捧着水喝，由此受到启发，便把杯子也丢进了垃圾桶。第欧根尼竭力模仿动物，随地捡东西吃，还曾一度尝试吃生肉，后来因为消化不良而作罢。由于没有工作，第欧根尼经常在集市周围游荡，白天还经常拿着灯笼到处晃动，人们对这种怪异的行为十分纳闷，就问他：“你在做什么？”他回答道：“我看看能不能找到一个诚实的人。”

第欧根尼总结自己作为“狗”的姿态，“对施舍者献媚，对拒绝者狂吠，对无赖者狠咬”。对于看不惯的人和事，他总是口无遮拦，极尽所能地挖苦。

一天，第欧根尼正在集市上吃东西，围观者向他大喊：“狗！狗！……” 他忍不住回骂：“你们盯着我的食物，你们才是狗！”在一次宴席上，有些人还真把他当作狗，不断扔给他骨头，他气极了，就把一盆汤泼在他们头上来报复。连柏拉图也未能幸免他的刀子嘴，在柏拉图家做客的时候，他踩着地毯，说：“看啊，柏拉图的虚荣心被我踩在了脚下。”有人嘲讽他，柏拉图不会像你那样乞讨，他对此表示鄙夷：“柏拉图乞讨时‘深深地埋下头，以免被别人听到’。”与柏拉图辩论时，他用的都是一种看上去比较粗俗的方式。柏拉图把人定义为双足的无毛动物，他就拔光了一只鸡的羽毛，然后拎到讲座上说：“看吧，这就是柏拉图所说的人。”针对柏拉图的理念论，他说：“桌子和杯子我倒是看见了，可是柏拉图呀，我怎么一点儿也看不到你说的桌子和杯子的理念。”柏拉图和第欧根尼的老师同门，却对第欧根尼颇感无奈，经常还得让他几分。有人请柏拉图评价第欧根尼，他的回答是：“一个疯掉了的苏格拉底。”

第欧根尼无视宗教，他认为，宗教中，除了美德的实践，其余都是迷信。人们向神所祈求的都是真正的好东西，他们根本不知道自己应该要什么。

一次，海滩的幸存者向神庙献了许多祭品，第欧根尼对此评论道：“是不是遇难者来献祭的话，祭品就会更多。”看到一个女子正跪在神像前祈祷，他说：“善良的女人，神是无处不在的，你难道不怕神就站在你身后，看见你的不雅姿态吗？”他常说：“看到医生、哲学家、领航员，我就觉得人是最聪明的动物，看到释梦师、占卜家和他们的信徒，以及那些夸耀财富的人，我就觉得人是最愚蠢的动物。”

第欧根尼九十岁时在科林斯告别人世，同一天，征服世界的亚历山大大帝在巴比伦英年早逝，年仅32岁。

XIFANG ZHEXUE GUSHI

会思考的一根芦苇

人只是一根芦苇，自然界最脆弱的，但是一根运用思想的芦苇。要摧毁他，无须全宇宙都武装起来，一股气，一滴水，都能够致他死命。但是在宇宙摧毁他时，人依然比摧毁者高贵，因为他知道自己死，知道宇宙比他占便宜；而宇宙却毫不知道。

——布莱兹•帕斯卡

布莱兹•帕斯卡于1623年出生于法国的克莱蒙费朗城，母亲在他4岁时就病故了，而担任政府官员的父亲和姐姐曾成了他的启蒙老师，对他进行教育和培养，弥补了他没有受过高等教育的缺憾。他的父亲除了是一名官员外，还是一名数学家。因此在父亲的培养下，小帕斯卡很快就精通了欧几里得几何学，甚至自己独立地发现出欧几里得的前32条定理。后来，父亲看他在数学方面很有天赋，在1631年举家移居巴黎，然后带他参加巴黎的数学家和物理学家小组的学术活动。这些无人可比的经历，使得帕斯卡在17岁时就写出了数学含量较高的《圆锥截线论》一文。

帕斯卡（1623—1662），法国著名数学家、物理学家、哲学家和散文学家，他最伟大的贡献就是我们熟知的“帕斯卡定律”。他在哲学方面的名言就是“人是一根会思考的芦苇”。

1642年到1644年，帮助父亲做税务计算工作的帕斯卡还发明了世界上最早的计算器——加法器。到了1653年间时，帕斯卡开始把精力集中在真空和流体静力学的研究方面，成果卓著。1647年他做的托里拆利实验轰动了巴黎，彻底颠覆了“自然厌恶真空”的传统观念。之后，又发明了注射器、水压机，同时由于对大气压强的研究，在31岁那年还写成了《液体平衡及空气重量的论文集》。之后的帕斯卡则开始思考人生和世界，转入研究神学，并且进入了神学中心披特垒阿尔。

1662年，39岁的帕斯卡病逝，为了纪念他，将压强单位命名为“帕”。

虽然社会越来越发达，生活质量越来越高，但是越来越多的人们却觉得当前的生活越来越没有安全感。社会的发达滋生许多不安全的问题，苏丹红、三聚氰胺、生长激素、工业染色剂等食品安全问题，车祸、空难等交通问题，H1N1，超级病毒等疾病问题，生存环境的恶劣让人们越来越感到生命的脆弱。

早在三百多年前，帕斯卡有感于人类生命的脆弱这个问题，在他撰写的哲学名著《思想录》里，指出人是一根会思考的芦苇，很脆弱，但却是有思想的。不过他的想法并不是消极的，人类虽然脆弱，但也有其强大的一方面。人类不是一根普通的芦苇，而是一根会思考的芦苇。

这个在《地狱之门》中思考如何对被洪水吞噬的人们作出判决者，就像帕斯卡的《思想录》中所说的人类，会思考，这是其强大的一面。但也像芦苇一样有其脆弱的一面，他爱人类，难以对那些洪水中的罪人作出最后的判决，对他们他深怀同情，从而陷入了极大痛苦和永恒的沉思之中。

芦苇是一种在有水和土的环境下都能生长的植物。它的茎脆弱易断。用芦苇这么脆弱的植物来形容人，表示人很脆弱。但是人又是强大的，人之所以成为人，是因为他们会思考，人类会思考的特性使原本弱小的人类变得强大。帕斯卡的话表达的是一种辩证的思考，同时也是对人类思维的一种赞扬和推崇。

帕斯卡说："人只是一根芦苇，自然界最脆弱的，但是一根运用思想的芦苇。要摧毁他，无须全宇宙都武装起来，一股气，一滴水，都能够致他死命。但是在宇宙摧毁他时，人依然比摧毁者高贵，因为他知道自己死，知道宇宙比他占便宜；而宇宙却毫不知道。"

帕斯卡指出：人的内心是个最大的矛盾体。因为有了思想，所以我们能认识到自己的可悲，而一棵树却永远不知道自己是可悲的，而认识到可悲却正是人类的伟大之处。即"认识可悲乃是可悲的；然而我们之所以可悲，却是伟大的"。

帕斯卡认为，人有三种状态：变化无常，无聊，不安。他这样说：

无聊——对于一个人最不堪忍受的事莫过于完全的安息，没有激情，无所事事，没有消遣，也无所用心。

这时候，他就会感到自己的虚无，自己的沦落，自己的无力，自己的依赖，自己的无能，自己的空洞。

从他灵魂的深处马上就会出现无聊、阴沉、悲哀、忧伤、烦恼、绝望。

人最大的卑鄙之处就是去追求光荣，但是由于我们的追求却正是它优越性的体现；人是非常狂妄的，希望"前无古人，后无来者"，永远被历史铭记，但是虚荣心却使得被几个人尊敬就沾沾自喜……帕斯卡对人的内心世界进行了深入地剖析，他说：

"他要求自己伟大，却发现自己的渺小；他要求幸福，却发现自己的可悲；他要求完美，却发现自己充满缺点 ；他要费尽苦心积向他自己也向别人来遮蔽自己的缺点，他既不能忍受别人使他看到自己的缺点，也不能忍受别人看到自己的缺点。充满缺点而又不承认缺点，于是他在缺点之上又增加了一项故意制造缺点。"

帕斯卡其实是个宗教色彩十分浓重的思想家，他认为人需要靠上帝的救赎才能摆脱罪孽。但是另一方面，他的身上也留着理性主义的血液，对人性、人生、社会和哲学都有理性的探讨，因此，他的思想比较丰富。

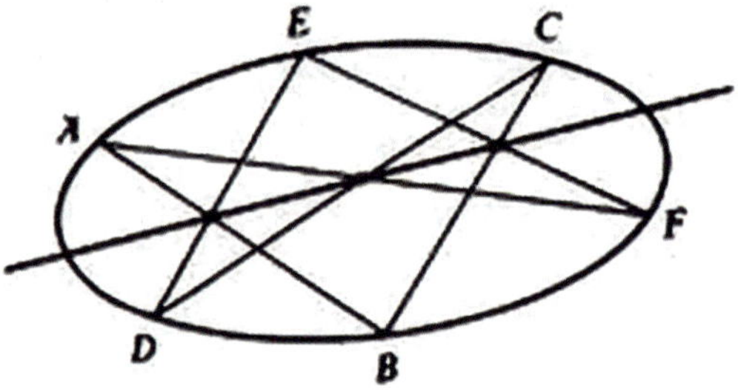

在圆内任取六点做六边形，那么，这个六边形的三双对边（即所在直线）的交点成一条直线。这条直线因大数学家帕斯卡发现而得名，被统称为该六边形的帕斯卡线。

帕斯卡是个有神论者，他认为上帝是存在的，但是人却不能通过理性来证明上帝的存在性。他说：

“人们可以选择上帝存在，也可以选择上帝不存在，但是你必须做出选择。我觉得应该选择上帝是存在的。试想如果上帝存在，那么信奉上帝的人会有无限的收益和幸福，如果不存在，也不会有什么损失。”

这就像人们对着流星许愿一样，虽然没有人能够证明愿望是否能够实现，但是大家都愿意相信能实现，因为即使不能实现也没有什么，反正也是免费的。因此帕斯卡认为感性和理性知识都不可靠，只有信仰才是高于一切的。他甚至把人类追求的幸福都归结到上帝身上，他说：

“幸福既不在我们的身外，也不在我们的身内。

它在上帝之中，既在我们身外，又在我们身内。

因而，有谁能拒绝使人信仰它们和崇拜它们的那种上天的光明呢？”

同时，由于人类的理性，因此人会认识到可悲、认识到死亡、恐惧等等类似的悲苦，但是这并不会使人类成为悲观主义者，反而会使人变得伟大和坚强。从《思想录》一书中，可以看出帕斯卡是个悲观主义者，书中有着很多消极的观念，如人生的脆弱不堪，人生如梦、世事无常，但是我们没有必要自卑，因为这也正是我们伟大之处的体现。

那么人对于自然界到底是什么呢？对于自身有意味着什么呢？他在

自己的作品中这样回答道：

“于无穷而言是虚无；对于虚无而言就是全体。是全和无之间的中项。

可见，几乎所有的哲学家全都混淆了对事物的观念，他们从精神方面谈论肉体的事物，又从肉体方面谈论精神的事物。人对于自己，就是自然界中最奇妙的对象；因为他不能思议什么是肉体，更不能思议什么是精神，而最为不可思议的则莫过于一个肉体居然能和一个精神结合在一起，这就是他那困难的极峰。然而这就正是他自身的处境。”

看来，帕斯卡对于人的处境不是很乐观，以他的眼光看来，人的处境可以用一个词来形容——奇怪。人挑着一个扁担，一头是虚无，一头是无限。他用理性的思想考虑之后，知道够不着，但是却仍然拼了命地跳起来去触摸。真正发现摸不到后，又不去想这是自己有限的能力所决定的东西，只是否定无限的存在，甚至当做看不到。

此外，对于我们自身来说，帕斯卡敢于挑战了所有哲学家的权威性，他认为我们承认自己由两部分组成——精神和肉体。但是解释客观事物时却非要撇开一方面，非此即彼，才产生了唯物和唯心这样的差别。看来，我们的思维混沌至极。

“人显然是因为思想而生的，人的全部优点仅在于此，人的全部责任也在于按恰当的方式思想。但世人在思考什么呢？是跳舞、吹笛、唱歌、做诗、铃响了就赛跑，还有打斗，让自己当国王，根本不想想当国王是怎么一回事，当普通人又是怎么一回事？”

这个体弱多病仅仅活了39岁的天才，真的是一位思想斗士，在他的《思想录》这部作品里，他就这样用一串串精神的记录证明，他是一根最有尊严的芦苇。

XIFANG ZHEXUE GUSHI

犹太教的悲情故事

我要使地成为荒场，住在其上的仇敌就因此诧异。我要把你们散在列邦中，我也要拔刀追赶你们。你们的城邑要变为荒凉。我也要打发野地的走兽到你们中间，抢吃你们的儿女，吞灭你们的牲畜……虽是这样，他们在仇敌之地，我却不厌弃他们，也不厌恶他们，将他们尽行灭绝，也不背弃我与他们所立的约，因为我是耶和华，他们的神。

——《圣经》利未记26：22-44

犹太民族是世界上最聪明的民族。他们创立了基督教。基督教本身就是一种思想，它通过控制人们的思想，影响了西方文明的各个方面，对西方人的思想影响是非常深刻的。

犹太民族也是世界上最悲情的民族。侵占、驱逐与灭亡充斥了这个民族的整个历史时期。犹太人是坚强的，他们流落异乡，恶劣的环境也没能将他们打倒。他们坚信自己是上帝特选的子民，弥赛亚总有一天会来拯救他们。虽在异乡漂泊，也并没有忘记自己的习俗和宗教信仰，他们建立了自己的社区，并相互帮助。犹太人的梦想就是建立一个人间天国，在这个天国里，人人平等，人人都能过上幸福美好的生活。他们排斥其他的信仰，认为耶和华就是他们唯一的神。

圣经上也有很多关于犹太民族历史的记载。

上帝在东方造了一个伊甸园，还给它配了许多种活物。在园子的中央，上帝造了两棵树，一棵是生命树，一棵是智慧树。又造了亚当，命他去园中，并告知他，园中树上的果子都可以吃，唯生命树和智慧树的果子不可以吃。又怕亚当寂寞，就用亚当的一根肋骨造了夏娃，两人相伴住在园中。

图的左侧，夏娃和亚当受到蛇的诱惑而偷吃了智慧树上的禁果，这是一个非常错误的尝试。他们因此而得到图的右侧那样的结局，被上帝逐出了伊甸园。

一天，夏娃受到蛇的诱惑，和亚当偷吃了智慧树上的禁果。于是，上帝便将他们逐出了伊甸园。亚当在伊甸园外活了930岁，和夏娃有无数的子女。他们的后代又繁衍生息，子子孙孙越来越多，逐渐遍布了整个大地。但是人们之间也开始有了厮杀、争斗和掠夺，暴力和罪恶无休无止，几乎到了无以复加的地步。上帝看到这种情况后，非常后悔自己造了人，十分担忧人类所犯下的罪孽。上帝说："我要将所造的人和走兽并昆虫以及空中的飞鸟都从地上消灭。"但他不忍心杀诺亚，因为诺亚是一个好人，便让他用歌斐木造了一只方舟，把他的妻子、儿子、儿媳都带进去，叮嘱他："凡洁净的畜类，你要带七公七母；不洁净的畜类，你要带一公一母；空中的飞鸟也要带七公七母。这些都可以留种，将来在地上生殖。"

大雨昼夜不停，下了整整40天。上帝记念诺亚和诺亚方舟中的走兽牲畜，便下令止雨兴风，风吹着水，水势渐渐消退。一年之后，大地全干了，亚当带着妻儿、儿媳妇走出了方舟，所有飞鸟，走兽和一切爬行生物，按着各自的种类也都出来了。

上帝在后悔自己造人后，决定重重惩罚人类——将所造的人和动物飞鸟灭绝，于是发动了大洪水。但诺亚是一个例外，因为他是个好人。洪水过后，唯有诺亚和方舟中的人和动物飞鸟幸存了下来。

诺亚有三个儿子，分别叫闪、含、雅弗。

这三兄弟又有自己的子孙，这样，一代一代传下去，就到了诺亚的长子，也就是闪的后代——亚伯拉罕。

神指示亚伯拉罕带着自己的家族移居到迦南地，就是现在的巴勒斯坦。

由于亚伯拉罕对神极其地忠诚，所以在他100岁的时候，神赐予了他一个儿子，取名以撒。后来，以撒又生了对双胞胎儿子，大儿子叫以扫，小儿子叫雅各。神赐福给雅各，让他改名为以色列，因为他与神和与人较力都能取胜。于是，从此雅各改名叫以色列。他的家族也被称作“以色列家”，家族成员被称作“以色列人”。

雅各一共有12个儿子，其中第十一个儿子约瑟，最招雅各喜欢。在吃穿方面，雅各给他的比给其他儿子的更好，他的哥哥们因此十分嫉妒他。一天，约瑟单独来牧羊的地方看他们，他们就趁机将他卖给了正要去埃及做买卖的以实玛利人。

到了埃及，他被卖给了埃及王法老的护卫长做奴隶。后来，聪明能干的他，又被护卫长提拔做了管家。但约瑟相貌太过于出众了，女主人被他深深吸引。由于勾引他几次，都遭到约瑟的拒绝，女主人恼羞成怒，就告诉她的丈夫，说约瑟调戏她。护卫长便把约瑟关在了监狱。

约瑟和一个以前当官的人关在一起，约瑟帮他解梦，预言他很快就会出狱，并且官复原职，后来果真应验了。这个人便把这件事告诉了法老。法老刚好也做了一个奇怪的梦，就让人把约瑟找来，替他解梦。约瑟不仅给他圆了梦，还告诉法老该如何应对，一切又应验了。结果，当其他国家闹粮荒时，埃及的粮食却应有尽有，不仅够自己吃，还可以卖给其他国家，赚得盆钵满满的。法老由此十分欣赏约瑟，就让他做埃及的宰相，治理埃及。

远在迦南地的雅各家族这时也在闹粮灾。听说埃及卖粮食，雅各就派他的十个大儿子，前去埃及买粮。

约瑟被哥哥们骗卖给以实玛利人后，辗转到了埃及，由于受到埃及法老的赏识而做了宰相。约瑟利用自己的智慧帮法老将埃及治理得井井有条，受到埃及人们的拥戴。约瑟的老家在闹粮灾，而埃及却在约瑟的治理下很是富有。约瑟就是在这种情况下与他的哥哥们相认的。

经历许多波折后，约瑟和他的哥哥们终于相认了。约瑟不仅原谅了他们，还将整个家族都接到了埃及。

以色列人在埃及落地生根。但由于犹太人勤快而且擅长贸易，积攒了许多财富，埃及的执政者对此非常恐惧，于是，法老下令杀死新出生的犹太男孩，没收以色列人的财产，强迫他们做了埃及人的奴隶。

以色列人受尽磨难，后来终于在摩西的带领下逃出了埃及，重新回到迦南地。以色列的12支派将迦南地分成了12份。其间，一直不断有斗争发生，最终，大卫王完成了统一大业。

约瑟死后，以色列人在埃及的情况每况愈下，受到埃及人的迫害。到了摩西时，他在神的指示下，带自己的同胞辗转逃出了埃及，回到了迦南地。

大卫王死后，所罗门继承了王位。所罗门英明而又智慧。他组织修建坚固的城墙，组建舰队和强大的海军；一方面进行远征扩张，一方面出海寻求发展以色列的贸易。通过所罗门的治理，以色列达到了它空前的繁荣程度。在当时，他创造了前所未有的巨大财富，这种财富是无与伦比的。可以说，在西方，所罗门就是智慧的代名词。他有数不尽的智慧。

一天，两个少妇为了争夺一个婴儿，吵到了所罗门王那里，她们都坚持这个婴儿是自己的孩子，并请所罗门王为她们主持公道。所罗门王稍微思考了一下，便作出判决：将婴儿劈成两半，两人各得一半。其中一位少妇这时赶紧请求所罗门王把婴儿判给对方，说婴儿不是自己的，应该完整地还给对方，只是千万别把婴儿劈成两半。所罗门王听了这位少妇的求诉，最终判定：这位请求不杀婴儿的少妇才是婴儿的母亲，所以婴儿是她的。

智慧的所罗门王下令将婴儿劈开，两位母亲各得一半，以此来激起婴儿真正母亲的反应。果然，爱子心切的母亲宁可不要自己的孩子，也不忍将孩子劈开。所罗门王据此成功将婴儿断给了孩子真正的母亲。

所罗门王的儿子罗波安在他死后即位。人民对罗波安不满，因为他劳民伤财，还亏空国库，于是开始反抗。以色列在统一八十年后，再次分裂为南、北两部分。南部改名为犹大王国，北部仍为以色列国。南北矛盾重新开始显现。北部动荡不安，在刚分裂不久后，就被亚述人消灭了。随后，南部则成为亚述帝国的附属国。又过了一百多年，耶路撒冷被新巴比伦王国入侵占领，大批犹大贵族也都被掳到巴比伦关押了起来。又十年后，耶路撒冷再次被这位新巴比伦国王围攻。圣殿和城墙被他拆毁，全城被他血洗一空，犹大国的上层人物被带到巴比伦囚禁。

犹大灭亡后，以色列人纷纷逃离，只有极少数人留在了这里。随着时光流逝，越来越多的民族来到了这里，巴勒斯坦就变成了一个多民族杂居地。以色列人也开始与外来民族通婚。

几十年之后，新巴比伦灭亡，那些被囚禁着的贵族们也就被释放了。可是，当他们回到故园，却发现那些留在耶路撒冷的同胞们竟然与外来人通婚了。于是，就住在耶路撒冷城的周围，重建家园，不愿意再和他们往来。

由于埃及和叙利亚的反抗，此时的波斯帝国正危机四伏。而巴勒斯坦则刚好处于一个重要的战略位置，为了保住它，波斯王决心重建被尼布甲尼摧毁的耶路撒冷城墙。于是，他的犹太随从尼希米被派来负责这个工作。

到了耶路撒冷后，尼希米发现自己的同胞过着悲惨的生活，就立志不但要重建耶路撒冷城墙，还要改革犹太社会。由于广大下层人民都非常支持他，耶路撒冷城墙仅用了五十二天就被建好了。尼希米号召群众起来反抗贵族，废除高利贷，禁止同异族通婚。纯正的血统在以色列的眼里变得越来越重要，那些从巴比伦回来的以色列人，他们的后裔为了将自己区别于其他血统不纯正的以色列人，就自称为“犹太人”。犹太人即意味着具有纯正的血统。而那些血统不是很纯正的以色列人为了提升自己，也逐渐自称为“犹太人”。犹太人的称呼便由此而来。

波斯王又派斯拉到耶路撒冷，以稳定巴勒斯坦。斯拉也是犹太人，和尼希米一样，他也对犹太人进行改造。他要求人民严守安息日，星期天都要休息；严禁放高利贷；维护犹太人血统的纯洁性也是他改革的重要内容，犹太人不仅不可以和异族通婚，而且要求凡是娶了异族妻子的人都要将她们赶回娘家。

后来，波斯帝国也灭亡了。托勒密将耶路撒冷吞并，并将犹太人驱逐到了埃及，犹太人开始流落异乡。在埃及，通过学习希腊人的语言、文化和哲学，他们不仅极大提升了自己的精神境界，而且把自己原始的犹太教升华成为了系统的、理论化的宗教。犹太人会也是在这时候建立起来的，每周的固定时间，成员们都会聚集在一起，学习《摩西律法》，相互勉励，相互帮助，诚心向主祈祷。

之后，巴勒斯坦又被塞琉西王国攻占，没多久，塞琉西王国又被罗马帝国打败，不得不向罗马帝国支付巨额赔款。为此，塞琉西国更加变本加厉地剥削人民，造成民不聊生，甚至连一些有钱的寺庙也成为他们劫持的目标。更惨的是，当时的安条克四世还将犹太人看做是自己的死敌，不仅禁止犹太人集会，禁止诵读《摩西律法》，还强迫他们在休息日干活。教徒们对此强烈反抗。终于，在马喀比的带领下，他们发动了起义。由于此时安条克四世已处于四面楚歌的境地，他们便十分顺利地占领了耶路撒冷。

他们进入耶路撒冷后，就与罗马人结为联盟。有了罗马人这一强大后盾，安条克四世再怎么来找茬，他们也不怕了。

马喀比死后，在他弟弟西门的领导下，独立的犹太人得以重建秩序。长久以来，犹太人一直遭受着异族的压迫，这次，他们终于看到了隧道尽头的希望之光。

西门死后，他的儿子继承王位，开始压迫人民，并镇压人民的反抗。由于西门儿子残酷的统治，犹太人奋起反抗，却以失败告终。暴君死后，其夫人接管执政。她推行改革，不再以暴政治民，国家又恢复安定。

但她的二儿子在她死后，篡夺了哥哥的权位，将她所有的改革措施一并废止。犹太人的悲惨生活再次上演了。

不久，庞培带领军队攻占了耶路撒冷。庞培进城后，滥杀无辜，成千上万的犹太人在他的刀下丧命。许多犹太人还被卖掉，变身奴隶。犹太人自由独立的岁月再次成为了记忆。

犹太人再次起义，反抗罗马人，但遭到镇压，三万多名参与起义的犹太人也被卖给了奴隶主。

凯撒、希律先后统治后，趁希律王的三个儿子互争王位时，犹太人又一次开始反抗。但由于当时罗马正值巅峰时期，不久起义军就被消灭掉了。镇压结束后，为了平息纷争，奥古斯就把巴勒斯坦平分成了三份，分别给了希律的三个儿子。对于犹太人来说，他们的社会又走向了分裂。

希律的三个儿子，个个都是暴君。犹太人在他们的统治之下，过着水深火热的生活。不得已，他们再次起来反抗，请求罗马人结束希律家族对他们的统治。奥古斯答应了他们的请求，将巴勒斯坦归为帝国的管辖之下。

反抗并没有停止，虽然罗马人每次都将他们镇压下去，但是他们仍然不停地反抗。因为他们一直相信上帝一定会来拯救他们，消灭所有的人间帝国。罗马统治者对此非常愤怒，再一次将犹太人逐出罗马城。而给他们定的罪名是“在基督的教唆下作乱不断”。在罗马史中，这也是第一次出现了基督这个名字。

这就是“犹太人”的故事。

耶稣：犹太人的王

耶稣说，你们说我是谁？西门彼得回答说，你是基督，是永生神的儿子。

——《圣经·新约全书·马太福音》

基督教是伴随着耶稣的诞生而产生的。关于耶稣的诞生，《圣经·新约全书·马太福音》中这样记载：

他母亲玛利亚已经许配了约瑟，还没有迎娶，玛利亚就从圣灵那里怀了孕。她丈夫约瑟是个义人，不愿意明明地羞辱她，想要暗暗地把她休了。正想念这事的时候，主的使者在他梦中显现，说："大卫的子孙约瑟，不要怕，只管娶过你的妻子玛利亚来，因她所怀的孕是从圣灵来的。她将要生一个儿子，你要给他起名叫耶稣，因他要将自己的百姓从罪恶里救出来。"这一切的事成就，是要应验主藉先知所说的话，说：

“必有童女怀孕生子，人要称他的名为以马内利。”（“以马内利”翻译过来就是“神与我们同在”。）约瑟醒了，起来，就遵着主使者的吩咐，把妻子娶过来，只是没有和她同房，等她生了儿子，就给他起名叫耶稣。

在简单的布蔓遮挡下，在铺满干草的马槽旁，在上帝的注视下，圣婴诞生了！他的出生就像是一束光，将照亮全世界。远处的牧羊人在为圣婴的诞生而祈祷。

当希律王的时候，耶稣生在犹太的伯利恒。有几个博士从东方来到耶路撒冷，说：“那生下来做犹太人之王的人在哪里？我们在东方看见他的星，特来拜他。” 希律王听见了，就心里不安；耶路撒冷全城的人也都不安。他就召集了祭司长和民间的文士，问他们说：“基督当生在何处？”他们回答说：“在犹太的伯利恒。因为有先知记着，说：‘犹太地的伯利恒啊，你在犹太诸城中并不是最小的，因为将来有一位君王要从你那里出来，牧养我以色列民。’”当下希律暗暗地召了博士来，细问那星是什么时候出现的，就差他们往伯利恒去，说：“你们去仔细寻访那小孩子，寻到了，就来报信，我也好去拜他。”他们听见王的话就去了。在东方所看见的那星，忽然在他们前头行，直行到小孩子的地方，就在上头停住了。他们看见那星，就大大地欢喜，进了房子，看见小孩子和他母亲玛利亚，就俯伏拜那小孩子，揭开宝盒，拿黄金、乳香、没药作为礼物献给他。博士因为在梦中被主指示不要回去见希律，就从别的路回本地去了。

他们去后，有主的使者在约瑟梦中显现，说：“起来！带着小孩子同他母亲逃往埃及，住在那里，等我吩咐你，因为希律必寻找小孩子，要除灭他。”约瑟就起来，夜间带着小孩子和他母亲往埃及去，住在那里。

希律见自己被博士愚弄，就大大发怒，差人将伯利恒城里并四境所有的男孩，照着他向博士仔细查问的时候，凡两岁以里的，都杀尽了。这就应了先知耶利米的话，说：“在拉玛听见号啕大哭的声音，是拉结哭她儿女，不肯受安慰，因为他们都不在了。”

希律死了以后，有主的使者在埃及向约瑟梦中显现，说：“起来！带着小孩子和他母亲往以色列地去，因为要害小孩子性命的人已经死了。”约瑟就起来，把小孩子和他母亲带到以色列地去，只因听见亚基老接任他父亲希律做了犹太王，就怕往那里去，又在梦中被主指示，便往加利利境内去了。到了一座城，名叫拿撒勒，就住在那里。这是要应验主藉先知所说的话，说：“我从埃及召出我的儿子来。”

这就是耶稣诞生及早年流浪生涯的大致过程。从那以后，他便同父亲生活在拿撒勒了。

约瑟得到神的指示，在希律王到来之前就连夜带着圣母和圣婴逃出了伯利恒，往埃及去了。直到希律王死后，他们一家才又回到伯利恒。

耶稣长大后离开了拿撒勒，往迦百农去，那地方靠海，并开始在那里传起道来，他先后召集了12个门徒。他呼召信徒时，只要对他们说：“来跟从我。”那个人就立刻舍下一切，跟从他。

除了召集信徒外，耶稣还有许多神迹。

《马太福音》记载：“耶稣走遍加利利，在各会堂里教训人，传天国的福音，医治百姓各样的病症。他的名声就传遍了叙利亚。那里的人把一切害病的，就是害各样疾病、各样疼痛的和被鬼附的、癫痫的、瘫痪的，都带了来，耶稣就治好了他们。”他可以用五个饼、两条鱼让五千人吃饱，剩下的还整整装满十二个篮子；又用七个饼和几条小鱼让四千人吃饱，剩下的装满了七个筐子。

耶稣的种种神通，使得越来越多的人愿意信他，受他的恩惠。他渐渐地被认作犹太人一直传说的“弥赛亚”，也就是神的儿子基督。这让当时的犹太人统治者相当不悦，他们决心处死耶稣。

耶稣的一个门徒，叫做犹大，与祭司勾结出卖了耶稣。耶稣早就预言到有人要出卖他，但他并不畏惧，认为这是自己的命，仍然像平时一样带门徒祈祷。耶稣被钉在十字架上，受尽了百般折磨，最后在痛苦中死去。耶稣刚死，磐石就崩裂，坟墓也开了，当时就有许多圣徒复活了。到了第三天，耶稣复活了，他告诉两个妇女说："你们去告诉我的弟兄，叫他们往加利利去，在那里必见我。"于是，耶稣的十一个门徒就往加利利去，到了耶稣约定的山上。他们见了耶稣就拜他。然而还有人疑惑。耶稣近前来，对他们说："天上地下所有的权柄都赐给我了。所以，你们要去使万民作我的门徒，奉父、子、圣灵的名给他们施洗。凡我所吩咐你们的，都教训他们遵守，我就常与你们同在，直到世界的末了。"在耶稣的教训下，他的门徒便开始传播耶稣的教义。

沿桌坐着耶稣的十二个门徒，耶稣则位于餐桌正中，他摊开的双手仿佛在表示，他已经知道门徒中有人出卖了他。但他仍然默默地接受了这一切，他觉得这是自己的命。

XIFANG
ZHEXUE
GUSHI

基督教的故事

他们就每日在殿里，在家里，不住地教训人，传耶稣是基督。我凡事给你们作榜样，叫你们知道，应当这样劳苦，扶助软弱的人，又当记念主耶稣的话，说，施比受更为有福 。

——《圣经·新约全书·使徒行传》

基督教是犹太民族创立的，它本身就是一种思想。基督教通过控制人们的思想，影响了西方文明的方方面面，对西方人产生了深刻的思想影响。

最初，基督教是作为犹太教的一个分支存在的。犹太教崇拜的是耶和华，耶稣作为基督教的创始人，信奉的也是耶和华。

耶稣到了耶路撒冷后，做的第一件事就是将那些在圣殿中做买卖的人统统赶出圣殿。圣殿在犹太人眼中是最神圣的场所，有许多人每天都会从各地赶来朝拜，商贩们为了赚钱，就开始在圣殿里做生意。从此，在信徒的祈祷声中夹杂着买卖的吆喝声，两者此起彼伏。圣殿的祭司们于是向这些商贩们收税，借此赚取了大量利润。犹太祭司和长老们利用圣殿捞取不义之财遭到了耶稣的坚决反对。耶稣将商贩们赶出圣殿后，祭司们和犹太长老们的收入来源也就被掐断了。他们由此激烈反对耶稣，与耶稣争辩。但是，他们每次又辩不过耶稣，每次都被耶稣说得目瞪口呆。无奈之下，他们决定不再与耶稣正面交锋，暗地设法迫害耶稣，置他于死地。

于是，他们在耶路撒冷迫害耶稣和他的众弟子们。耶稣的弟子们宣称耶稣就是弥赛亚，是神的儿子，这让犹太教的利益受到损害，他们当然不乐意了，直接否定这一说法。

由此，犹太教和基督教之间明显出现了信仰上的不同。基督教徒认为耶稣就是弥赛亚，是神的儿子，弥赛亚的降临是为了救赎他们，使他们永远有福。但犹太教就不这么想了，他们不相信耶稣是弥赛亚，真正的弥赛亚还没有降临，还需继续等待。

保罗原名扫罗，是一个犹太人，也是基督教事业的奠基人，他曾经长途巡游了罗马帝国各地四次，广泛传播耶稣的宗教信仰，并通过书写大量的信函，来解答人们对基督教的各种疑惑和问题，基督教的国外信徒因此也大大增多了。

圣保罗（公元3年—67年），是基督教历史发展中的重要人物，又被称为使徒保罗。他的最大贡献是将基督精神传播到外邦，包括小亚细亚、希腊、意大利等地，在全国各地建立了许多教会，影响深远。

保罗在罗马帝国出生，所以具有罗马帝国公民的身份，他开始是一个虔诚的犹太教徒，还曾经参与迫害基督教徒。

不过，保罗后来经历的一件事情，使他发生了改变。

《使徒行传》上记载：保罗仍然向主的门徒口吐威吓凶杀的话，去见大祭司，求文书给大马色的各会堂，若是找着信奉这道的人，无论男女，都准他捆绑带到耶路撒冷。

在保罗将要行至大马色时，忽然天上发出光来，将他罩住。他扑倒在地，然后听到有声音对他说："保罗，保罗！你为什么逼迫我？"他说："主啊，你是谁？"主说："我就是你所逼迫的耶稣。起来！进城去，你所当做的事，必有人告诉你。"同行的人只听见声音，却看不见人，都惊得站在那里，说不出话来。保罗从地上起来，睁开眼睛，却发现自己的眼睛什么也看不到了。同行者拉着他的手将他领进了大马色。他的眼睛三天都看不到东西，他不吃也不喝。

这个奇遇改变了保罗的一生。从那以后，他就开始信奉耶稣，并向人们传扬，耶稣就是弥赛亚。

但大家一开始都不信他，毕竟他还曾经参与迫害基督徒，不过，在他告诉人们他所经历的奇遇后，人们也都信了。

耶稣反对高利贷。在基督教初期，耶稣、保罗以及所有的信徒和追随者们，还有所跟从的人，他们全都生活在一起，就像是一个大家庭。在这个大家庭里，所有成员一律平等，一切都是公有的，有饭同吃，有衣同穿，有难也要同当，每个人都要劳动才有饭吃，每周日是他们的安息日。很多犹太人对此表示认可，并开始信奉基督。但是，保罗对这些并不满足，他想要遥远的异国也能崇信耶稣。于是，他踏上了传道之路。从安提阿出发，到达小亚细亚，他一路向人讲述耶稣的故事，证明耶稣就是救世主。慢慢地，经过保罗的传道，许多外邦人也开始成为耶稣的信徒。他传道的范围越来越广，名声也越来越大。基督教由此渐渐地不再局限于犹太人的圈子。

三年后，保罗回到了耶路撒冷，向耶稣的门徒和教会的长老们讲述他在异国的传教经历，并且他们同意对外邦人可以区别对待，外邦人只要“禁戒偶像的污秽和奸淫，并勒死的出生的血”就可以，不需要像犹太人一样行割礼。保罗把这个决定写信告诉他们后，这些外邦的信徒们非常高兴，更加坚定了对耶稣的信奉。在耶路撒冷的工作完成后，保罗又回到了他的大本营——安提阿。

又过了两年，保罗向更远的地方传道。他横穿小亚细亚，来到特洛伊，接着又横渡大海，去往马其顿，然后再一路向南，到达贴撒罗尼加，后又经过雅典和格林多，并从格林多穿过地中海回到耶路撒冷。一路历尽了千辛万苦，最后回到了安提阿。由于基督教并不像犹太教那样墨守成规，只要信徒遵行不奸淫、不偷盗等诫命，就都可以获得神的救赎。这是做人要具备的最基本的品质，人人都乐于遵从。因此，基督教的信众更多了。

雅典是保罗传道的重要一站。他认为，由于肉体的软弱而犯下的罪过都是可以制伏的，但使人心骄傲、迷惑、虚妄、自满的“世界的智慧”则是可怕的。他说，雅典人之所以比格林多人距离天主之国更远，就是因为雅典人夸耀自己的虚妄的智慧，而格林多人则坦白承认了自己的软弱。

在安提阿休整了一年后，保罗第三次踏上了传道之路。

这次出行的路线与上次有些相似。先从安提阿出发，途径小亚细亚、以弗所、特洛伊、马其顿、格林多，然后再返回到特洛伊，最后到达耶路撒冷。这次传道花了五年时间，算是路程最远、费时最久的一次，同时，也是最危险的一次。

刚回到耶路撒冷时，会众们对他热情接待。他便去到犹太人的长老们那里，向他们讲述在外邦传教的成就，增了多少信徒，等等。

但长老们告诉他，犹太人对他很恼火，因为他告诉外邦人不用行割礼，也可以不遵行犹太人的教规。一些从亚细亚来的犹太人曾看见保罗如何向外邦人传教，因此，在保罗到耶路撒冷的第七天，他们看到他时，就大叫起来，召集其他人一起来抓保罗。

好多犹太人都跑了过来，保罗只得束手就擒。

他们正准备将保罗打死，这时，罗马驻军的千夫长带人救了他。保罗被千夫长带回到营里盘问，千夫长原想让保罗受一顿皮肉之苦，由于保罗是罗马公民，也就作罢了。但是，犹太人还是想要置他于死地，保罗依然处于险境之中。

耶路撒冷城里的罗马人对这件事很为难，他们知道保罗是无罪的，但如果放掉他，犹太人又会有意见。没有办法，他们就将保罗送到了罗马，让他在那里接受审判。

幸运的是，在罗马，保罗并没有受到像囚犯那样的对待。《使徒行传》记载了保罗在罗马的生活：

保罗在自己所租的房子里，住了足足两年。凡来见他的人，他全都接待，放胆传讲神国的道，将主耶稣基督的事教导人，并没有人禁止。

两年后，保罗从软禁中开释了，他继续传道，又过了两年，他再次被捕。这次他被斩首处死了。

保罗为基督教做出了巨大贡献。通过他的四次异邦传教旅程，基督教的异邦信徒大大地增多了，各地都有了自己的基督教团体。为了方便管理，信徒们不再像基督和他门徒们那样生活在一起，而是分散开来，

圣保罗在向外邦人传道时告诉他们不用行割礼，也可以不遵行犹太人的教规。这使得犹太人很恼火，他们千方百计置他于死地。最终，他被犹太人砍下了头颅。

各自过各自的生活，不过还是定期来听讲道。信徒们挑选一个地方作为聚会场所，并按时来这里讲道、闻道。每个聚会所还立了一名主持。主持下面是长老，是由信徒们选出来负责管理团体日常事务的。这样的制度形成后，无论教众们分布在多少个地方，或一个地方有多少的教众，他们都可以很方便地生活和传教了。基督教会就是由这种组织形式发展而来的。

耶稣以及他的十二个门徒还有保罗的言行，都被信众们记录了下来，最后集成了一本书。这本书共分为二十七卷，包含四部福音和一部传记。其中的福音书是耶稣的门徒们为耶稣做的传，《使徒行传》记录了保罗等人的生活及传教经过，书信是耶稣的门徒们写的私人书信，即《新约全书》。《新约全书》很快取代了《旧约》，成为基督教的经典。

得益于保罗的传播，基督教的信徒越来越多，与犹太教的特性也渐渐区别开来。最后，基督教脱离了犹太教，成为与犹太教截然不同的一种新宗教：以耶稣为独特的崇拜对象，以《新约全书》为独特的经典，以教会为独特的组织形式。

XIFANG ZHEXUE GUSHI

哲学是神学的奴仆

神学不是把其他科学作为它的上级长官而依赖，而是把它们看成它的下级和奴仆来使用，犹如主要科学使用附属科学、政治学使用军事学一样。

——托马斯•阿奎那

托马斯•阿奎那是著名的神学家、哲学家，也是整个基督教世界的理论权威。当时教廷将他的观点作为官方理论。著名的《神学大全》就是由他撰写的，因而被称作是历史上最伟大的神学家。他曾说：几乎所有的哲学思维都是为了认识上帝……真正的哲学家引导人类归向上帝。

托马斯•阿奎那生于一个尊贵显赫的贵族之家，他是家中第七个也是最小的儿子。在托马斯•阿奎那5岁时，家人将他送到了卡西诺山修道院。在那里，他接受了近十年的启蒙教育。之后，在那不勒斯大学学了四年的自然科学、神学等课程，并在此期间，结识了大学神学院内的多明我会修士。多明我会是一个托钵僧会，里面的成员们过着乞丐一般的苦行僧生活，希望在肉体的痛苦中获得灵魂的幸福。托马斯•阿奎那加入这个僧会以后，遭到了家人的一致反对。但是托马斯•阿奎那十分倔强，不仅没有听取任何劝说，反而起身前往巴黎。他的母亲为了让他改变主意，就让他的两个在皇家军队的哥哥把他捉回了家，并软禁了起来。经过多明我会向皇帝和教皇的多次请求，一年之后，托马斯•阿奎那才被释放。获得了自由的托马斯•阿奎那独自来到巴黎大学求学，每天坐在讲堂里听他最敬仰的神学教授——阿尔贝特讲课。由于他性格孤僻，沉默寡言，同学们都称他是“哑牛”。一个偶然的机会，他尊敬的导师注意到了他，和他交谈了很久。第二天阿尔贝特在课堂上对学生们说：有一天这位“哑牛”的声音一定会让全世界侧耳倾听。

阿奎那（约1225年—1274年），意大利著名神学家，欧洲中世纪经院哲学代表人物。他开启了托马斯学派（或称托马斯主义）。天主教教会认为他是历史上最伟大的神学家，将其评为33位教会圣师之一。

从那以后，托马斯•阿奎那经常和导师在一起讨论各种问题，他们之间结下了深厚的友谊。

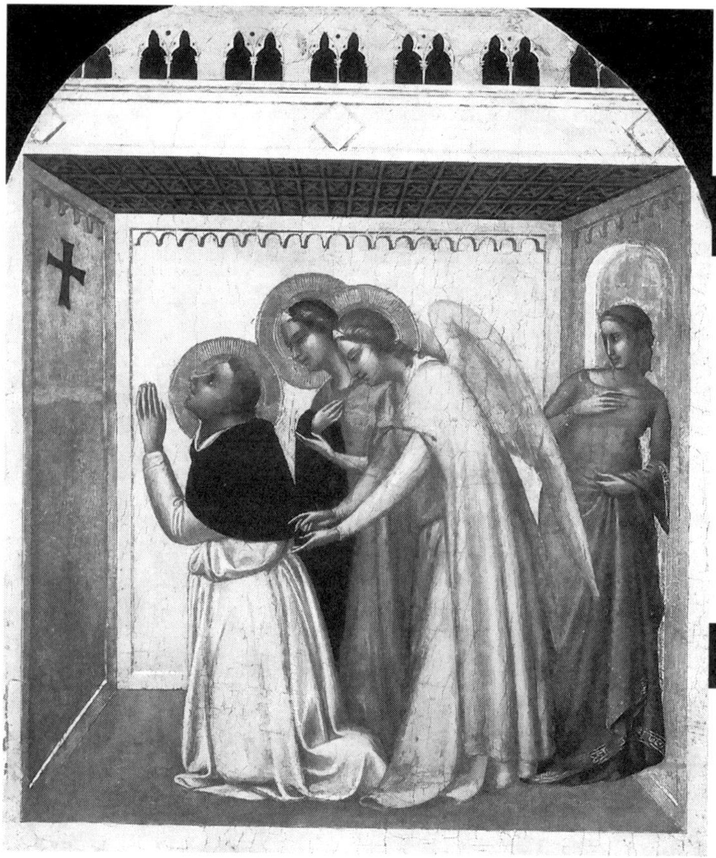

十九岁时托马斯·阿奎那决定加入多明我会，遭到家人极力劝阻。有一天晚上两个兄弟雇了一个妓女勾引他，但他挥舞燃烧棒把她赶走了。据传说，那天晚上两个天使出现在他面前安抚他，这坚定了他保持独身的决心。

25岁时，托马斯•阿奎那成为教父，又过了六年，而立之年的托马斯•阿奎那成为远近闻名的辩论大师。到了33岁，托马斯•阿奎那被任命为巴黎大学的神学教授，成了哲学界的名人。后来担任教皇的神学顾问。在对异端的辩论中，他出色的辩论水平使他屡屡获胜，事业如日中天。49岁时，他奉命解决一轮教派纷争，不料在途中一病不起，不久便离开了人世。

托马斯•阿奎那把上帝作为他整个哲学的中心，毕生致力于对神学的研究。

在中世纪，理性和信仰之间的关系是人们争论的焦点，并以此形成了不同的哲学阵营。关于这个问题，托马斯•阿奎那第一个明确提出了理性与信仰之间的关系是不平等的，理性要顺服于信仰，就如同哲学与神学是不平等的，哲学也要顺服于神学一样。因此，神学在哲学之上，哲学是神学的奴仆。

奴仆的意思就是说神学是高于哲学的，比哲学更高级，是哲学的主人，哲学是要用来伺候神学的。“哲学是神学的奴仆”的观点提出后，一度被看作是对真理的又一次侮辱。托马斯•阿奎那还对此进行了多方面论证。

首先，在题材上，神学是高于哲学的。我们可以把知识分为很多等级，哲学只研究普通事物、普通真理、一般原因等人的理性所能涉及的东西；而神学不同，它能够研究超越理性的最高存在、最高真理、最终原因等至高无上的存在。人只要理智，就可以研究普通事物和一般真理，但研究最高存在与最终真理则要依靠超越理智的“神示”。

哲学研究的是智慧，而神学研究的是神。正如人的地位比神低，是神的奴仆一样，哲学也是神学的奴仆。

其次，神学比哲学更具有确定性。哲学的确定性来源于人的理性的本性之光，而神学的确定性来源于上帝的光照。因此哲学难免会犯各种错误，但神学是绝对不会的。人的理智来源于人，所以就会不可避免地犯错误，这样，由理智得来的普通知识，比如哲学、数学等都可能是错误的了。神学就不同了，它来自神明，本身就是“神圣的理论”，因而是不会犯错误的，是绝对的、至高无上的真理。

再次，神学比哲学的目的也更高一层。哲学的目的充其量不过是朝向国家政治；而神学则是“把永恒的幸福作为最终的目的”。所以，哲学是以神学为最终目的的。

最后，神学的地位也高于哲学。哲学依赖于神学，以神学为最终目的；而神学却直接来源于上帝的启示，独立于哲学之外。

“神学是一门科学，因为它所依赖的那些确定的原理，是凭启示直接从上帝那里得来的。上帝是这门科学的对象或者主题，只有与上帝相关的其他事才会在这门学科中论及。”

托马斯·阿奎那认为，因为神学比哲学更可靠，而且神学是哲学研究的目的，哲学的启示也要来源于神学。所以，哲学是神学的奴仆。托马斯的哲学思想已产生巨大的影响力，基督教神学在他之后兴盛起来，并扩展到一般的西方哲学。

神学要经常以哲学为工具，托马斯•阿奎那不否认这一点，他在《神学大全》中有言：

“神学可以依据哲学来发挥，但只是借它把自己的义理讲得更清楚些，并不是非要它不可。因为神学的原理是凭启示直接从上帝来的，而不是从其他科学来的。所以，它并不是把其他科学作为上级和长官来依赖的，而是把它们看成下级和奴仆来使用。跟主要科学使用附属科学、政治学使用军事学是一个道理。”

这就证明了他的总结“哲学乃神学之仆役”，哲学只是被神学纯粹地“利用”，神学对哲学是居高临下的使唤。教父哲学家们和经院哲学家们都一致追捧托马斯•阿奎那的主张。直至现在，从教皇到基督教的哲学家们仍在坚持“信仰高于理性”这一观点。

XIFANG
ZHEXUE
GUSHI

上帝存在的五种证明

我们只能通过上帝不是什么而认识上帝的本性。上帝是永恒的，因他是不受动的；上帝是不变的，因他不包涵被动的潜在性。上帝是善，并是他自身的善;他是万善之善，他是智慧的，而他的智慧的行动是他的本质。他以自己的本质进行理解，并且全面地理解他自己。

——托马斯•阿奎那

上帝存在不仅是经院哲学理论关注的中心，同时也是托马斯神学哲学体系的基石。关于上帝存在，托马斯一方面认为上帝的存在是无需证明的，因为上帝的存在与本质是绝对同一的，上帝的本质就已经包含了存在。但另一方面又认为对这一点是有必要加以证明的，因为对人类的理智来说，上帝存在并不是直接自明的真理。

对上帝的本质这个问题，托马斯•阿奎那认为上帝的存在是有需要来证明的，而且也是有方法可以去证明的。他在书中有写道："'上帝存在'这个命题必然是真的，其主题和结论都是如此。"而证明上帝的最好方法，在阿奎那看来，便是首先将那些不可能是上帝的东西排除掉，这个方法又经常被称作否定神学。他提出了上帝可能具有的五种属性。第一种是上帝的简单性，是自为一体的，没有身体、灵魂或物质、形式等这样的组成部分。第二种是上帝的完美特质，没有任何破绽。与其他事物相比，其差异就在于上帝是完美无瑕的。第三种是上帝的无限性。其他事物一般都在实体上、智能上、情绪上有所限制，但上帝却没有，是无限的。不过，这个无限并不同于体积或数量上的无限。第四种是上帝的永恒性，是永恒不变的。上帝的本质和特征都没有办法去改变。第五种是上帝的一致性，上帝并不存在多样化的特征。上帝的一致性本质和上帝的存在是一样的。

托马斯·阿奎那开创了经院哲学的传统。他的独创性在于引用亚里士多德的哲学来适应基督教教义，因而在他所处的时代里，他被人认为是一个大胆的革新者。他对亚里士多德有深刻的理解，这使得他与异端在辩论时占据上风。

托马斯•阿奎那的观点是上帝是完美且完整的，用三位一体的概念也可以来完整地解释。这三个不同的位格是圣父、圣子、圣灵，他们与上帝的联系构成一体。圣父与自我意识相联系产生圣子，圣子接着产生永恒的圣灵，而圣灵“拥有神授的爱戴上帝、爱戴圣父的本质”。三位一体的存在与现实世界是紧密相联的，是用于把上帝的启示和美德传递给人类的。而只有通过化身而成的耶稣基督以及透过内心的圣灵——三位一体本身的精髓，还有那些曾被上帝救赎的人才能够来进行这种传递。

阿奎那在《神学大全》里，谈到耶稣基督时，首先讲述了圣经里关于亚当和夏娃的故事，然后描述了人类原罪的恶果。耶稣基督之所以化身就是为了要恢复人类的本质，帮助人类去除他们身上“原罪的污染”。“神圣的智慧认为上帝应该化身为人，以这个单一而相同的化身改变人们并且提供救赎。”当时，有许多对耶稣基督持不同观点的历史神学家也遭到了阿奎那的批评。在回复异教徒时，阿奎那指出耶稣不是一个凡人，他是神来之子。聂斯脱里是一个异教徒，他认为耶稣只不过是上帝的肉身而已，对此阿奎那回复说上帝的完整乃是耶稣的存在所不可或缺的一部分。不过，阿奎那曾经也主张耶稣具有一个真正的理性的人类灵魂。这样一来，耶稣就具有了双重本质，而且阿奎那和阿利乌的理论也因此互相矛盾。欧迪奇提出双重本质在化身耶稣结束后依然存在，但阿奎那反对这种说法，他认为这两个本质是同时存在的，不过若是在同一个人类躯体里的话是可以分辨清楚的，这一观点与摩尼等人的理论也是不同的。简言之，“基督有一个与我们同样本质的真实躯体和一个真实的理性灵魂，但除此之外他还拥有完美的神性。”所以说，耶稣基督既可以是统一的，即三位一体，也可以使多重的，即两个本质、肉体和神性之理论。

为证明上帝的存在，他提出了五个论据。

推动的力量：我们都知道，一个物体是不会无缘无故运动的，必须要经过某种力量的推动。例如，叶子的飘零是因为瑟瑟秋风在吹拂着它，马车飞奔是因为马在前面跑，而马之所以在前面跑是因为后面有鞭子在催促。万物运动的背后必有一个力量在推动。假如物体A推动了物体B的运动，而B又推动了C的运动，C又推动了D的运动，以此类推，那么最后会出现什么样的结果呢？

据同时代的人描述，阿奎纳是个大块头，肥胖而且皮肤黝黑，头颅硕大，发髻很高。他的为人处世表现出很好的教养：众人认为他举止端正，温文尔雅，而且令人如沐春风。阿奎纳在修道院去世后不久，教皇约翰22世就封他为圣徒。

物质有无限多个，但这样推论下去总要存在一个终端。换句话说，最后，我们必然会找到这样一个推动：它是一个推动者，自己却不会被任何别的力量或物体推动。这个推动者，托马斯•阿奎那说，就是上帝。

因果之链：据托马斯•阿奎那的书中所言：现象世界存在着一个动力因的秩序。但是，我们不可能找到一个事物自身便是动力因。如果有，那就应该先于动力因而存在，可这是不可能的。由于一切动力因都遵循一定的秩序，所以，也不可能将动力因推溯到无限。第一个动力因是中间动力因产生的原因；而中间动力因，不管是多个还是单个，总都是最后的原因的原因。没有原因，也就没有结果。因而，在动力因中，如果将动力因做无限制的推溯，就会出现这样的结果：没有第一个动力因，也就没有中间的原因，最后也就不会有结果。而这显然与实际是相悖的。所以，存在一个最初的动力因，我们称他为上帝。

任何事物都是这因果之链中的一环，就像任何孩子实际上都是有父亲的，即便他们不知道自己的父亲是谁。托马斯•阿奎那就是用这种原因与结果的推论作为证明上帝存在的第二种方法。宇宙中万物的存在都必然是有原因的，可以说，宇宙万物组成了一个因果之链。A是B存在的原因，而B又是C的存在原因，C则是D存在的原因，如此推溯，必然会找到一个最初的原因，这个最初的原因就是上帝。

托马斯·阿奎那认为，世间有些事物只能是被推动，另外有些事物既能被推动又能推动其他事物。凡是被推动了的事物都是被某物所推动的，而这种被推动力因为不可能漫无止境地往上追溯，所以我们必然会在某一点上承认一个推动他物而不受他物推动的某物。这个第一推动者就是上帝。

唯一之必然：托马斯•阿奎那认为世间万物虽然是存在着的，但他们只是作为一种可能性，并非是必然存在的，这就是他第三个证明方法的起源。从表面上看，世界上的万事万物显然都已经实实在在地存在了，但他们的存在又不是必然的。因此，各种事物既存在又不存在，是可能也是必然的。而这种可能和必然性都是从其他事物那里获得的。没有无中生有的事物，什么都不存在，也不可能开始存在某一事物。不过，一个显而易见的事实是，世间可有可无的事物已经存在了。所以，必然有一个必然存在于万事万物之上。这个必然就是其他一切可能存在的根本，从而使得一切可能性得以成为事实。托马斯指出，“我们不得不承认，有某一个东西，并不是依赖于其他事物得到必然性，而是自身就具有这种必然性。不仅如此，其他事物也因为它得到了必然性，这个它就是上帝”。

最高级的存在：托马斯•阿奎那认为，一切事物都被由低到高划分为不同等级。有好坏美丑之分，有高低级别之分。所以，在最高处也必然有一个最好、最真、最尊贵的存在，其他事物依赖它得以存在并具有不同等级的真实性。“因此，世界上一切事物能够存在并具有良好和其他完美性，一定是得益于某种东西存在的原因。而这种原因，我们称之为上帝。”

万物之目的：托马斯•阿奎那发现世间万物虽然看上去错综复杂，但似乎都因为某个目的，万物都在围绕这个目的行事，就像地球围绕着太阳转一样。它们好像都有眼睛有智慧似的。如果没有一个有知识有智慧的存在者指挥，那么它们为何能这样有目的地生存和运动着呢？“因此，一定有一个智慧者存在，指挥着万物按一定目的生存运行。这个指挥者，就是上帝。”

XIFANG
ZHEXUE
GUSHI

化繁为简的奥卡姆剃刀

切勿浪费较多东西，去做“用较少的东西，同样可以做好的事情”。

——奥卡姆

奥卡姆人威廉出生于英格兰的萨里郡，是14世纪时期著名的哲学家、逻辑学家，他反对柏拉图的“理念说”。在他看来，这种思想中的事物都是抽象的，为了能说明问题，他还不断地给这些事物加上各种各样的条款。他认为只有感觉到了的东西才是真实的。在所著的《箴言书注》2卷15题中，他写道：“切勿浪费较多东西，去做‘用较少的东西，同样可以做好的事情’。”简单地说就是“如无必要，勿增实体”。这个原理最早至少可以追溯到亚里士多德，亚里士多德说过“自然界选择最短的路”。他相信没有必要在实验和观测上走得太远。威廉是英国奥卡姆人，因此，人们又将这一原理称为“奥卡姆剃刀”。

奥卡姆的威廉（约1285年—1349年），他在年轻时就已经研究了神学并加入圣方济各会修士，并就读于牛津大学。他是著名的逻辑学家，被称为“沃西初学者”或“无敌博士”。他以提出奥卡姆剃刀法则而闻名。

奥卡姆人威廉领导了反对阿奎那观点的论战，认为神学不是说理，而主要是一种信仰。“奥卡姆剃刀”使科学、哲学与神学相分离，几百年间争论不休的经院哲学和基督教神学也因此遭到重创，并引发了欧洲的文艺复兴和宗教改革。这把剃刀被认为是异端邪说，曾让很多人感到威胁，威廉本人也受到了伤害。

“奥卡姆剃刀”的观点是事情总是朝着复杂的方向发展，复杂会造成浪费，简单则能够提高性能。在我们所做过的事情中，绝大部分可能都是毫无意义的，真正有效的只是其中的一小部分而已，但这一小部分通常都隐含于复杂的事物之中。找到最关键的部分，去掉不需要的活动，也就实现了成功。比如关于金字塔的由来，有两种猜测，要么是外星人的“作品”，要么是古代人类所建。但谁对谁错，我们却无法证实，相比之下哪种猜测更好些呢？这个时候，奥卡姆剃刀就有用武之地了。若是外星人的“作品”，那就应该存在外星文明，而且这些外星文明曾经来访过地球，但这种情况还没有被证实。若是古人类所建就简单多了，因为只要古代人类具有极高的智慧即可。

“奥卡姆剃刀”对科学研究起到了重要作用。科学家应用这一原理最常见的形式是：如果两个处于竞争地位的理论能得出同样的结论，那么简单的那个更好。

在牛顿之前，英国物理学家胡克也提出过引力观念。不过当时胡克认为，引力庞杂得“多”，是无法证明的。根据“奥卡姆剃刀”，牛顿把这一切都剃掉了，只留下了一个最简单的事实“一个苹果掉在地上”，并以此作为科学推动的初始点，从而发现了万有引力定律。

奥卡姆剃刀原理为许多科学家所认同和接受，例如莱布尼兹提出：“不可观测事物的同一性原理”，牛顿提出：“如果某一原因既真实又足以解释自然事物的特性，那我们就不应当接受比这更多的原因”。

我们可以用最简单的方法解决复杂的事情。爱因斯坦提出“相对论”是在牛顿之后的200多年，他沿着奥卡姆剃刀的思维之路，用单纯的演绎法建立了新的科学体系。爱因斯坦说：“如果你旧有的思维方式无法改变，自己当前的生活状况也就无法改变。”

霍金提出了“宇宙大爆炸”理论，他在《时间简史》中解释说，我们仍然可以想象，在一些超自然的生物中，存在着一组定律来完全决定事件，它们能够观测宇宙目前的存在状态而不必去干扰它。但对于这样的宇宙模型，人类是没有太大兴趣的。那就最好采用所谓奥卡姆剃刀的原理吧，可以将那些不能被观测到的所有特征从理论中统统割除掉。

数百年之间，奥卡姆的剃刀被磨得越来越快，意义越来越深刻，并且超越了原来狭窄的领域，从而更加广泛而丰富。

在企业管理中，奥卡姆剃刀有非常大的应用。奥卡姆剃刀主张简单管理，化繁为简，而在企业管理中许多东西是有害无益的，现代的企业内部组织不断膨胀，制度越来越繁琐，文化越来越多，效率却越来越低。

切勿浪费较多东西去做用较少的东西同样可以做好的事情。英国奥卡姆的威廉对当时人们经常讨论的共相、本质之类的概念之争感到厌烦，于是著书立说，宣传唯名论，主张消除空洞无物的思想，提出思维经济原则。图中是奥卡姆的威廉的素描，其简洁形式颇得奥卡姆剃刀精髓。

但简单化就可以让人们更好的理解和操作。我们将传统企业组织结构中严格的等级制度摒除，赋予基层员工更多的权力，员工之间平等分工，互相合作，组织内打破信息在上下级之间的单向传递，实现网络化的即时式的双向沟通。在这种组织中，员工以顾客的需求作为行动的向导，以明确的目标来实施行动。在员工的积极参与下，可以最大程度地消除组织目标和个人目标之间的矛盾。组织要想集中精力，以最少的代价获得最丰厚的利润，就需要在可供选择的众多业务中筛选出最重要的、最具有核心竞争力的业务，并在自己最有竞争优势的领域确定组织的目标。如果目标数量过多，经营者往往会难以同时兼顾太多的业务，造成顾此失彼。此外，企业还应将流程简化，减少不必要的文书作业。与复杂的信息相比，简单的信息更有利于人们的思考和决策。所以，一个企业想要做到优秀，就要保持事情简单化，不管多复杂的事情，都要让它简单易行。

奥卡姆剃刀也可以作为是一种生活理念。它在改变你思维的同时，也可以改变你的生活。根据奥卡姆剃刀原理，我们要把握事物的本质，从最根本上解决问题，同时尤其注意要顺应自然，避免人为地将事情复杂化，这样才能够将事情处理好。

奥卡姆虽然提倡简洁，却也不是一味地追求简单化。如果你要运用奥卡姆剃刀，那爱因斯坦的一句著名格言要铭记于心了：万事万物应该都应尽可能简洁，但不能过于简单。

XIFANG
ZHEXUE
GUSHI

把“利维坦”关在笼子里

人所有的一切价值，一切精神的实在只能经由国家而有之。个人的最高义务即在安守其职责，作为国家的好公民。

——霍布斯

1588年4月5日，霍布斯在英格兰维尔特郡的马姆斯伯里降生了。他母亲是一名普通的家庭妇女，父亲是当地的一名乡村教师。霍布斯天赋极佳，4岁时在教堂里接受教育，15岁时被送至牛津的摩德林学院研读古希腊罗马哲学。

霍布斯毕业后，在一个贵族家庭做家庭教师。后来，他多次到欧洲大陆出访，期间与伽利略、笛卡尔等著名科学家和哲学家相结识。在伽利略力学的影响下，霍布斯形成了机械唯物主义的世界观。回国后，他又担任弗兰西斯•培根的秘书，总是跟在培根的后面在花园里散步，并且拿着纸和笔，将培根不时迸发出来的新火花随时记录下来。培根的某些作品也在霍布斯的帮助下被翻译成了拉丁文。在与培根长时间的交往中，霍布斯受到了他哲学思想的熏陶。

霍布斯（1588年—1679年），他是英国理性主义传统的奠基人，是近代第一个在自然法基础上系统发展了国家契约学说的资产阶级启蒙思想家。他在1651年所著的《利维坦》为之后所有的西方政治哲学发展奠定根基。

霍布斯在著作《利维坦》中，阐述了自己关于社会基础和政府合法性的看法，这本书他在1651年完成的时候，英国正处于内战之中，国内社会形势动荡，政治思潮混乱，出现有许多煽动叛乱的革命者。而《利维坦》主张绝对的国家主义，因而刚刚出版，就遭到了当时社会传媒和舆论的纷纷谴责。

霍布斯认为人是生而平等的，享有同等的自然权利，人人都有权占有一切有利于自我保护之物，采取所有措施来实现自我保存。人们都处在一种“自然状态”下，而这种状态中的人都拥有虚荣自负、自私自利、欲壑难填的本质，都“污秽不堪、野蛮不化、寿命短暂”。每个人都希望拥有权力来控制世界上的每样东西。自然状态中人对人，就好比是狼对狼一样，所有人都处于一切人对一切人的战争状态。但这场权力争夺战下的“所有人对所有人的战争”是永远不会结束的，因为毕竟世界上的东西是有限的。霍布斯对这些处于自然状态中的人们的描述是十分冷峻的，他们“孤独无依，贫困潦倒，污秽不堪，野蛮不化，生命短暂易逝。”这种状态令人不寒而栗，我们仿佛处在了一个令人极度绝望的境地，因为根据霍布斯对自然状态的描述，似乎是人类本性使自己走向了万劫不复的地狱深渊。

霍布斯认为人类最高的必要就是保护自己免于暴力死亡，而这种权力就来自必要。只有社会契约才能保证社会的和平，在社会中，一群人要服从于一个人的权威，每个人都要将刚刚好的自然权力交付给这个权威，靠它来维持内部和平，并防御外来敌人的进攻。在霍布斯眼里，国家就是一个人造巨人，或叫巨灵，所以也可以将国家称之为“利维坦”。

霍布斯认为主权是绝对的、无限的，不管它是属于一个人还是一个议会，而且所有政治社会的权威都必须集中于这个主权者。无论是君主制、贵族制或是民主制，这个主权都必须是一个“利维坦”，一个绝对的威权，也是不可以分割和转让的。

他指出，任何社会无论是何体制或政体，都可能面临专制或无政府的动乱状态这两种危机。但是，“一个最坏的政府也胜于没有政府”，他认为无政府的动乱状态比专制的社会更可怕。霍布斯认为必须要避免当时社会可能面临的动乱和无政府的状态，为达到这一目的，国家有权根据社会安宁的需要，来加强政治权利。

利维坦国家的无限威权只体现在防止人对人的攻击以及保持国家的统合方面，至于其他方面，国家是不会干涉的，只要一个人不去伤害别人就可以。保持内部的平等也是国家主权的职责。总之，霍布斯的政治原则就是“不要伤害”，他对君主制是强烈支持的，但对其他的政府形式，他的理论也并不排斥。

霍布斯认为只有强大的中央权威才可以避免邪恶的混乱和内战，任何滥用权威的行为都会破坏和平，他在书中用绝大篇幅来证明这个理论。霍布斯否定权力分立的理想，认为主权必须有权力全盘控制公民、军事、司法和教会。霍布斯明确地指出，在利维坦中，主权拥有改变信仰和理念的权威，如果人民不服从的话，就会产生混乱。他本人就宣称愿意服从主权的命令去改变信仰。

利维坦是霍布斯《利维坦》一书中的一个象征，在霍布斯的书中。人们为了抵御各种外来的风险，自己创造了一个利维坦——政府这种半神半兽的组织，它在保护人的同时，又在吃人。所以，就有了西社会把“利维坦”关进笼子里的人文传统。

在赋税方面，霍布斯在书中首先探讨了国家建立以及人民应当向政府缴税的原因。国家有义务来保障个人财产，保障个人可以安心从事劳动，同时必须集课税权、军事权、司法权于一体，将三者充分结合起来。“人民为公共事业缴纳的税款，相当于是为了换取和平而付出的代价，福利部门既然分享这一和平，自己就必须以货币或劳动的形式为公共福利做出贡献。由于国家代替人民进行防卫，一旦战争爆发，人民仍可以正常地从事生产劳动和生活。正是人民辛勤劳动所缴纳的税款才使这些保护者的主权得以维持。”所以说：“间接税和直接税，都是为了保障自己不受外敌入侵，而拿起武器监视敌人的保卫者所获得的报酬，也是人们以自己的劳动给他们提供的，并非是别的。”封建国家的税收制度是以直接税为主体的，是不公正的，霍布斯从税收“利益交换说”出发，对此抱批判的态度。国家也并不是将利益平均地分配给每个公民，而是有的获得利益多，有的获得少。他提出可以用个人所拥有的财产数额和个人消费的数额这两个标准来衡量受益程度，并按照其中一个标准，平等地向政府纳税。霍布斯从反封建的角度，认为封建国家的税收制度是以财产税等为主体税，这样就使封建贵族、僧侣等阶层拥有了税收豁免权，鼓励他们进行奢侈的消费，而且国家日益增长的财政支出也无法得到满足。因此，他还提出要征收国内消费税。因为消费税可以鼓励人们节约、减免奢侈浪费。征收消费税维护了平等原则，保证了国家的税收收入，减轻了人民纳税负担的痛苦。

霍布斯对近代国家和在政治思想方面做出了极大的贡献，是近代英国君主制以及国家政治学说的最重要奠基人。可以说，没有霍布斯的国家主义，就没有现今的英国皇家制度。

XIFANG ZHEXUE GUSHI

现代实验科学的真正始祖

我认为善的定义就是有利于人类。如果问在人生中最重要的才能是什么？那么回答则是：第一，无所畏惧；第二，无所畏惧；第三，还是无所畏惧。人生如同道路，最近的快捷方式通常是最坏的路。

——培根

弗兰西斯·培根出生于一个贵族之家。父亲尼古拉斯·培根勋爵是一名掌玺大臣，地位尊贵，为伊丽莎白女王掌管了二十年的玉玺。母亲安妮·库克出身于书香门第，由于她的父亲曾是英王爱德华六世的教师，非常注重对子女的教育，因此安妮从小就受到了良好的教育，并且学识渊博、秀外慧中，长大后嫁给了尼古拉斯·培根勋爵，她的另一个妹妹嫁给了英国首相威廉·赛尔西。

弗兰西斯·培根（1561年—1626年），著名哲学家、科学家、作家，英国人。他在英国担任过总检察长和大法官。虽然他的政治生涯是在耻辱中结束的，但他的作品仍然非常有影响力，尤其他是科学方法哲学的倡导者和实践者。

弗兰西斯·培根在母亲的悉心教导下，年幼时就显示出了非凡的天赋，12岁就进入了剑桥大学三一学院。不过，剑桥的同学年龄都比他大一倍，他和他们之间没有任何共同语言，而且他也对当时处处弥漫着的经院哲学思想深恶痛绝，所以他在剑桥的生活并不如意。毕业之后，培根在英国驻巴黎大使馆工作，开始了从政生涯。18岁那年，培根的父亲暴病身亡，这一突如其来的事实让培根的生活发生了彻底的改变，不仅仕途上没有了坚实后盾，而且父亲也没留下任何财产给他。从此，培根只得自力更生了。为了糊口，他做了一名律师，为了重返政坛，希望亲戚和父亲故友们的帮助，但姨父威廉·塞西尔对此却一直冷落。他只有凭借自己的努力，终于在22岁时，当选了下院议员，成为埃塞克斯的顾问。

培根的父亲是伊丽莎白女王的掌玺大臣，曾在剑桥大学攻读法律。母亲是一位颇有名气的才女，她娴熟的掌握希腊文和拉丁文，是加尔文教派的信徒。良好的家庭教育使培根成熟较早，各方面都表现出异乎寻常的才智。12岁时，培根被送入剑桥大学三一学院深造。图为剑桥大学三一学院雷恩图书馆。

埃塞克斯对培根的才华十分欣赏，不仅在经济上经常资助他，作为伊丽莎白女王的宠臣，还在女王的面前极力推荐他。但以议会中培根果敢反对女王坚决支持的某项税务法案为理由之一，伊丽莎白拒绝将任何要职或有利可图的职位委任于他。埃塞克斯视培根为知己，还曾经把一处大庄园送给了他。1598年，也是埃塞克斯出手相助，替生活挥霍无度，欠下巨债而入狱的培根还清了债务。

后来埃塞克斯失宠后，内心愤懑，就发起了一场反对女王的阴谋，结果被送上了法庭。虽然埃塞克斯一次又一次地帮培根解决了麻烦问题，但此时培根却没有对他有一点宽容之心，自作主张出庭作证，凭借出众的口才和非凡的智力，力证埃塞克斯罪该万死。其实，在法官们看来，埃塞克斯并不是真的意图谋反，只是一时冲动而已，但在培根的咄咄证词之下，不得不将埃塞克斯处死了。培根还因此获得了政府的1200英镑。这件事情发生后，几乎全国人民都很憎恨他，认为他是一个忘恩负义的坏蛋。不过，他却还心安理得地为自己辩护：

我的辩护不需要冗长和繁复，就是我在那件案子和审讯过程中所做的一切，都是出于我对女王和国家应尽的职责与义务，在这样的事情上，我是决不为世界上的任何人而表现虚伪和胆怯的，因为任何诚实而居心端正的人都会宁愿舍弃他的国王而不愿舍弃它的上帝，宁愿舍弃他的朋友而不愿舍弃他的国王，宁愿舍弃任何尘世的利益，还有在某些情形下宁愿舍弃自己的生命而不愿舍弃他的朋友。

背弃了埃塞克斯之后的培根，也始终未能得到伊丽莎白女王的宠信。但詹姆士一世即位后，他的好运就开始了。1603年被国王封为爵士。詹姆士一世大肆搜刮民脂民膏，搞得民怨沸腾，培根利用超凡的才智和巧妙的言词证明了以往搜刮的合理性，替国王做了辩护，赢得了国王对他的欣赏。两年之后的培根就已经成为詹姆士一世的顾问。1613年，即任总检察官，1617年，正式进入英国内阁，任掌玺大臣，1618年，做大法官，并被封为维鲁兰男爵。1620年，被封为圣艾尔班斯子爵。

可是这样的好日子没过多久，做了不到三年大法官的培根就因贿赂遭到起诉，理由是他收受诉讼当事人的“礼物”。培根承认这一事实，但是他声辩自己并没有因为赠礼而影响审判结果。他在议会中的政敌趁此机会将他赶下台去。培根被囚禁在伦敦塔中，随国王的旨意定期限，而且终身不得担任任何公职。还被判处了一大笔罚金，不过关于具体罚款数目，罗素说是4万英镑，黑格尔称是4000英镑。没过多久，国王就将培根无罪释放，并且免除了他的罚款。但出狱后的培根已经身败名裂，从此告别政治生涯，开始专心研究理论著述，不再关心政事。

1626年，为了研究冷热理论及其实际应用问题，培根宰了一只鸡，在雪地里做实验，将鸡肚里填满雪，来观察冷冻对防腐的作用。但由于他体质薄弱，难以抵挡风寒的侵袭，导致支气管炎复发，最终病情恶化，于1626年4月9日清晨病逝。

在一个风雪天，培根突发奇想：“雪是否和盐一样可以保存鲜肉？”于是，他和友人决定立即实验。因为在实验中受冻，可能患上气管炎，三天之后去世了。培根，有时因此而被称为“科学实验的殉道者”。

按培根在遗嘱中的要求，他的墓碑刻了如下的铭文：

我把灵魂留给上帝，

……

把躯体留给一抔无名的黄土，

把名字留给未来的时代和异国他乡的民族。

作为哲学家，近代实验科学的创始人，人们敬仰弗兰西斯•培根所取得的成就，曾被马克思赞誉为“英国唯物主义和整个现代实验科学的真正始祖”。然而人们对他一生的评价却截然相反，有人认为他是最聪明又最卑鄙的人，也有人认为他是为了个人利益的老鼠。他个人的生活作风更是受尽后人鄙视，正如歌德所说：一个人的缺点来自他的时代，他的美德和伟大却属于他自己。

XIFANG
ZHEXUE
GUSHI

知识就是力量

因此促进科学和技术发展的新科学方法，首先要求的就是去寻找新的原理、新的操作程序和新的事实。这类原理和事实既可以在技术知识中找到，也可以在实验科学中找到。当我们掌握了这些原理和知识以后，它们就会导致技术上和科学上的新应用。

——培根

弗兰西斯•培根的哲学思想是唯物主义的，确切地说，是比较偏向于唯物主义，他极其反对经院哲学。他认为经院哲学把哲学和神学杂糅到了一起，带有一定的偏见和幻想性，毕竟没有人见过“神”，而且神学中讨论的很多问题都与现实生活脱节。培根认为，真正的哲学应该是理性的和实用的，自然是物质的，科学发现和发明使得人们能够认识自然、驾驭自然乃至征服自然。他还认为，一切知识来源于感觉，但感觉并不是知识。他对自己的方法有个很好的比喻，他觉得人的认识就像是蜜蜂采蜜，先在花丛中采集花蜜，然后通过加工和制作，制造出香甜可口的蜂蜜。人也是如此，先从外界获得材料，然后通过大脑的加工和消化，形成最终的知识。而不能像蜘蛛，从自己肚里抽丝结网，也不能像蚂蚁般只是单只采集。虽然这段话对蜘蛛和蚂蚁略有不公，但是却可以让我们很形象的了解培根的意思。

培根晚年哲学思想逐渐成熟，著书立说尖锐地批判了中世纪经院哲学，认为经院哲学和神学严重地阻碍了科学的进步，主张要全面改造人类的知识，使整个学术文化从经院哲学中解放出来，实现伟大的复兴。

培根的科学方法主要是实验定性和归纳。这种方法顺应了当时英国资产阶级在上升时期对发展科学的要求，具有其积极的一面。但是从另一方面来看，虽然培根主张哲学和神学分离，但是他的学说中也掺杂着神学的不彻底性。同时，他对演绎推理和数学也嗤之以鼻，这使得他的哲学观点对后来的机械唯物主义论产生了深远的影响。

提出唯物主义经验论、制定系统的归纳逻辑并且强调实验对认识的作用，是培根在哲学方面的最大贡献。他认为，人的知识必须通过感性经验从客观外界获得，因此，世界是不以人的意志为转移的。

培根说："个体（客观外物）首先刺激感官，感官好像是理智的入口和门户。"从这句话看来，培根强调了感性经验对人的认识的重要性，他认为，客观外界事物若要被人们感知，感官是一个必经的渠道。但是他并未说从感官获得的知识是正确的，他说："断定感官是衡量万物的尺度，是个很大的错误。"他认为感官是存在很大的局限性的。例如，对于那些很隐晦的、过于微小或者空间距离过远的物体感官就不能认识得很清楚。

培根是一个彻底的唯物主义者，他说："人是自然界的仆役和解释者，因此他所能做的和所能了解的，就是他在事实上和思想上，对于自然过程所见到的那么多。"因此，认识的真实性即存在的真实性，二者是一致的，如果真要说有差别，那么差别就是——认识的真实性是直射光线，而存在的真实性是发射光线，仅此而已。培根是个勇敢的人，敢于挑战教会的权威，他的观点与经院哲学的观点大相径庭。基督教认为人是神的仆役，而经院哲学认为哲学是神的婢女，二者的命题几乎完全一致。但是在培根看来，人则是自然的仆役。培根极其鄙视经院哲学家研究哲学的方法——以亚里士多德建立的哲学体系为基础，然后同神学结合，并且视之为无需证明不可违背的公理和真理。因此培根极力反对和批判经院哲学和与之相关联的神学权威，他认为，正是这种教条式的研究方法使得经院哲学阻碍了科学的发展。此外，他还提出了著名的"四幻象说"，揭露了人类认识产生谬误的源头。

第一个是"种族幻象"，"种族"在这里指的是人这个整体，也就是说作为一个整体人而产生的幻象。他认为，人有智慧，能思考，有自己的想法和见解。人们在认识事物时，会预先给自己设定一个目标或者接受一个意见，然后会把对实现这个目标有利的经验事实的证据全部拉过来以证明其正确性，而对不利的证据或事实则闭口不提甚至视而不见。就像培根所说：

人类有这样一个通病，当自己采取了一种意见之后——就会迫使其他的事情对这件事进行旁证或者支持，而这种意见的接受，或许是因为得到了普遍承认与信仰，或许仅仅是因为合乎了自己的理解。如果这种意见后来被发现有大量无法推翻的事实证明是错误的，人们则会对这些例子视而不见，或者举出个别的例子或拒绝或排除它们。这就是人类固有的，对待先入之见就像是自己的孩子一样，在自己心里是最好的，容不得别人说不是。曾经就有个人被另一个相信上帝权威的人带到一座庙里，被要求看在海难中幸存者悬挂在庙里的还愿匾，并且被问到这个事实是否能说明上帝的威力。此人沉默许久，最后只说了一句话就让另一个人无言以对，“那些对上帝起过誓却又遇难的人的画像呢？”这个回答不禁让人拍手叫好！事实也的确如此，包括迷信、占卜、因果报应等等，有人之所以相信这些，就是因为只看到了应验的事情，却忽视或者无视那些更经常发生的失灵之事。

培根认为，要获得真正的科学知识不仅要批判经院哲学，还必须对人类认识产生谬误的根源加以揭露。为此，他对影响人认识真理的主观偏见思维家势流等提出了著名的“四幻象说”。

第二种幻象是“洞穴幻象”，指的是每一个个体人的幻象，简单地来说就是“坐井观天”。培根曾经这样解释道：

“洞穴幻象”是个人的假象。每个人都有属于自己的洞穴，使得真实的自然之光发生曲折和改变颜色；因为每个人都有自己的天性，而且所受的教育不同，接触的人也不一样；或者对某些人的崇拜、漠然、偏见等原因使得自己看到的东西很局限，就像是井底的青蛙，虽然能通过井口看到白昼黑夜、阴雨晴雪，但是也仅限于井口，还自以为是地认为这就是所有的天地。

由于人们对语言的误用而造成的认识错误就是第三种幻象——“市场幻象”。

市场幻象，顾名思义。就像是在市场上叫卖产品一样，如果这个产品只有少数的几个商家在卖，那么价格也就显得相对公平。但是如果卖这个产品的人过多，为了处理掉这个产品，价格可能就会远远低于这个产品的价值。人们是靠谈话来彼此联系的；而语词的意义是根据俗人的了解来确定的。如果语词选择的不好或不恰当，被滥用了，那就会使得人们的理解变得非常困难。它会使一切陷于混乱，将人们引入空洞无聊的争辩。在这一点上，培根认为应该效法数学家，一开始就对名词概念的涵义规定明白，以便人们知道这些名词概念作何解释，而且决定自己对此是否可以认同，就不会有那么多的混乱了。

在对语言使用中所犯的错误，也是古今中外诸多哲学争论的根源。其实，这种争论有时候只是一个名词概念的争论而已。

最后一个幻象是“剧场幻象”。培根把世界比作一个舞台，既然是舞台，就有少部分人是演员，而剩下的大多数人是观众。观众会因为演员表演的内容或喜或悲，被演员牵动着情绪，通过演员演绎的内容来理解和认识世界。演员的表演就相当于权威的理论，诱导了人们的眼睛，使人们不能根据自己的见闻去真实地认识世界。这就是所谓的剧场幻象，这告诫人们不能盲目地相信权威，而要以自己的眼睛去观察世界。

这就是培根提出的四幻象说，也是人们的认识之所以产生谬误的根源，而经院哲学家则利用了这四种假象来抹煞真理，使人们相信他们。因此，只有突破阻碍，真理方能浮出水面。

XIFANG ZHEXUE GUSHI

我思，故我在

我思，故我在。当我在怀疑一切事物是虚假之时，那么思维的主体“我”必然是某种实际存在的，而这一点无论是谁都无法将之推翻，因此我可以说，这是我哲学探求的第一原理。

——笛卡尔

笛卡尔小时候身体羸弱，疾病不断地侵袭着他，在他8岁时被家人送入耶稣会学校学习。一方面由于身体虚弱，另一方面也得益于父亲在当地官位的影响和权威，学校对他开了特例，允许他可以在床上自习，不必受到校规的约束，正是在这样的环境下，笛卡尔养成了在床上学习和思考的习惯，而且据说著名的直角坐标系就是在床上思考得来的灵感。

有一天，笛卡尔像往常一样躺在床上思考，想用几何图形来表示代数方程，无奈却始终得不到答案。这时，一只在屋顶墙角织网的蜘蛛（看来，蜘蛛的作用功不可没，后来威灵顿将军也是受到蜘蛛的启发后才重整旗鼓）吸引了他的注意。蜘蛛可以沿着自己织的网到达任何一个位置，如果把蜘蛛看做一个点，那么它每次移动时候的位置能不能用一组数据确定下来呢？同样的，从墙角出发，相邻两面墙和地面相交的三条线作为三根数轴，那么空间的任何一点也都可以用数轴上的三个数来表示。这就是我们现在所学的直角坐标系。既然空间直角坐标系建立起来了，那么在平面上依然是成立的。

笛卡儿（1596年—1650年），法国著名哲学家、数学家、物理学家，解析几何学奠基人之一。他出生在一个贵族家庭，并花了一生大部分时间生活在荷兰。他被称为现代哲学之父，之后的许多西方哲学都是在回应他的著作。他的关于第一哲学沉思至今仍然是一个标准。

八年之后，笛卡尔来到巴黎。此时的他一改往日的求学精神和思考欲望，沉醉于这里的灯红酒绿，他甚至还学会了赌博，不过得益于他高深的数学知识，他成了赌场上的常胜将军。这样过了五年，笛卡尔及时悬崖勒马，放弃了这种生活，决定去从军。

在1618年的一天，笛卡尔闲来无事，在街上散步，看到一群人围着布告栏在议论。好奇心驱使他走向前去，但布告栏上的字是荷兰字，而周围人谈话也用的都是荷兰语。无奈之下，他只得用法语向别人打听，这时一个过路人同他聊了起来，而且路人还说：“这是一张解答数学题的有奖竞赛，我可以帮你翻译，但是你必须把答案算出来送给我啊！”

这个过路人看笛卡尔非常年轻，而且只是个士兵，这话显然带有开玩笑的意味。但是笛卡尔却当真了，第二天，带着所有问题答案来见他了。这让这位陌生的过路人大吃一惊，更加令他惊讶的是，解答过程简洁，而且答案全部正确。由于这个事件，两个人成为了好朋友。而这个过路人也并非等闲之辈，他叫别克曼，是物理学、医学和数学的教师。从这以后，笛卡尔就在别克曼的指导下研究起数学，除此之外，笛卡尔也跟着别克曼学习荷兰语。而且，据说荷兰语还曾经救过笛卡尔的命呢。

那是在一次回国的时候，笛卡尔和仆人坐着一艘船。但是没想到这竟然是艘海盗船，而船长看着这两位法国佬，起了杀念，于是就和副手用荷兰语商量着要谋财害命。笛卡尔则故作镇静，未雨绸缪，先发制人，制服了船长，安全回国。

但是为了能够更好地进行学术研究，笛卡尔选择了荷兰，并且在这里，完成了他的《方法论》《沉思录》《哲学原理》等著作。

1628年笛卡尔定居荷兰后，开始写出一系列著名作品。其中，1637年出版的《方法论》一书成为哲学经典。这本书中的3个著名附录《几何》《折光》和《气象》更奠定了笛卡儿在数学、物理和天文学中的地位。

我们知道，笛卡尔是从他的平面直角坐标系开始的，他不只是个数学家，还是一个哲学家，而且在哲学方面的成就并不亚于他在数学方面的造诣，甚至连德国著名哲学家黑格尔都称他为“现代哲学之父”。

笛卡尔的哲学出发点是怀疑一切，他的这一出发点与培根的种族幻象有一定的联系。人总是有先入为主的偏见，在我们成长的过程中，都会受到父母、长辈、老师等人的教导和教育，这很容易让我们对事物的看法产生偏见，而且这种偏见还形成于理性尚未成熟时期，因此可能会根深蒂固。只要有偏见的存在，就势必会影响我们去正确地认识真理，因此，怀疑一切是必须的。

要说怀疑的对象，首当其冲的就是我们的感官知觉，因为我们正是通过感官来认识世界和了解世界的，但是感官也不是万能的，有时候则会出现幻觉或者错觉。

比如这样一个场景，寒冷的冬天，你穿着袍子坐在火炉边。这个可以是真实的，也可能是你自己的一个梦而已，而你实际是在睡觉。但你却无法确定究竟哪个是真的。这个时候我们就需要诸如《盗梦空间》里的小陀螺来确定自己是处于真实还是梦境了。

除了自己的感觉值得怀疑，笛卡尔还将怀疑的对象扩展到他的各种知识，包括各种学科，最终延伸到世界。他举了这样一个例子，一道简单的数学题，仍然会有许多人会推导错误，而这许多人当中就可能包括我们自己在内。

但是笛卡尔的怀疑论却有着他独一无二的地方。曾经有一些怀疑论者对一切都表示怀疑，因此也无法肯定或确定任何事情。但是笛卡尔的怀疑论则显得更有理性，他的怀疑是为了获取正确的知识，寻求真理。正如我们会对前人的成果提出质疑一样，但是这种质疑里还包含了对成果中某些内容的肯定，目的不过是使得这个成果更加完善而已。他曾说：“我不是为了怀疑而怀疑，我的怀疑是排除法，我的怀疑像一股水流，将浮土和沙子冲刷掉，露出岩石或者粘土。”

笛卡尔将他的怀疑论推到了极致：“我愿意假定，仁慈的上帝并非是一切真理的源头，真理的源头是一个和上帝拥有同样法力却狡猾无比的恶魔。他用尽他所有的法力，施展全身解数，试图将我引向歧途。我愿意假定，天空、空气、土地、色彩、声音和一切外在事物不过是梦境罢了，而那个恶魔就是要利用这些换取我相信。我假定自己没有双手、没有双眼、没有肉体和血液，甚至没有一切器官，仅仅是相信这些的存在而已。”

从笛卡尔的话看来，他的怀疑不是片面的，不是对具体事物的怀疑，而是延伸到对人类、对世界和对上帝的绝对怀疑，通过这种绝对的怀疑，引导出毋庸置疑的哲学原则——我思，故我在。他认为即使万物皆虚，我们的思维却是绝对真实存在的。他说：

我思，故我在。当我在怀疑一切事物是虚假之时，那么思维的主体“我”必然是某种实际存在的，而这一点无论是谁都无法将之推翻，因此我可以说，这是我哲学探求的第一原理。

换句话说，在怀疑的过程中存在着一件确凿无疑的东西，那就是“我在怀疑”。这是一个思考活动，表明了一个思考主体是必然存在的，因此“我在怀疑”这件事情本身则毋庸置疑。

沿着之前的推论，笛卡尔又继续推导。正在怀疑的“我”是个思维的东西，由于“我”是在怀疑，那么“我”肯定是不完美的。但是怀疑这个观念确是完美的，既然观念是完美的，那么产生观念的“我”也一定是完美的，既然这个人是完美的，那么这个人只能是上帝。

在人的身体和心灵关系方面，这位哲学家又是如何看待的呢？在这一点上，笛卡尔提出了一个观点叫“身心二元论”，即二者是独立运作的，身体是不受心灵控制的。但是，这个观点却面临着常识的挑战，因为在生活中，人们总是能感受到身心的相互作用。为了说明这个现象，笛卡尔又提出了他的两个见解。身体和心灵的确是相互影响着，但是这种影响来自于中介的作用，这种中介有两种，一种是神，另一种则是松果腺。第一种显然无法证明，但是后者却是笛卡尔在研究人体解剖时，在尸体的脑袋中发现的东西，也是他所认为的身心传递的媒介。用一个形象的比喻，身体和心灵就像是两个相距很远的人，这两个人要交流，那么就需要一个媒介，比如打电话，而这个电话就和松果腺的作用类似。

由于笛卡尔的观点既有唯心的实体，又有着唯物的影子，因此在他身上产生了两个截然对立的流派。因此可以说他是唯物主义和唯心主义共同的始祖，罗素曾经这样评价他：

笛卡尔具有两面性，这得益于他的生活经历，他既学习了科学知识，同时又深受拉夫赖士学校传授给他的经院哲学的影响。这使得他陷入了自相矛盾的境地。但是也正因为此，他的思想却比常人要丰硕得多。他时常会用经院学派的学说来自圆其说，但是自相矛盾却使他成为了两个最重要的哲学流派的共同鼻祖。

笛卡尔的伟大创造震撼了整个欧洲，同时也换来了数位美女的垂青，瑞典女王克里斯蒂娜就是其中之一。1649年，女王请求笛卡尔来瑞典做自己的老师，笛卡尔到了瑞典却无法适应寒冷的气候。女王要求笛卡尔早晨5点授课，本来身体羸弱、一直习惯床上看书的笛卡尔更加难以适应。在气候与身体的双重夹击下，他于1650年患了肺炎并于同年与世长辞。一位伟大的哲学新星就这样陨落了！

笛卡尔是欧洲近代资产阶级哲学的奠基者，“现代哲学之父”，同时又被誉为“近代科学的始祖”，影响力巨大由此可见一斑。为了纪念他，法国的纸币，以及许多国家的邮票上都印有笛卡尔的头像。

XIFANG ZHEXUE GUSHI

与其默念死，不如沉思生

自由人最少想到死，他的智慧不是关于死的默念，而是对于生的沉思。

——斯宾诺莎

斯宾诺莎出生于阿姆斯特丹，是一名犹太人，他的父亲及祖父都是从事海运生意的，而且做得相当成功。他的全名是本托·德·斯宾诺莎，父亲给他取这个名字是希望他受到上帝的恩惠，但是偏偏事与愿违，斯宾诺莎可谓是命途多舛。在他6岁之时，得了肺病的母亲就撒手人寰，而他的父亲又给他找了一个后母，同样身为犹太人的后母却改信天主教，幸运的是她却没有强迫自己的孩子与她有同样的宗教信仰。

他的父亲对他寄予厚望，希望把他培养成一名未来的拉比，因为他的父亲虔诚地把犹太教作为自己的信仰。7岁时斯宾诺莎就被送入一所犹太教会学习，他也没有辜负父亲的期望。由于他高于常人的领悟力，在学校成为了一名出色的拉比。斯宾诺莎的天赋还体现在理财方面。13岁时，父亲让他在公司帮忙整理账务，家族的生意也由此而非常红火。

斯宾诺莎（1632年—1677年），荷兰犹太哲学家，是一个伟大的理性主义者，奠定了18世纪启蒙运动的基础，被认为是西方最重要的哲学家。他反对笛卡儿身心二元论。黑格尔说，所有当代的哲学家，如果你不先是一个斯宾诺莎主义者，就不是一个哲学家。

斯宾诺莎有着很强烈的求知欲，除了帮父亲打理生意外，他还不知疲倦地学习各种知识，经常和别人一起讨论哲学问题。也正是在这个时候，一个对他日后的人生影响最大的人——凡•丹•恩德出现在了他的生命中。这位先生是阿姆斯特丹一所学校的校长，斯宾诺莎利用业余时间在恩德先生开办的学校学习拉丁文及各种学科的知识。同时随着学习时间的增加，斯宾诺莎对恩德先生的女儿产生了感情，并向她求婚，不过最后却以失败而告终。除了感情上遭受打击之外，斯宾诺莎家里的商船还被海盗打劫了，从此他的父亲一蹶不振，真可谓是祸不单行。

随着在学校学习的深入，斯宾诺莎的思想也产生了变化，本来信仰犹太教的他却开始对犹太教各种教规仪式变得很厌恶，而且也不再执行那些繁琐的教规，甚至开始公开反对犹太教的灵魂不灭说。

他如此公开化反对犹太教的举动被教徒们视为异端。最开始，教会长老们了解了情况之后，企图用金钱收买家庭情况捉襟见肘的斯宾诺莎。但是此举并未成功，斯宾诺莎根本无视这些可以改变他家庭和生活条件的金钱。长老们因此变得更加愤怒，使用了进一步的手段——将他暂时开除教籍，禁止任何人与他交往，希望借此机会可以使他屈服，但是长老们低估了斯宾诺莎的坚韧性。终于，教会长老们不堪忍受，将他永远开除了。

被开除教籍这件事自然又给予了父亲以很大的打击，他的父亲声明与他断绝父子关系。无奈之下，斯宾诺莎离开了家，到了一个小镇，并且更改了他的名字。

斯宾诺莎所处的时代对异端的处罚还是相当严厉的。他的家族本身就是为了逃避宗教迫害而从葡萄牙移居阿姆斯特丹的。十几岁时，斯宾诺莎开始怀疑犹太神学。后来，他被犹太教逐出教会，禁止虔诚的犹太教徒与他说话，或与他通信，或者与他共处一室。

在这里，斯宾诺莎失去了经济来源，只好另寻谋生手段，还好他在犹太教会时学会了磨镜片这门技术，使他得可以勉强地维持自己的生活。四年之后，他又搬到了莱茵斯堡镇，在这里，他几乎与世隔绝，90%的时间都是呆在阁楼里。而他的两部著作也正是在这里诞生的，这两部著作分别是《笛卡尔哲学原理》和《知性改进论》，而前者是他唯一用真名发表的作品。

三年后，斯宾诺莎迎来了人生中的重大转折。迁到沃尔堡的他写出了《神学政治论》，这本书他选择了匿名出版，但是却被广大读者看出来了，斯宾诺莎由于这本书而一夜成名。后来，他搬到了海牙市，许多人为一睹风采不远万里赶来。虽然名声在外，但当时的斯宾诺莎依然生活拮据。不过名声依然有作用，当地的政府官员打算每年拨给他一笔数目可观的资金，还有一名富翁甚至要将自己的财产全数赠送给他，连法国国王路易十四也要给他年金以解决他的生活问题，不过，面对着如此多的诱惑，斯宾诺莎依然选择了谢绝。

事物都有两面性，名声给他带来帮助的同时也给他带来了一些负面效应。当时荷兰与法国交战，法国统帅派人邀请他去军营讨论哲学，而斯宾诺莎也答应了亲王的要求。但是作为荷兰人的斯宾诺莎此举被国人误解了，甚至有人说他是法国的间谍，目的是为了把荷兰出卖给法国。得知此事的斯宾诺莎并没有害怕，他说，自己只是一个哲学家，而且永远是荷兰人，更不会出卖同胞。最终，人们被他的勇气和语言所说服，谅解了他。

斯宾诺莎41岁时，海德堡大学邀请他去担任哲学教授。书信中校方声称“你有充分的自由教授哲学”，这正中斯宾诺莎的下怀。但是不幸的是，信中的最后一句话却彻底打消了他的念头——“深信你将不会滥用此自由以动摇公共信仰的宗教。”这句话明显的意思是不要让斯宾诺莎发表抵触犹太教的言论，这对于一直很反感犹太教的斯宾诺莎来说，无疑是在摧毁他自己的原则。斯宾诺莎继续沉思和写作，当他的学术走向巅峰之时，他的生命却走到了尽头，磨镜片时的玻璃粉末伤害了他的肺，导致他患上了肺结核，一生孤独的他最终孑然地死去。

靠磨镜片为生的斯宾诺莎虽然生活拮据，却不影响他的沉思和写作，他逐渐走上了学术的巅峰，斯宾诺莎的哲学成就和品德使得哲学界尊称他为“哲学王子”。但是，他的健康却在磨镜片中受到了伤害，最终死于肺结核。

XIFANG
ZHEXUE
GUSHI

在磨镜片中思考人生

贤能者，都是心情平静之人，他的生命不会终结，他通过某种永恒的必然性来认识自己，认识上帝。达到这种境界的道路虽然艰难，但是却仍然有希望去发现。自然，由于困难重重，找到它的人是很少的，本来美好的事物就是稀有的，如果近在咫尺，又没有丝毫困难，人们又怎会视而不见呢？

——斯宾诺莎

在斯宾诺莎看来，人之于宇宙就像是寄生虫之于血液。由于寄生虫接触的是某一滴血，因此它会把一滴血当做是一个整体，永远不会知道这些整体其实只是血液的组成部分。他写道：

要了解自然界的物体，必须用我们洞察血液的方式来考察。因为自

然界的物体并非独立的，它们都被其他的物体围绕和影响着，都以一种方式运动或者静止着，但是它们的总和——宇宙，却保持着动和静的比例。因此可以说，我们现在所认为的每一个整体，其实不过是宇宙的某一部分，和宇宙的其他部分有着密不可分的联系，并且与宇宙整体是一致的。

因此，要了解宇宙，必须从整体入手，从周围的事物来研究，因为这些事物仅仅是它微小的组成部分而已。宇宙这个大的实体就是神。

斯宾诺莎在《伦理学》中这样写道：

神是这样一个实体——绝对无限的本体或者由无限个属性构成的实体，而且任一属性也都是永恒无限的。

同时，在《笛卡尔哲学原理》中写道：

所谓神，是一个绝对圆满的实体，而这个实体我们也无法想象它有任何的缺点或者不圆满。

斯宾诺莎在《伦理学》中对实体进行了说明："我把实体理解为在自身内并通过自身而被理解的东西，也就是说，要领会它的概念无需借助于他物的概念。"在斯宾诺莎的观点中，宇宙、实体和神是一体的，这段话给实体做了一个简要的解释，实体是唯一的、不可分的，是独立存在的，而且只能通过实体本身去了解。

最终，斯宾诺莎将实体学说归纳为一句话来表达：神就是自然。

斯宾诺莎是一名一元论者或泛神论者。他认为宇宙间只有一种实体，即作为整体的宇宙本身，而上帝和宇宙就是一回事。他的这个结论是基于一组定义和公理，通过逻辑推理得来的。

斯宾诺莎对上帝的看法与基督徒的观点截然不同。在基督徒看来，神是以人为基础的，拥有人所拥有的情感、理智和意志。但是斯宾诺莎眼中的神却没有人的形状，也没有人的理智和意志。神即自然，世间万物都生存在神之中。神就像是一个母体，而外物就像是神未出生的孩子。

这些话的意思是：神有决定一切的力量，自然界的一切所遵循着的自然规律其实是上帝的命令。当然，人是万物的一员，所以人类的行为也是受神操纵的。因此，斯宾诺莎得出，人是没有自由意志的。因为人的一切行为都由神的意志决定。人类不过是按照上帝的决定行事而已，虽然这个说法受到大多数人的怀疑，斯宾诺莎对此却深信不疑。他曾做过一个形象的比喻，人类就像是一块在空中飞行的石头，它的轨道和落下的地点其实早就被决定了，但是石头本身却认为自己可以决定运行的轨道和落点。虽然这样的比喻让人难于反驳，但是却与他之前的观点有矛盾之处。在斯宾诺莎眼中的神不具有人的形状，而且没有理智和意志。但是这里又说人类的行为由神的意志决定，岂不是自相矛盾吗？

既然人的行为由神决定，那么就会有些自暴自弃的人有理由不进步了。为了避免这类人给社会带来不良影响，斯宾诺莎阐述了一系列有关人生的看法，思考了关于如何才能达到一个完满的人生这个问题。这也就是斯宾诺莎的世界观——将人类从痛苦和恐惧中解放出来。

要解放人类，首要的就是放弃“尘世幸福”。正是这些在追求幸福的过程中，人们或者会因得不到而痛苦，或者因为新的渴望而痛苦。除此之外，人类对于未来灾祸的恐惧要多于对过去所发生灾祸的恐惧。这是因为人类觉得对过去无能为力，但是对未来却还有希望避免。不过，正如斯宾诺莎的神学论所说，人类的行为完全是由神的意志操纵，因此不管是过去还是未来，都是既定的，无法改变的。既然无法改变，那么就不必要有那么多的恐惧。人类觉得未来可以改变是因为缺乏智慧，这就引出他的另一个观点，那就是要获得完满的人生还要掌握知识，拥有智慧。

斯宾诺莎被开除教籍后，一直过着隐居生活，随着他的名气越来越大，海德堡大学为其提供了哲学系教授一职，斯宾诺莎很高兴。但当得知接受这一职位还有一个苛刻条件时，即必须不对国家法定宗教提出质疑，斯宾诺莎断然拒绝了。

除了放弃尘世幸福之外，还需要掌握知识，才能获得圆满的人生。斯宾诺莎说："人一旦获得了一种品格——即心灵与自然相一致的知识，那么同样具有这种品格的其他人同样也可以分享到。这就是我今生的追求，首先我会使自己达到这种品格，然后同别人分享，帮助别人，使很多人同我一起达到这种品格，这也是一种快乐。"

说和做是两码事，斯宾诺莎也知道做到这些很难，他在《伦理学》结尾写道：

贤能者，都是心情平静之人，他的生命不会终结，他通过某种永恒的必然性来认识自己，认识上帝。达到这种境界的道路虽然艰难，但是却仍然有希望去发现。自然，由于困难重重，找到它的人是很少的，本来美好的事物就是稀有的，如果近在咫尺，又没有丝毫困难，人们又怎会视而不见呢？

XIFANG
ZHEXUE
GUSHI

能接生的医生哲学家

他是一位满足于小康命运的人。对此，你们可从他的著作中得知。他的著作比之碑文上令人生疑的颂扬之词，将更为忠实地告诉你们有关于他的一切。他的德行，即使有一些，既不足以说明他的声望，也不配作为你们的典范。让他的罪恶随他一起埋葬吧！

——洛克

洛克从小和父亲、哥哥在一起，从小学到大学，洛克都是班里的佼佼者（看来，脑袋是否聪颖，会成为判断一个人是否成为哲学家的必要条件）。大学毕业之后，洛克在牛津大学执教，与波义耳成为了好朋友，并且年仅36岁的他还是英国皇家学会的一员，而这个学会正是由波义耳和当时许多杰出的科学家发起的。

约翰·洛克（1632年—1704年），英国哲学家、经验主义的开创人，同时也是第一个全面阐述宪政民主思想的人，在纯哲学以及政治哲学领域都有重要影响。

虽然洛克对许多学科都很擅长，但是在医学方面的造诣则更为突出。他的医术非凡，还获得过正式的医学学位，但是由于他过于繁忙，所以极少数有人见识过他的非凡医术。而阿希利勋爵则是其中比较幸运的一个，当时的阿希利得了一种怪病，而且久治不愈，后来洛克妙手回春，治好了他的病。阿希利大为感动，请求洛克来英国做他的私人医生，洛克于是离开巴黎，前往伦敦。

在阿希利家里，勋爵再一次见识到了他非凡的医术。洛克凭借自己的医学知识，帮助阿希利早产的妻子接生了孩子，虽然之前没有过这方面的经验。此外，他还仅凭一把手术刀，将勋爵胸腔里的肿瘤给切除干净了。

洛克的医术高明不只是患者能感受到，连医学界的同行都对洛克非常钦佩。当时英国最有名的医生西顿汉姆也对他大家赞赏，他发明的治愈热病的疗法就是在洛克研究的基础上成功的，他在书里写道：

虽然我的疗法治愈了很多人，但这是在洛克先生进行的透彻研究的基础上才成功的。在当代，无出其右者，无论是他的洞察力、判断力或者道德的严肃性，他天才般的医术几乎超乎任何人之上。

洛克对阿希利的帮助使得阿希利对他感恩戴德，这在他的子孙回忆录中也常有见到。

后来阿希利在官场上平步青云，也正是由于他的影响，洛克开始研究其政治哲学了。1671年，他开始写作《人类理智论》。

不过好景不长，阿希利在1682年被国王下令逮捕，但是他却逃脱了。而洛克作为与阿希利很亲密的人，被詹姆士二世盯上了，试图抓捕洛克。无奈，洛克来到荷兰，度过了六年时光。在这六年里，他的三部著作《教育漫谈》《论宗教宽容的书信》《人类理智论》等就在这里完成的。

晚年的洛克大部分的精力都投注在《人类理智论》这部书上，他这时和包括牛顿在内的几位科学家交往密切，并已成为辉格党的知识分子中英雄。洛克终身未娶，在1704年因为哮喘病发作而溘然长逝。

在荷兰期间，英国又发生了暴动，詹姆士二世被赶下台，而阿希利和洛克拥戴的威廉则成为国王。洛克也风光地回到了英国。接下来，他的《人类理智论》得以出版，这本书奠定了他伟大哲学家的地位，此书甚至还被称为“一部伟大的独立宣言”。

此后，洛克的肺结核越来越严重，于是他辞职隐居到一座乡村别墅里，一边养病，一边继续着他的哲学创作。

1704年，洛克结束了自己的生命。他的墓碑上刻着他生前亲自撰写的铭文：

约翰•洛克长眠于此。如果你们问他是个怎样的人，回答就是：他是一位满足于小康命运的人。对此，你们可从他的著作中得知。他的著作比之碑文上令人生疑的颂扬之词，将更为忠实地告诉你们有关于他的一切。他的德行，即使有一些，既不足以说明他的声望，也不配作为你们的典范。让他的罪恶随他一起埋葬吧！德行的范例，福音书中业已有了；罪恶的范例，仍以没有为好；必死的范例（你们可从之汲取教益）比比皆是。他生于1632年8月29日，死于1704年10月28日。这块本身亦将蚀灭的石碑即是证明。

XIFANG
ZHEXUE
GUSHI

美国民主政治制度的始祖

个人权利优先于政府权力，政府的权力来源于个人权利。

——洛克

黑格尔评论洛克的哲学是一种很易了解的、平凡的哲学，也正是因为如此，洛克的哲学也是一种通俗的哲学。

洛克对天赋观念论持完全的反对意见，他曾在《人类理智论》中说：虽然人们曾经证明了天赋原则，而证据就是普遍同意。但是我觉得，人类并没有普遍同意的原则，因此同样的证据还可以证明根本就没有天赋原则。

人类生来一无所有，大脑是空白的，正是因为大脑的可填充性，使得它能容纳很多东西，而这些东西就是从经验而来的人们的观念和知识。

洛克的《人类理智论》认为，在我们心灵中不存在内在原则，无论是思辨的还是实践的。所有观念要么直接地要么借助联系或反思从经验中推导出来。甚至就先天学科比如几何学而言，我们运用的观念也不是内在的。比如说，人们心中的维纳斯形象并不是在内心天生就具有的，而是各种生活经验综合的产物。

洛克认为，人类有两种经验，一种是人的感官经验，也称为外部经验，如眼睛看、耳朵听、鼻子嗅、舌头尝以及皮肤的感觉等。而人类获得的知识一大部分靠的就是外部经验。另一种就是内部经验。如怀疑、相信、推理、直觉等等，可以说是一种心理活动或者大脑的一种思维。严格地说就是指通过自我感觉的反省得到的观念。

洛克在《人类理智论》中说道：我们的理智所思维的东西来自于两方面，一是对于外界可感觉物体的观察，另一方面是对于自己知觉反映到心灵内部活动的观察。这两方面构成了我们具有的全部观念。

洛克与阿希利的观点是相同的，他们都是反对君主专制的代表人物。洛克的杰作《政府论》对许多国家和地区的政治思想都产生了深刻的影响，尤其是使用英语的国家和地区。自由宪政民主是这本书的基本思想，他坚信人生自由权和财产拥有权是人类与生俱来的权利，而政治则是为了保护个人及人民的财产。

洛克反对世袭说，批判君权神授的观念。他认为人民应该与君主或者政府建立一种契约关系，只有被统治者的拥护，政府的权威才能存在。人民是委托人，将一些权力委托给政府，而政府只是去行使人民赋予的权力。正因如此，政府不能拥有无限的权力。国家应该由大多数人来统治而非君主或者政府。因此，如果政府或者君主实行专制统治，那就意味着滥用了权力，违反了对人民的契约，人民也有正当理由反对这种政府或者君主。正如在美国倡导的一个口号：“不许选代表，就不许征税。”

《政府论》解释自然的状态，比霍布斯的更加乐观地论证了一份社会契约创造政府与共和国旨在保护个人的财产权。他推论说，如果一个政府采取独裁，或者如果政府的一支篡夺另外一支的权力，解散政府与起义是合法的。洛克的思想直接影响了美国独立战争中《独立宣言》的发表。

XIFANG ZHEXUE GUSHI

存在即被感知

真理是所有人的愿望，但只是少数人的游戏。

——乔治·贝克莱

在西方哲学史上，贝克莱被公认为是主观经验论的创始人，他最著名的话就是"存在即被感知"，这与我国明朝王阳明的"心外无物"似乎有几许相通之处。这里的"我"就是观念的主体，因为观念不能存在于感知它们的人心之外。比如红色，是因为你见到过，音乐是因为你听过。

有一天，贝克莱的朋友在花园里散步，朋友一不小心踢到了石头上，他灵机一动，对贝克莱的观点提出了疑问："我刚才没有看到这块石头，但我现在却踢到了它，那么这块石头是否存在呢？"贝克莱没有很快回答他，略加思索后说道："如果你的脚觉得疼，那么石头就是存在的；反之就是不存在。”这个回答并不太令人满意，让人觉得比较牵强。

乔治·贝克莱（1685年—1753年），通称为贝克莱主教。爱尔兰哲学家，与约翰·洛克和大卫·休谟被认为是英国近代经验主义哲学家的三位代表人物。著有《视觉新论》和《人类知识原理》等。

在西方哲学史上，对经验的解释有两种途径，要么客观经验论，要么主观经验论。柏拉图和黑格尔走的是第一条路，他们承认客观实在的存在，认为经验本质上是思想的存在，例如对于椅子，我们不考虑它是木头制作的还是金属的，也不考虑它是方的还是三角的，这些外在属性都是客观的椅子，而不是椅子的“概念”，椅子的本质是舍去客观表象后得出椅子抽象的“概念”，椅子的构造决定了椅子的“普遍形式”。而贝克莱等人则选择了第二条路：主观经验论。他认为客观实在是心灵的一种感受，经验来自心灵的主观感受。同样是椅子，主观经验论认为椅子的存在不是因为椅子的客观属性，而是因为“我”看到了椅子的颜色，知道它的形状，分析出椅子的材质。

除了“存在即被感知”的著名命题，贝克莱还夸大感觉的相对性，借此否定物质属性的客观性。他说事物的形状、运动都是相对的，是随着人感觉器官的构造或位置的变化而有所改变，外在事物是完全依赖于人的内心。所以，物质实体在贝克莱哲学中只不过是一个根本不存在的抽象概念，就是“虚无”。

既然一切事物和现象都只是各种观念的集合，观念之间的关系也就是某个符号和符号所代表的事物之间的关系，而不能说明客观存在的因果联系。那么谁来说明这种关系，进一步讲观念又来自何处？贝克莱认为，观念不能来自物质，只能来自精神。当然，这种精神并不是个人的有限精神，而只能上帝无限的精神，因为上帝是全知、全能、全善的。

有人质疑贝克莱，比如院子里有棵树，如果没人看到它，它就真的不存在了？对此， 贝克莱回答说：上帝是无时无处不在的，他能感知一切。如果没有神的存在，那么我们现在所看到的物质对象就会处于不稳定状态，在我们看到它的时候才会存在。幸亏有神的知觉发挥作用，空气、水、树木、 山石才会连续存在。虽然有人不认可贝克莱的哲学，但也要佩服他巧妙的议论，他抬出上帝这面大旗，别人就无话可说了。贝克莱把自然规律看作上帝的旨意，上帝依照自然规律把观念植入人们心中。因此，包括哲学家在内的科学家的任务就是要找到上帝在人们心中留下的标记，而不是外在地去认识事物的客观规律。

这样一来，贝克莱把科学放在唯心主义认识论的基础上，他的主观唯心主义哲学成为英国经验论历史发展中的一个转折点，对后来唯心主义流派影响很大。休谟的不可知论、马赫主义、实证主义等流派都与贝克莱哲有着千丝万缕的联系。

英国哲学家伯特兰•罗素在《西方哲学史》中说，贝克莱最优秀的作品是他青年时期的《视觉新论》《人类认识原理》和《海拉司和费罗诺斯的对话》，而他28岁以后的作品影响力就相对弱一些。

贝克莱的《视觉新论》继续发展了经验主义中的联想主义传统，第一次用感觉的联合解释纯心理过程。他在这本中主要研究了人类在只有两个维度的视网膜上如何感知第三维度的原理。在他看来，人们之所以能知觉到深处的第三维度全是出于经验。打个比方，人在靠近物体或伸手接触物体的连续感觉经验与眼肌感觉形成联想，人就会产生深度知觉。深度知觉不是简单的感觉经验，而是必须经过后天学习才掌握的观念联合。

贝克莱的第二本代表作《人类知识原理》中所要讲的主题就是“物就是观念的集合”或“存在即被感知”。莱布尼茨在读到这部书时说“许多东西看似对于我是正确的，但它们表现的是相当矛盾的。因为不需要讨论物质是虚空。这有充分理由认为它是像一道彩虹的现象。”这本书也成为贝克莱留给后来的主观经验论哲学者的重要著作。比如后来的休谟，他批判地继承了贝克莱哲学中主观经验论，形成一种更为彻底、更为精致的主观经验论哲学。

《海拉司和费罗诺斯的对话》是一部简洁的作品，是贝克莱最为迷人的哲学作品之一。书的两个主角分别代表心灵和物质，以二者的辩论为线索展开。辩论分为四个阶段，从感觉的特征是观念到用破坏检验惰性物质的概念，再到用一个证据证明上帝的存在，最后回到非物质论的形而上学。结局当然是心灵的代表取胜，他的对手也被他说服，承认事物只是系列的观念，通过上帝在人的内心产生。

现在看来贝克莱似乎是主观唯心主义的反面典型，但美国人却对他印象不错，他们用贝克莱的名字命名了一个小镇，耶鲁的一所学院与加州的一处大学城都是以他的名字命名的，以此纪念贝克莱对早期美国教育的关心，虽然这些关心最终没能付诸实践，但这却不是贝克莱的过错。

贝克莱曾经设想在英国的殖民地百慕大群岛创办一所大学，对生活在美洲大陆进行教育。为此他曾两次赴美洲活动，但因为议会允诺的二万英镑拨款成为一张空头支票，贝克莱最终一事无成。但他成功预见了美国将是未来文明世界的领导者，并留下一句著名的诗：帝国的路线取道向西方。

贝克莱曾经设想在英国的殖民地百慕大群岛创办一所大学，对生活在美洲大陆的学生进行教育。为了纪念他的努力，美国加州的贝克莱市和贝克莱加州大学都是以乔治·贝克莱而命名的。耶鲁大学也有一个本科寄宿学院是以他命名的。

XIFANG
ZHEXUE
GUSHI

头顶的星空和心中的道德律令

有两样东西，愈是经常和持久地思考它们，对它们日久弥新和不断增长之魅力以及崇敬之情就愈加充实着心灵：我头顶的星空，和我心中的道德律令。

——康德

康德可谓是所有哲学家里面“最恋家”的一个了，1724年出生在哥尼斯堡城的他一生从未离开过。黑格尔曾经这样描述过他的一生：

伊曼努尔·康德，1724年生人，1804年2月12日去世，享年80岁，1755年开始做大学讲师，1770年担任教授，他把自己的一生都奉献给了哥尼斯堡，从未离开过。

康德也是个体弱多病的孩子，成年之后的他身高还不足1.5米。1740年进入大学，肄业后做了10年的家庭教师。31岁时获得博士学位，重返大学担任讲师，讲课风格独具一格，善于调节课堂气氛，因此受到同学们的广泛欢迎。除了上课，他还不断地发表著作，后来，随着他名声的不断提高，耶拿大学邀请他担任教授一职，但是康德却以路途遥远为由拒绝了。1771年康德终于升职为教授，更多的思考时间使得他的著作越来越多地问世，如《纯粹性批判》《实践理性批判》《判断力批判》等著作。

伊曼努尔·康德（1724年—1804年），德国哲学家、天文学家、星云说的创立者之一、德国古典哲学的创始人，唯心主义和不可知论者，也是德国古典美学的奠定者。

康德的守时是出了名的。但据传，这一好习惯得益于他的朋友。那是他还年轻的时候，他和一位朋友约好下午1点钟在教堂门口见面，一起驾车去郊外游玩。但是由于康德出门晚，1点的时候还在去教堂的路上。还碰到了离开的朋友，虽然他极力示意朋友停下车等他，但是他的朋友却毫不理会他，径自驾车离去。这件事情给予了康德深刻的影响，自此以后，他再也没有迟到过。

有一次，在赴约途中，要经过一座桥，但是桥因为坏了而无法通过。他问了车夫，附近6英里远的地方还有一座桥，但是如果走那座桥，就赶不上约好的时间了。

康德灵机一动，跑到附近一座破旧的农舍旁边，出了二百法郎让房子的主人农妇从房子上拆一些木头，并在20分钟内修好了桥，顺利地赶到了约定的地点。

除了准时，康德的规律性生活也是让人叹为观止的。早上5点起床，吃早餐、上课、工作，下午1点吃午饭，吃完饭后工作到下午3点半，然后准时散步，风雨无阻，当地居民经常在看到他散步时核对一下自己的手表。此外，康德还是个善于交际之人，他结交了很多朋友，经常邀请朋友共进午餐，由于他善于说话，他经常成为众人的焦点。

康德散步的情形曾经被海涅这样生动地描述过：

伊曼努尔•康德身着灰色大衣，出现在住宅门口，同时拿着手杖，向街边的菩提树悠然走去。这时，邻居们就会看一下家里的表的指针是否指向了3点半。春秋冬夏，从未间断。如果碰到阴雨天气时，他的头顶就会多出一把大伞，身后就会出现他的仆人——兰佩，而且面色焦急。

正是因为生活方式很规律，成人后的康德不再受到疾病的“青睐”，生活虽然平淡简单，但是却活到了“古来稀”的80岁。

康德是哲学史上无可回避的高峰。他塑造了德意志精神，他那种严格遵守纪律和确保精确性的生活态度在今天的德国人身上普遍存在。更重要的是，他为德意志人的哲学思辨立下了一个榜样。海涅说：“德国被康德引入了哲学道路，哲学变成了一件民族的事业。一群出色的思想家突然出现在德国国土上，就像用魔法呼唤出来的一样。”

XIFANG
ZHEXUE
GUSHI

认清自己的认识能力

整天埋头研究哲学问题，却从来不知道自己究竟能研究出什么样的问题。就像是一个男人整天想着如何像女人那样怀孕一样，已经超出了自己的能力范围，再想也是没用的，到头来只能是竹篮打水。

——康德

康德的世界观与众不同。他认为世界有两个：此岸和彼岸。我们看到的万事万物是此岸世界，而彼岸世界我们只知道它的存在，却不知道具体的特征。正如人类只知道自己有祖先，却不知道祖先人的具体特征一样。而我们看到的、听到的、感受到的此岸世界的万事万物也只是表象，并非真实存在。它只是彼岸世界一种叫做“物自体”的东西刺激产生的感觉而已。而物自体与彼岸世界一样，存在却无法知晓。

康德认为，人类应该量力而为，在对事物进行认识之前，首先要对自己的认识能力做一个细致的考察。他批判以前的哲学家：“整天埋头研究哲学问题，却从来不知道自己究竟能研究出什么样的问题。就像是一个男人整天想着如何像女人那样怀孕一样，已经超出了自己的能力范围，再想也是没用的，到头来只能是竹篮打水。”

康德认为，理性在人身上以三种不同的方式呈现，即知（理性）、情（感性）、意（悟性）。这三者互相共生，缺一不可，后世为了研究方便而将其分为三大批判。这三大批判主要表现在他的《纯粹理性批判》、《实践理性批判》，以及《判断力批判》三大巨著中，它们实际上是人类心灵的三种机能。

按照康德的这种说法，我们不禁也要怀疑康德了。彼岸世界和物自体这类的东西所有人都没有见过，是不是也已经超出了人类思考能力范围了呢？那康德还有必要研究下去吗？

康德结合了经验主义和理性主义的观点。他认为只是同时通过感官和理性得到。经验对知识的产生是必要的，但是并非唯一要素，经验的形成也需要一些过程，理性则把经验转换为知识，而且理性是天赋的，这种理性称之为范畴。人类是必须要通过范畴来感知世界的。而且事物本身与我们看到的事物是不同的，人永远无法知道事物的真正面貌。人类理性的产生是由于总是想要超越现象世界，但是如果要用理性考虑彼岸世界和物自体时，只能是用知性与经验结合产生的自然规律来考察，但是知性是不能用于考察物自体的。就像我们不能利用知性来证明上帝存在，很多神学家费尽心思要证明上帝是存在的，康德反驳说：“存在”是一个知性范畴，只能用于规定此岸世界中的现象，不能用来规定彼岸世界的物自体。而上帝是不存在于这个现象世界中的，所以，不能用存在来规定他。

康德谢世后其哲学影响持续增大，成为哲学天空里的一颗巨星，当代德国著名哲学家、现代存在主义哲学奠基人卡尔·雅斯贝斯将康德与柏拉图和奥古斯汀并列称为三大“不朽的哲学奠基人”。

同时在《纯粹理性批判》一书中康德指出，没有人可以想象一个存在于没有时间与空间的世界中的物体，因此他强调没有时间与空间，经验就是不可能的，这两者先于一切。此外康德也认为经验必需来自于心灵以外。也就是说，一个人可以感知、理解他周围的世界，但永远无法感知、理解自己本身，因为知识的产生需要时间、空间与范畴三个要件。

康德是个高产的哲学家，可谓是著作等身。哲学界有一句话——“说不完的康德”就表明了这一点，此外，他还是德国唯心论的奠基人。

XIFANG
ZHEXUE
GUSHI

哲学要从行动出发

科学家一旦做出成绩，就应该忘记自己所做的事情，而经常去考虑他应该做的事情。

——约翰•戈特利布•费希特

费希特出生贫寒，但聪慧非凡。某个礼拜天的中午，村里的一位地主错过了牧师布道心里很是不爽。这时人们安慰他说，没关系的，费希特可以向您重复一次。费希特当时只是一个小牧鹅童而已，但他一字不差地将布道的内容重复了一遍，地主心情大悦，决定资助他上学。费希特后来进入耶拿大学，接触到了康德哲学并为之折服。他说："我因苦闷而将自己投入到康德的哲学中……他让人振奋又伤脑筋。"

潜心学习之后，费希特自认掌握了康德思想，可以在这片领域有所作为。于是在1791年的夏天，29岁的费希特带着他的文章《对一切启示的批判》前往哥尼斯堡拜访康德。康德对于费希特正确表述自己的看法十分欣赏，而且文笔优美行文流畅，所以康德把这篇文章推荐给出版社。但出版社故意隐去了费希特的名字不表，让大家以为这是康德的新作，这本书因此极为畅销。后来康德亲自澄清说这书不是他写的，费希特一进声名鹊起，在哲学界奠定了自己的声望，被人们看作康德的继承人。康德之后，费希特成为第一位真正有创造性的哲学家，继承并推进了康德的哲学，成为德国古典哲学承前启后的思想大师。

德国诗人亨利希•海涅所说："德国被康德引入了哲学的道路，因此哲学变成了一件民族的事业。一群出色的大思想家突然出现在德国的土地上，就像用魔法呼唤出来的一样。"而费希特在建立和完善了自己的哲学体系后，在康德之后的德国思想界"造成了一个革命"。

费希特（1762年—1814年），德国哲学家，往往被认为是康德哲学和黑格尔哲学之间的过渡人物。在他看来，一个严密的哲学体系应该是像笛卡尔那样，从一个最高的明确无误的不证自明的第一原理出发，按照其内在的必然性，以严明的逻辑推理出来的系统。

作为康德哲学的继承者，费希特为批判哲学所引起的哲学革命拍手叫好，但他同时认为康德哲学二元论因其不彻底性而不够完善。在费希特看来，康德哲学的合理性只在于它的结论而不是它的根据，识理性和实践理性分属两个领域，各个知性范畴也是并行排列，没有构成有机统一体系。比如关于"物自体"，康德认为虽然人们无法认识，但它一定存在，而且在自我的背后亦设定了一个不可知的"我自体"。对此费希特质疑说我们既然不能认识，你怎么敢说它一定存在呢？这个世界上根本没有外在于“自我”的所谓“物自体”，世间万物都是人们“自我”设定出来的，只有自我才是实际存在的。在康德声称在自我之外存在着物自体的时候，实际上是将因果范畴不合理地用于经验之外。在费希特看来，科学体系要保证其严密性，它本身必须是以绝对正确、不证自明的最高原理按其内在的必然性推演出来的有机系统。费希特声称他的哲学要发挥康德哲学彻底性，在表明了对康德崇敬之余又委婉地批评了其哲学不够彻底。对于高傲的费希特，康德于1799年发表声明说无法接受费希特狂妄的“自我”，二人从此分道扬镳。

费希特接受了康德实践理性优先地位的原则，开始着手来解决康德哲学的难题。费希特把自己的哲学称为“知识学”，因为他认为，哲学的任务在于表明一切经验的根据，哲学就是认识论。在认识中有两个对象：物体和意识，因而只有两种哲学——独断论与唯心论。区分二者的关键在于判定何者的独立性更为重要，是为了意识的独立性而牺牲物体的独立性，还是将物体的独立性放在意识独立性的前面？独断论无法说明从物体到意识的实现，而唯心论却能自圆其说，其中最为合理的唯心论就是从康德哲学出发的批判唯心论或先验唯心论。为了意识的独立性，费希特牺牲了物体的独立性，将康德的理论理性和实践理性融为一体，形成了“绝对自我”，并赋予了自我以行动的功能，费希特将其称为“本原行动”。

1798年“无神论事件”发生后，费希特的思想发生转变。外在因素只是诱因，内因在于他发现了早期思想的不完善以及其唯心主义的内在矛盾。费希特是《哲学杂志》的责任编辑，对于一篇持宗教怀疑论的文章，费希特读后并不赞同作者的观点，但他坚持出版自由的原则同意发表。就像伏尔泰所说“虽然我不同意你的观点，但我誓死捍卫你说话的权利”。这篇文章被反动势力利用来攻击他是无神论者，迫于压力费希特离开杂志去了柏林，他的思想亦随之进入了后期发展阶段。“太初有道，道与上帝同在，道就是上帝。” 费希特曾用基督教三位一体教义说明他晚期的知识学。他改进后的知识学得出结论：世界源于知识，知识来自绝对。知识学就此摘掉了主观唯心主义的帽子，披上了客观唯心主义的外衣。

普鲁士在反击拿破仑入侵失利后，费希特哲学更加看重国家的伦理性质。他认为战争失败的主因在于精神颓败和道德堕落，而经济衰退、政治分裂、军事落后则是次要的，因此，德意志民族国家统一和复兴的唯一出路在于，依靠自己的文化传统和道德信念，奋发图强，精神上能够胜过敌人，其他方面才能取得胜利。费希特因此成为对希特勒影响最深的哲学家，而不是尼采抑或叔本华。首先费希特既不是疯子也不是书呆子，他是个行动者，当时国家面临法军入侵时，费希特号召学生身着戎装与他奔赴战场，这让他受到国民尊重，并在柏林大学创建后成为首任当选校长。其次，费希特特别强调德国优越性和独特性，他认为德国在欧洲是与众不同的，德国的语言也别具一格。所以有理由相信希特勒相信费希特的哲学。

费希特的哲学极其真诚，充满了激情和使命感，他张扬改造现实的精神，为辩证法开辟了积极的方向，并催生出了谢林和黑格尔的哲学。他的先验哲学在德国古典唯心论中是一片独立的思想森林，对欧洲哲学的发展做出重要贡献的同时萌生了社会主义的幼苗。在评价费希特留下的宝贵精神遗产时，马克思说他是一位思想巨人，恩格斯则为社会主义者对费希特的继承感到骄傲。

费希特作为一个哲学家，他寻求对哲学思想特别是康德唯心主义思想的统一。作为一名爱国主义者，他试图唤醒德意志人民要求国家统一。因此，在政治哲学方面，他被认为德国民族浪费主义的先锋，是德国国家主义之父。

XIFANG
ZHEXUE
GUSHI

绝对观念是宇宙之源

我们平时看到的太阳、月亮等运动是一种机械运动，是无阻碍的时空中的运动。而哲学活动并非如此，它是这样的活动，是自由思想的活动；它也是历史，是思想世界、理智世界如何兴起和产生的历史。

——黑格尔

黑格尔出生在符腾堡公国的斯图加特城，他的一生并没有多少值得纪念的重大事件。大学毕业后做了家庭教师，还在此期间写成了《精神现象学》，后来在纽伦堡大学做讲师，这点与康德类似。1817年对他来说是一个转折点，这一年出版的《哲学全书纲要》使得他一下子成为了名人，很多人邀请他主持哲学教席，而他也毫无争议地成为了哲学界的哲学之王了。

黑格尔（1770年—1831年），德国哲学家，出生于德国西南部的斯图加特。黑格尔的思想，象征了19世纪德国唯心主义哲学运动的顶峰，对后世哲学流派，如存在主义和马克思的历史唯物主义都产生了深远的影响。

但是老年的黑格尔却失去了年轻时的热血沸腾，成了一个保守派。他对普鲁士政府为德国带来的和平和统一非常之欣赏，这种欣赏之情洋溢在他的哲学中。他曾这样写道：凡是合乎理性的东西都是现实的，凡是现实的东西都是合乎理性的。这句话简单概括就是“存在即合理”。对政府的欣赏自然也得到了政府的呼应，但是却引起了许多自由派的极其不满。黑格尔被他们视之为眼中钉和阿谀奉承者。但是黑格尔却极力为自己辩解，现在的战争、专制、屠杀是自由派们最不满的地方，他认为这是因为他们没有分清楚什么是“现存的”，什么是“现实的”。

黑格尔在《小逻辑》一书中阐述了二者的不同：

在日常生活中，任何的错误、罪恶及被认为是坏的东西，这些存在被人们称之为现实。但是，这样的存在根本谈不上是现实，因为它毫无价值，也是可有可无的东西。正如一只被砍下的手，表面看来依然是手，但是实际上却失去了手的功能。只能是一种存在，而失去了作用和价值。

因此，黑格尔指出，那些没有价值的、可有可无的存在并不是现实。真实的现实性就是必然性，凡是现实的东西一定是必然的。

“绝对理念”是一个经常在黑格尔哲学中出现的词语，也是他的哲学之核心。在他看来，“绝对理念”是宇宙之源，万物之本，类似于中国老子所说的“道”。绝对理念也是理念，加上“绝对”二字，只是表明了它的重要和强大性，在他看来，世界的运动变化就是“绝对理念”自我发展的结果。

由于思维和存在的同一性，使得绝对理念可以部分地实现自己。这里的“思维”就是指“绝对理念”，“存在”只是我们称之为物质的东西。黑格尔之所以称之为存在而非物质，是因为他反对物质是“不以人的意志为转移的客观存在”这样唯物主义对物质的定义，他认为物质不具备客观实在性。而他的哲学最终通过自然、社会和思维体现出来的绝对理念，揭示它的发展过程及其规律性，实际上是在探讨思维与存在的辩证关系，在唯心主义基础上揭示二者的辩证同一。

黑格尔的世界观和康德有相似之处，他也认为万物并非客观实在，只是表象和感觉。之所以能够存在是因为有“类”，这点与康德的“物自体”是对应的。而这个“类”是指事物的规律，如鱼类，是指体滑而形如纺锤、呈流线型、具有鳍、用鳃呼吸的水栖动物。通俗来讲类就是指具有相似特征的物质所包含的共同特征。因此，要认识万物，必须通过人们的思维和精神，因为感觉只是表象。

黑格尔的著作集德国古典哲学之大成，创立了一个完整的客观唯心主义哲学体系。在他的哲学体系中，把整个自然的、历史的和精神的世界描写为处于不断运动、变化、转化和发展中，并企图揭示这种运动和发展的内在联系。他的出生斯图加特已成为传播其学说的发源地，黑格尔博物馆就座落于此。

黑格尔对人类精神的研究也是很透彻的，他把人类精神分为：主观、客观和绝对精神三种。主观精神简单地说就是人的世界观，即对所处世界的认识；而客观精神决定着人类历史的内容和发展规律，人类历史的发展正是客观精神的外在表现，主要表现为抽象的法、道德和伦理；绝对精神则通过艺术、宗教和哲学来表达绝对理念，从而使得绝对理念实现自己。三者之间可以相互转化，主观精神可以通过潜意识、意识和理性这几个阶段达到客观精神，而客观精神又通过自己的表现形式达到绝对精神。

艺术是理念通过感性的形象来显现和认识自己，这构成了黑格尔美学思想的核心。比如原始人用图画、象形文字来表示动物、植物或者人类形象，进行记录。艺术家们通过创造雕像、壁画来表达自己的理念等等。不过黑格尔认为艺术是有限的，所以只能部分地表达无限的理念。

宗教方面，黑格尔认为宗教在表达理念的基础上比艺术更进了一步，因为它加入了虔诚，它通过表象把握理念。但是它表达理念的形式依然是感性的，因此不能最好地表达超感性和无限的绝对理念。

而哲学才是最好的表达理念的形式，因为它是通过概念形式去把握。概念是存在于本质的统一，因此它发展的最后阶段就是理念。理念使得概念在主观性和客观性方面达到了完美的和谐统一。因此，以哲学来表达和把握理念是最好的。

黑格尔这样解释哲学活动：

我们平时看到的太阳、月亮等运动是一种机械运动，是无阻碍的时空中的运动。而哲学活动并非如此，它是这样的活动，是自由思想的活动；它也是历史，是思想世界、理智世界如何兴起和产生的历史。

一个名副其实的哲学体系一定是最渊博、最丰富的，因此，时间上越晚出现的哲学体系，所包含的内容就会越丰富、知识就会越渊博，因为它包含了以前的哲学体系的原则，是此前所有体系的成果。

黑格尔哲学在十九世纪末掀起了一波高潮，在很长一段时间内，一流学院的哲学家都是黑格尔派，足见其影响之广。同时在黑格尔的唯心哲学体系中，提出了有价值的辩证法思想，认为整个自然的、历史的和精神的世界是一个过程，是在不断地运动、变化和发展着的，而其内部矛盾乃是发展的源泉。马克思和恩格斯批判性地继承了黑格尔辩证法的合理内核，最终创立了唯物辩证法。可以说，黑格尔哲学是整个资产阶级哲学的高峰，他提出的辩证法甚至一直沿用至今。

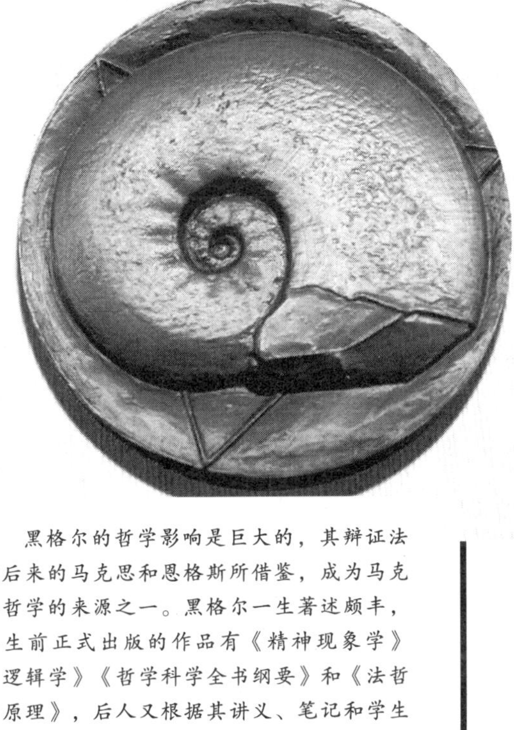

黑格尔的哲学影响是巨大的，其辩证法被后来的马克思和恩格斯所借鉴，成为马克思哲学的来源之一。黑格尔一生著述颇丰，其生前正式出版的作品有《精神现象学》《逻辑学》《哲学科学全书纲要》和《法哲学原理》，后人又根据其讲义、笔记和学生的听课笔记整理出版了《哲学史讲演录》《历史哲学》和《美学》等。他的辩证法至今还被不少人应用。

XIFANG
ZHEXUE
GUSHI

谜一样的世界时代哲学

长久以来，还没有哪个概念像“时间”概念那样遭到如此的轻视。但是，如果没有把握住这个概念，任何科学的合理发展都是难以想象的。

——弗里德里希•威廉•约瑟夫•冯•谢林

1841年11月15日，柏林大学第六讲堂座无虚席，德国著名哲学家谢林在台上口若悬河地讲授他的启示哲学，同时也肆无忌惮地对自己青年时代的同窗好龙黑格尔大加指责。当时黑格尔已经去世十多年，谢林却在公开场合对黑格尔大加攻击，还要对他的哲学作出死刑判决，他认为黑格尔根本没有自己的哲学体系，只是拾人牙慧，哗众取宠而已。

黑格尔的学生马尔海奈凯针锋相对地反对谢林，他淡乏冷静却而略带讽刺地说，批判黑格尔及其哲学的人当中没有人敢于承认自己才疏学浅，但评判一个人的首要条件是要正确地理解对手，然后心平气和地对黑格尔进行科学探讨，如果出于偏激、仇视、狂热的态度想把他从哲学的宝座上推下来，就像与风车搏斗的骑士堂吉诃德一样可笑而不可理喻。

弗里德里希·谢林（1775年—1854年），德国哲学家，德国唯心主义哲学的重要人物。一些学者认为他是一个伟大的而又让人捉摸不定的思想家。他的思想在英语系国家长期以来常常被轻视，一方面是由于黑格尔的伟大，另一方面是由于他的自然哲学被实证主义哲学家认为是缺乏逻辑和证明的。

作为当事人之一，恩格斯指出，普鲁士王朝抬出谢林来当救世主希望终铲除黑格尔哲学、打败青年黑格尔派的任务是完全失败了。在了解这段纷争之前，还是先来梳理一下当时的历史背景。首先，柏林大学长期以来一直是德国学术活动的中心，也是争夺德国舆论统治权的重要阵地，“任何大学都没有像它那样屹立于当代的思想运动之中并且像它那样使自己成为思想斗争的舞台。”而在19世纪40年代，德国资产阶级民主革命运动高涨。在哲学领域中，黑格尔的左派学生们努力追求着导师的革命理论，作为宗教批判者和共和主义者冲击普鲁士王朝的统治。为了对付领导着“向旧世界的宗教、哲学、政治开火的理论家队伍” 的黑格尔派，落后的普鲁士政府搬出已显老态的谢林到柏林大学演讲，让他充当了镇压资产阶级民主运动的思想领袖，妄图“降伏黑格尔这条满嘴喷射着不信神的火焰和让人困惑的烟雾的恶龙。”

当然，谢林在成为封建政权官方哲学家的时候就已经宣告了他的哲学的没落，这种没落不是因为普鲁士的选择造成的，而是他的哲学思想由进到退的自然转变。受法国资产阶级革命的影响，谢林早期的社会政治观点是进步的，他相信人类历史是不断进步的，人类能够并且应该自己创造自己的历史，人类历史是从原始社会开始，将来则以“理性王国”告终。谢林的理性王国是指理想化的资产阶级王国，被他描绘为人类的最高理想和法治的普遍实现。他抨击封建专制制度不是由理性而是由环境的强制造成的，它自身就带有走向衰败的诱因。在从封建社会向资本主义社会的转化中能够实现“人的解放”，这是理性的大胆冒险，必将取得胜利，而实现资产阶级法治。

与他的老师费希特不同，谢林不是个行动派。他主张人类自己创造历史，反映了资产阶级对于现实的不满和希望改变封建制度的愿望，但他又不敢诉诸人民力量，而是他寄希望于封建统治者进行自上而下的改革。他一方面号召人们进行理性大冒险，在外部世界实现人的解放；另一方面又把争取自由的实践视为纯粹的心理活动，保守主义思想浓厚。

谢林是客观唯心主义者，早年推崇自由与法治思想，在历史哲学中对封建专制制度进行批判，指出“在这种制度下，占统治地位的不是法律，而是组织者的意志和专制……所有这一切都不能不激起那种把法视为神圣的人的义愤。” 但他后来转向封建专制制度，为普鲁士王朝的反动政治需要服务。在德国资产阶级民主革命运动兴起的时候，谢林以哲学为幌子攻击黑格尔哲学，所以马克思批评说：“谢林的哲学——就是在哲学幌子下的普鲁士政治。” 他把谢林的早期哲学和晚期哲学明确分开，在抨击他的晚期哲学的同时，肯定了谢林早期的“真诚的青春思想”，并批判地吸收了其中的合理成分。

作为德国古典哲学的代表人物，谢林最初是作为费希特的拥护者出现在哲学论坛上，后来在哲学界也是大名鼎鼎，在自然哲学中提出了自然界辩证统一的原则和对立斗争的思想。谢林超越费希特的成就体现在他建立了“同一哲学”体系。这个体系由三个环节构成：其一，将费希特的自我进行发行，其二，将被歪曲的斯宾诺莎的实体还原，然后结合二者达成自己的统一，即主观事物与客观事物的“绝对同一性”。他认为自然和人都是在原始对立的推动下，从这个神秘的本原中发展出来的。他的自然哲学被称为历史的伊利亚特，研究的是从“绝对同一性”发展出自我意识的过程，也就是从客观到主观的无意识的创造过程；他的先验哲学被称为历史的奥德赛，研究的是从自我意识回归到“绝对同一性”的过程，也就是从主观到客观的有意识的创造过程。

谢林的“绝对”概念在宗教哲学中成了上帝的代名词，上帝是唯一真实的存在，具有无限的创造性，自然和精神两方面最后归于具有绝对同一性的上帝。从上帝的同一性出发，那么人类必然有其天生的自由，谢林认为，自由感在每个人的内心直接打下了烙印。在此基础上，他试图调和由这种自由所产生的恶与作为基督教上帝本身的至善之间的矛盾。

1809年，谢林出版了《论人类自由的本质》，奠定了他在哲学界中的地位，他在这本书的最后一句说："我们将会以一系列其他论文来补充当前的这篇论文……"，学界对此充满期待，但谁也没有料到这竟是谢林最后一部公开发表的哲学著作。

之所以没有完工不是因为谢林懒惰，因为他的勤劳。在这本书出版之后谢林就苦心构想一部内容庞大、形式新颖的哲学三部曲——《世界时代》，这部著作设想由"过去"、"现在"和"未来"三部分构成，形式上类似但丁的《神曲》。《世界时代》的第一卷"过去"完成之时，谢林不无自豪地向出版商说："我的这部伟大的作品……在我迄今写就的东西里，就内容而言最为丰富，就表达而言最为通俗易懂。"然而就在著作即将付印的最后关头，谢林又重写书稿，撤销出版。如此几番之后，尽管谢林仍然奋笔疾书，却始终未能问世，公众的热情在等待中慢慢消退。直到谢林1854年去世，他没有再发表任何东西。谢林对"世界时代"只字不提，以至于"世界时代哲学"的内容及其意义成为一个谜。

XIFANG ZHEXUE GUSHI

在痛苦和无聊中摇摆的人生

人生是在痛苦和无聊之间像钟摆一样来回摆动着，事实上痛苦和无聊两者也就是人生的两种最后成分。而幸福不过是痛苦的间隙罢了。

——叔本华

叔本华全名叫亚瑟•叔本华，众所周知，亚瑟王是英国古代最有名的国王。之所以取这个名字，是因为父亲曾经想让儿子获得英国国籍，但是没有如愿。17岁时，叔本华的父亲就去世了，留下了一大笔财产，由于与母亲关系的恶化，他独自一人离开了家乡。

也许母亲的态度影响了叔本华的一生，叔本华是一个典型的悲观主义者。这是他与其他所有的哲学家与众不同的地方。

叔本华曾经因为他的一个女裁缝邻居吵到了他，就将她从楼梯推了下去，摔断了胳膊。为此，法院判决叔本华除了承担医药费之外，还要养她一辈子。因此，叔本华不得不服从法院的裁决。二十年之后，女裁缝死去，叔本华写道："我总算如释重负了，她终于死了。"由于这件事，很多人说叔本华很残忍。

亚瑟·叔本华（1788年—1860年），德国哲学家，西方唯意志论哲学流派的先驱和主要代表，他的理论奠定了唯意志论的基石。在他的代表作中，他把唯意志论与悲观主义巧妙地结合起来，开创了独树一帜的哲学流派。

叔本华的饭量也是很惊人的，一次到一个饭馆用餐，一位食客看着他面前的食物，用惊讶的眼光看着他。叔本华察觉到了他的眼光，平静地回答道："我的胃口让你很吃惊吧？不过，我的饭量是你的三倍，我的智慧同样是你的三倍。"

叔本华的世界观用一句话概括就是：世界是我的表象。他曾这样写道："世界是我的表象"，这个真理是毋庸置疑的。而且是放之四海而皆准的真理，对任何生物都有效，但不同的是，只有人能将其纳入意识。哲学的思考就体现在人将其纳入意识之时。因此，他就知道是眼睛看到了太阳而非他本身，是手触摸了大地而非他自己。这个世界存在是针对人自己这个"表象者"而存在着。

在叔本华眼中，世界分为两种：表象世界和意志世界。

表象世界极易理解，就是我们所看到、听到和感受到的世界。由主体和客体构成，主体是世界的支柱，我们每个个人都是一个主体，而客体则是我们通过先验的时空范畴去认识的事物，如我们的身体，主体客体必不可分。这个世界存在于我们的意识当中，正是因为人类的存在，表象世界才能存在，我们通过感官制造了这个世界，因此它的存在依赖于人类。

按照叔本华的理论，世界只是人类的感觉，比如各种各样的色彩、各种动物的鸣叫、各种花朵的气味，之所以有世界的概念，完全是因为我们有了眼睛、耳朵和鼻子而已，如果没有了这些，那么世界也是不存在的。

年轻的叔本华在写完《作为意志与表象的世界》后，在柏林获得了助教的职位。他选择与自己认为是沽名钓誉的诡辩家的黑格尔同一时间授课。但黑格尔当时正处于他声名的顶峰，叔本华自然没能成功，在大学里受挫之后选择了隐居于法兰克福。

叔本华在哲学方面的启蒙老师是康德，正是康德的世界观给了叔本华灵感。他极为赞同康德所说的彼岸世界，但是不同之处在于他认为彼岸世界虽然无人见过，但是却是可以理解的，神秘的物自体也是可以探究的。

叔本华认为要找到事物的本质并不困难，只要通过主观知觉就足够了。在我们的直觉里，现象=自我，自我=物自体，所以现象=物自体。因此，这三个东西其实就是一个整体，也就是我们自身，但却并非我们人这个主体，而是人的意志。

意志是一切的源头和本质，不仅仅表现在人类因为有它才成为有智慧的理性生物，还表现为自我、现象和物自体在它身上得到了完美的统一。因为有了它，我们有了自我意识，还可以认识物自体，进而认识整个世界。但是意志活动不是感性和知性，即不是思考过程的活动，意志只在行为活动中使自己现身。

叔本华对意志的理解可以用一句话表示：“成也意志，败也意志”。首先，意志会使得人自己让生命远离威胁，追求幸福、快乐，简

印度哲学对叔本华影响最大的有三点：轮回学说、禁欲主义和涅槃学说。叔本华把他吸收的印度哲学与西方哲学加以融合，创造出一种崭新的哲学思想，并对现代西方人本主义的诞生起到了划时代的影响。

单地说就是趋利避害；但是另一方面，在面对他人时，意志却是盲目的，因为它支配着人的行为，它的非理性决定着它完全按照自己的方式行动，却完全不顾及事件的后果及人的感受。因此，人的生活是无法避免的痛苦。

由于意志具有对待自己和他人不同的特征，因此人们的意志决定了人性本质中的利己因素。但是人们却始终觉得痛苦，一方面是由于匮乏无法满足造成的痛苦，另一方面是匮乏被满足之后产生新的匮乏所造成的痛苦。他的这个观点与斯宾诺莎完全相反，他认为知识越多，人就会越痛苦，永远无法有一个完满的人生，是个典型的悲观主义的哲学家。他认为：人类的道德行为都是出于利己的目的做出的，其中最重要的两个原因是个人名誉和法律规范。此外，他还引用了卢克莱修在《物性论》中的诗来表达这种痛苦：

因为我们所追求的，一天还未获得，

在我们看来，它的价值便超过一切；

可是一旦已拿到手，立刻又另有所求。

总是那一渴望紧紧掌握着我们，

这些渴求生命的我们。

意志世界就是人们的意志所形成的。

人们的欲望决定了人生是一个痛苦的循环过程，在不断追求欲望的过程中产生失望，产生更多的痛苦。他比喻说：“人生是在痛苦和无聊之间像钟摆一样来回摆动着，事实上痛苦和无聊两者也就是人生的两种最后成分。而幸福不过是痛苦的间隙罢了。”

XIFANG
ZHEXUE
GUSHI

生命的价值不应被低估

千万不要忘记。我们飞翔得越高，我们在那些不能飞翔的人眼中的形象越是渺小。

——尼采

尼采是波兰的贵族后裔，出生于德国。不到5岁时，父亲便去世了。而他从小就体弱多病（体弱多病貌似是哲学家的通病），父亲去世后，他就和家里的5个女人相依为命，他的母亲、妹妹、外祖母和两个尚未出嫁的姨，也成为了家里唯一的男丁。他小时候只做两件事，一是和妹妹玩耍，二是泡在书房里读书。而且他在读书方面有着很高的天赋，小小的他就学习植物学、天文学、军事技能、拉丁文、希腊文和希伯来文等等，甚至还开始写诗，不过他的诗多数是为了表达自己的忧郁而写的：

忧伤是知识。

最能体会忧伤的人们，
也最能为命运的真相深深悲哀，
知识之树绝非生命之树。

由于对语言极强的领悟力，使得他的语言也像诗歌般优美。

尼采（1844年—1900年），德国著名哲学家。西方现代哲学的开创者，同时也是卓越的诗人和散文家。他最早开始批判西方现代社会。他的学说最开始并没有引起人们重视，直到20世纪才引起几乎所有哲学流派的重视。

在波恩大学，尼采遇到了一位著名的古典语言学家里敕尔，他对尼采的才华大加赞赏，这点从他写给巴塞尔大学的推荐信中就可以看出：

从教多年，阅人无数，但是像尼采一样的年纪轻轻就如此成熟之人着实让我眼前一亮……如果他能长寿，德国的语言学领域内必将升起一颗新星。……他在这里，值得作为整个莱比锡青年语言学界的榜样。或许你会认为我描述的不过是一个奇迹，如果非要这么说的话，那我不得不说，他就是一个亲切而谦逊的奇迹。

尼采在伯恩大学只待了不到两个学期，第二学期，里敕尔由于与另一名教授的不和而转到莱比锡大学，而尼采也追随着老师的脚步到了那里。

尼采对莱比锡大学有种好感，他刚好赶上大学的校庆，校长说：

一百年前的今天歌德也在此注册，这位天才走着他自己的道路，但是却并不算一个好学生，希望各位同学不要重蹈覆辙。尼采听了校长的话极为兴奋（或许他认为自己可以和歌德相媲美），他也走上了天才之路，只钻研自己的喜好，却对老师布置的功课毫无兴趣。

一天，尼采偶然在学校翻阅了叔本华的《作为意志与表象的世界》，立即一发不可收拾。当时就买下了这本书，而且连着两周几乎没有合眼，读完了这本书。尼采被叔本华的思想深深撼动了，叔本华开启了尼采的哲学思想。

毕业之后，尼采被邀请去主持讲座。第二年，他就被提升为正教授，而此时的他才年仅26岁，也正是在这一年，普法战争爆发了。但是由于尼采是瑞士国籍，因此不能直接参加战斗，他选择了到军队照顾伤员。

尼采辞去了巴塞尔大学的教职后，开始了十年的漫游生涯。尼采在罗马旅行时，邂逅俄国少女萨洛美。尼采深深坠入情网，但羞怯的性格使他不敢向莎乐美吐露衷曲。于是他恳请学生加好友雷埃替他求婚，殊不知雷埃自己也爱上了莎乐美。莎乐美对这两位追求者的求爱都没有允诺。最后，两人只能保持着友好的接触。

后来，尼采通过里敕尔妻子，认识了他一度崇拜的音乐家瓦格那。两人惺惺相惜，相见恨晚。而这次结识也对尼采的人生和思想产生了深远的影响。后来，尼采专门为瓦格那写了一部著作叫《悲剧从音乐精神中诞生》，但是此书却遭到了很多学者的抨击，他的学生也因为他的名誉受损而离开了他。

不过作为瓦格那，却依然支持着尼采。

但是好景不长，1872年，两人再次见面之时，尼采找不到了相谈甚欢的感觉，二人的关系因此有了距离。

后来，为了逃避瓦格那，尼采躲了起来。而且还写了批判瓦格那的《人性的，太人性的！》一书，而瓦格那则给尼采寄了表达尼采厌恶基督教精神的剧本《帕西伐尔》。尼采以牙还牙，也将《人性的，太人性的！》寄给了瓦格那，两个很默契地从朋友变成了陌路人。

后来，尼采在与朋友的聊天中列举了他的一些生活原则：

对人应该既不热爱也不憎恨。

决不从事政治。

既不要富有也不要贫困。

应该避开那些著名人士和权力人物的生活道路。

必须在自己的生活圈子外选择妻子。

绝不接受任何宗教仪式。

1879年，神经衰弱、胃病、视力衰退等都找上了尼采，由于身体原因，他被批准提前退休了。之后，他妹妹把他带到一个山谷，并亲自照顾他，在宁静的环境中，他恢复了健康，也重拾笔杆子。

但是尼采的妹妹没过多久就嫁人了，尼采的身体又因为孤独而每况愈下，此时的他产生了结婚的想法。

后来，尼采被一名小他17岁的俄国人萨洛美征服了灵魂。这位美女是个作家、诗人，还是个精神分析专家。尼采跟随她离开罗马，共度了一段美好的时光，但是向萨洛美的求婚却被毫不犹豫地拒绝了，尽管他一再尝试，但是最终还是以失败而告终。

在尼采生命的最后阶段，妹妹伊丽莎白深深介入他的生活。她所建立的尼采档案馆推动了尼采研究在欧洲乃至世界范围内的繁荣，同时也引起了人们对有关尼采手稿真伪的猜疑。

因此，尼采误以为萨洛美在与他人秘密恋爱，就一人独自离开了。在流浪期间，《查拉图斯特拉如是说》这部最伟大的作品问世了。接下来的几年，他又连续出版了《善恶的彼岸》《道德的起源》《瓦格那的境况》《反对基督教》《尼采对瓦格那》《看哪，这人！》《偶像的黄昏》等书。

后来，尼采在都灵一家廉价旅馆中被朋友发现时，已经疯掉了。之后被送回家中由家人照料，1900年8月25日，这位曾经的天才少年离世了。

XIFANG
ZHEXUE
GUSHI

死去的上帝及其长长的阴影

这位老人在森林里与世隔绝了吧？竟然不知道上帝已经死了？

——尼采

尼采的作品由于行文流畅，意思浅显，因此他的作品流传的比较广泛。用中国的一句话形容，“凡有井水处，皆能歌柳词”。他的粉丝也不计其数，他的思想也影响了古今中外的诸多名人，外国的有加缪、海塞、萨特、里尔克，中国的有鲁迅、郁达夫，等等。但是他作品中的思想却是创新和颠覆的，一般人无法理解。尼采哲学的基本思想、哲学风格，即哲学中的消解倾向成为后现代主义的精神支柱，堪称后现代主义的理论先驱。

尼采是个很有创新意识的哲学家，他提出要重估一切价值，他想要建立一个新的传统和道德标准，对于以前的旧标准极为反对。他说：重估一切价值，就是我对人类自我认识的公式，它构成了我心中的血肉。

尼采的一生是不幸的，他的思想的发展未能达到预期的目标。在他生活的年代能够理解他的人寥寥无几。最后，病魔悄然而至，甚至成了他的生命的一部分。反过来也可以说，疾病和痛苦成就了尼采和他的哲学。

尼采所创立的哲学与以往的哲学大相径庭，形成了自己独有的风格。在他的哲学中，没有推理论证，没有体系框架，甚至在某些人看来，根本称不上是哲学，因为它根本不是什么理论体系。尼采认为，哲学思索是生活，生活就是哲学思索，他的哲学就是他对人生痛苦和欢乐的直接感悟。从他的哲学特点看来，“非理性”是他倡导的哲学核心所在。而之前的哲学则认为人是有理性的，能够改变世界，推动历史，但实际上，人在理性的支配下失去了创新的思路，理性成为了一种阻碍，越有知识和理性的人，越没有激情，也就失去了价值和意义。

尼采还自封为狄奥尼索斯的弟子，这个古希腊神话中的酒神就是典型的非理性的代表。尼采认为，他象征着人类原始的冲动，只有释放这些冲动，挣脱开理性和道德的约束，才能真正实现人生的生命意义。而尼采的实际行动也证实了他是个大喜大悲的感性之人，1889年1月3日，尼采在都灵的卡罗•阿尔伯托广场看到一个马车夫用鞭子抽打一匹老马。他抱着马哭了起来，然后昏倒了。

在尼采的心目中，酒神不仅有美学上的意义，而且是面对人生苦难的重要力量。他认为最高类型的生命意志都会对其自身的不可穷尽性感到喜悦，那就是能通达悲剧诗人心灵的桥梁。

因此，尼采认为，想要有激情，想要拥有创造力，就必须转变观念，用非理性代替理性，抛弃过往，释放出人本能的冲动。

在道德的研究方面，尼采提出了新的观点，因为他觉得旧的道德标准中“善”和“恶”的界限不是很清楚。他觉得人生就应该像大自然，物竞天择适者生存。生存就是战争，只有胜利的强健的才能是善，衰弱的、消亡的行为则是恶。因此，通过这套标准，尼采认为残忍、强暴、战争是善，而和平、仁爱则是恶。

在这样的理论基础上，尼采的“奴隶”和“主人”思想也得以体现出来。

奴隶是指仅仅为了生存而活着的普通人或者下等人，他们只会博得别人的怜悯、同情和宽恕，他们渴望人人平等，他们对强者有嫉妒、有憎恶，他们希望所有人都像他们一样弱小。尼采对“奴隶道德”有这样一个解释：奴隶道德是灵魂的鸦片，其作用在于使人心安理得，安然入睡。

而主人则恰恰相反，他们富有创造的激情，他们的行为只遵循自己的意志，也通过自己的意志来创造价值标准，决定善恶，他们拥有绝对的自由，并且超越道德准则之外。

在尼采看来，人类与自然界的生物一样，都有强弱之分，强者总是少数，弱者是多数。历史与文化是少数强者创造的，他们是理所当然的统治弱者。尼采推翻了神的等级制度，肯定了人的等级制度。而且这种等级制度是很自然的事情，奴隶就应该心甘情愿地听候使唤，主人不能同情他们。主人的目标就是释放自己的生命力，创造出现的价值观念，制定新的道德标准。此外，尼采特别反对男女平等、婚姻自由、女性解放，在他看来，人们对待妇女的方式就是“别忘了你的鞭子”。

尼采非常严厉地批判过基督教，在他的作品《查拉图斯特拉如是说》中，他强烈地表达了自己的观点，有一个故事，说的是查拉图斯特碰到一个对上帝频频赞美的老人，听完老人的话之后，他自言自语道：

这位老人在森林里与世隔绝了吧？竟然不知道上帝已经死了？

尼采虽然痛恨基督教，但是却并非反对上帝。他说的“上帝死了”并不是指耶和华死了，而是指基督教的各种道德观念的破灭。他对基督教利用各种观念来束缚人的思想致以鄙视的目光，有了这样的宗教信仰，那么人就不可能拥有激情，而会变得堕落。他说：

教会是一切可能想象到的邪病中最严重的邪病。它把一切有价值的东西都变成废物，把清白正直搞成精神上的卑鄙龌龊。

“上帝死了”是尼采用来概括虚无主义的一个基本命题。尼采的那个时代，自然科学的发展，对于这个世界有了一个科学的解释，经过这样解释就没有上帝的位置了，对上帝、天国、灵魂的存在已经绝望了，这些东西已经不存在了，尼采把这种情况就概括为：上帝死了！

既然要批判基督教，那就要找到证据。于是尼采从源头找起。基督教起源于犹太教，而当时的犹太民族则生活在社会的最底层，可谓是水深火热，因此尼采认为基督教本身就是奴隶创造的宗教。因此它的主要作用也就是维护奴隶的理念。虽然基督教宣扬爱人，但是这种爱却是一种自私的利用，教徒不过是希望自己上天堂，在天堂看着敌人在地狱受苦而已。这种爱其实是大恶。

虽然当时基督教根深蒂固，但是尼采“上帝死了”的宣言却像一颗流星，划破了夜幕，给以前的道德观念以当头一棒。他借狂人之口说，自己是杀死上帝的凶手，指出上帝是该杀的。基督教伦理约束人的心灵，使人的本能受到压抑，要使人获得自由，必须杀死上帝。他的这种思想甚至让西方哲学战栗起来。

XIFANG ZHEXUE GUSHI

人是应该超越的东西

研究一下那些最优秀及成功人士的生平，然后反省：一棵能够昂首苍穹参天大树，它的成长是否有恶劣气候和暴风雨的帮助呢？外部的对抗、仇恨和嫉妒、猜忌、贪婪和暴戾，这些也应该算作顺利的环境吧？如果没有这些环境，它如何能够长这么高呢？

——尼采

上一节中，尼采喊道："上帝死了"。而上帝的接班人他也准备好了，那就是"超人"。

尼采的哲学中，人分为两种，末人和超人。所谓"末人"是指人类中最低等、最不起眼的人，即奴隶。这些人每天浑浑噩噩，循规蹈矩，按照经验和习俗做事，他们碌碌无为，更不会有创造的欲望和能力，他们只会鹦鹉学舌、人云亦云。而且这个“末人”还有一定的代指，在尼采看来，由于基督教文化压抑下的西方人就是末人的典型代表。而“超人”就是超越末人的人。

尼采心目中的超人原义不是指胜过别人，而是指胜过自己。尼采是非常崇拜拿破仑的，他的超人哲学几乎是以拿破仑为模版的。像拿破仑和拜伦这样的人物，虽然不是哲学家，但是却深刻地影响了哲学。

人类是在不断进化的，这也就是人类的伟大之处，因为他是桥梁，而非目标，因此人类应该进化为“超人”，但是超人不是具体的人，而是一个虚幻的形象。超人给现实的人生提出了价值目标；超人是人的自我超越。

超人是完美的人，身体健康、思维新颖、有创新意识和个性，还拥有数百人的智慧。他是与现代人、善人、基督徒等相反对的类型。他是社会法律的制定者，不会被约束，他甚至应该应当藐视一切传统道德价值，为所欲为，通过奴役弱者、群氓来实现自我。

由于超人的哲学，尼采被扣上了种族主义的帽子。因为他对“金发野兽”赞不绝口，却对基督教徒和奴隶嗤之以鼻，因此，不少人说他有强烈的种族思想。其实事实并非如此，出现这个误解的原因是因为曾经有一段时间纳粹对尼采大为赞美，还将尼采语录散发给人们，里面摘录了一些使人联想起种族主义的句子，这是纳粹为了使人相信自己的民族是最好的民族，其实这些语录是对尼采著作的断章取义。

尼采的一本书《强力意志》在他去世之后由他妹妹编纂出版，此书被认为是他最重要的著作，但是书中的一些思想却引起了广泛争议。而且尼采的声誉还因为他的思想被纳粹吹捧而蒙羞。

但是很多西方学者却对书的可靠性产生了质疑，他们认为其中的很多内容——尤其以反犹太主义的文字是尼采的妹妹私自编纂的，不只是因为它们与尼采的思想不符。还有一个重要原因是尼采的妹妹的丈夫是个崇拜希特勒的反犹太主义头目。而尼采的妹妹利用遗产继承权，私自加入自己的主张，送交出版社赚取稿费。

虽然尼采对超人寄予了厚望，但是他也觉得超人只有在将来才会诞生。甚至他还在《快乐的科学》中提出了培养一个超人的方法：

研究一下那些最优秀及成功人士的生平，然后反省：一棵能够昂首苍穹参天大树，它的成长是否有恶劣气候和暴风雨的帮助呢？外部的对抗、仇恨和嫉妒、猜忌、贪婪和暴戾，这些也应该算作顺利的环境吧？如果没有这些环境，它如何能够长这么高呢？

因此，尼采认为要成为超人，非经过艰苦磨练不可，还要有强力的意志来经受住这些磨练。他在《快乐的科学》中提到强力意志时写道：

自然界中的竞争使得万事万物越来越优越，它们争生长、争地盘，这些都是要依赖于强力的意志的。自然中支配着的是过剩和到了荒唐地步的浪费。

尼采认为，人们的内在都有一种力量，即我们现在所说的潜能。我们需要做的就是释放出自己的潜能。这种潜能可以称之为强力意志。正是强力意志不断地增长、改善和超越，才使得我们的人生有了意义，生命才显示出它原有的价值。

在尼采的超人学说中，超人是主人道德实施者。与之相反，末人是奴隶道德实施者。主人道德的主要特征是：自我肯定、骄傲、主动。奴隶道德的特征是：自我否定、谦卑、反动、怜悯。尼采认为末日审判说充满了谦卑和反动。

尼采和叔本华都是悲观主义，但叔本华是“纯粹的悲观主义”，而尼采则是“强者的悲观主义”，他俩对世界的认识也有很大的区别，他认为世界不会消失，只是在循环，他说：

世界在我看来，是一种无始无终的巨大力量，不会消耗，不会变化，只是流转变形而已；

世界就像是一个奔腾的海洋，经历无数的岁月，从简单到复杂，在从复杂到简单，永远是在流转，改变形态，海浪、潮汐等等，在变化中肯定自己，却永远不知满足、不知疲倦……

身体死了，人就消亡了。但是，因果却能再次创造我，我依然再次回来宣讲超人。

XIFANG ZHEXUE GUSHI

人生而自由，却无往不在枷锁之中

人生而自由，但是却无往而不在枷锁之中。

——卢梭

哲学家在一般人眼里，都是很理性的，就如东方的出家人，看破红尘，摒弃七情六欲，每天都如达摩般静坐，脑海里却如海浪般不停地翻滚。也只有理性的人才能看透是是非非，悟出世界之道、人类之道。

但是万事没有绝对，西方哲学史上就出现过很多感性的、浪漫的哲学家，如卢梭、雪莱、罗兰夫人和丹敦等人，其中卢梭堪称是浪漫主义的先驱，正是由于卢梭的出现，才使得浪漫主义和哲学有了关系。浪漫之人即为感性之人，在卢梭的哲学中，lasensibilit（善感性）是他的核心。这个词是指容易触发感情、特别是同情的一种气质。而且感情的触发又直接、激烈，没有思想的开导。比如这种人看到一个困窘之人会动心落泪，但是对于改善这种生活状况的方案却显得尤为冷淡。用现在的话说这种人就是同情心泛滥型的，大体上我们其实能够判断出这人一定是个好人，那我们的卢梭大师呢？我们通过大师的生平来看看他是个怎样的人。

卢梭（1712年—1778年），法国伟大的哲学家，是18世纪法国大革命的思想先驱，启蒙运动最卓越的代表人物之一。主要著作有《论人类不平等的起源和基础》《社会契约论》《爱弥儿》《忏悔录》等。

生于日内瓦的卢梭大师受的是正统加尔文派信徒的教育。他的家庭背景很差，在他还是婴儿时代，母亲就撒手人寰，而他的父亲也因为贫困，兼任钟表匠和舞蹈教师两种职业。于是抚养他的任务就落到了他的姑母身上。由于家庭贫困，他在12岁时就告别了学校，然后就是在各行各业里当学徒，但是他却对自己所从事的各行各业都充满了憎恶感。在16岁时逃到了萨瓦，迫于生计，他去一个天主教神父那里要求改宗，而且直言不讳地说自己的动机就是为了报酬。看来，大师都不是一般人，做法总是让人难以理解。但是若干年间的事实证明他的确是一个信心真诚的天主教徒。

卢梭出生于瑞士日内瓦，父亲是技术精湛的钟表匠，母亲是牧师的女儿。母亲端庄贤淑，因生他难产去世。他的父亲嗜好读书，父亲常常和他在晚饭后互相朗读小说。他们有时通宵达旦地读，读书很早就滋养了他的心灵。

后来他当上了一个贵妇的男仆，但是这个贵妇三个月之后就死了。她死去的时候，有人发现卢梭身上有一个属于贵妇的饰钮（卢梭偷来的），但是卢梭却咬定是一个他喜欢的女仆送给他的。所有人都相信了他而处罚了女仆。后来据他说："当时我也很矛盾，我的确很爱她，因为她是第一个浮现在我脑海中的人，因此我把罪过推给了她。"

早年的卢梭是个流浪汉，有一次，他和一个共同游荡的朋友走在里昂的大街上，这时朋友的癫痫病发作了。而卢梭则趁着人群聚起来的时候，抛下了他的朋友。

在婚姻方面，他在1745年之后和黛蕾丝•勒•瓦色生活在一起了。但是令人不解的是，卢梭到底看上了妻子的什么。黛蕾丝•勒•瓦色相貌丑陋，粗俗无知，甚至不知道十二个月的名称，不会计算钱数。这还不够，黛蕾丝•勒•瓦色的母亲也是个贪得无厌的人，她们母女俩把卢梭和他的朋友当做收入来源。黛蕾丝晚年的时候还嗜酒如命，甚至追求过少年养马夫。卢梭也说过，自己对黛蕾丝毫无爱情可言。后人推断，或者卢梭喜欢的是无论自己比妻子在财力和智力上都要优越的感觉罢了。卢梭与大人物为伍时总是不自在，觉得低人一等，他从心底就喜欢贫贱愚直之人。

从以上事实来看，卢梭这位浪漫主义的哲学大师的形象如肥皂泡般地破灭了。在正常人看来，卢梭就是一个自私自利、损人利己的不道德之人，如何能够称得上是一名大家呢？

然而，天才往往都是与众不同的，这些不良品质并没有影响他的才华和智慧的发挥。虽然他的首次成功有些姗姗来迟，但是这次成功却足以让他被历史铭记。1750年，狄戎学院悬赏征求关于艺术与科学是否给予了人类恩泽这一问题的最佳作品。让人万万没有想到的是，这次奖金的获得者卢梭持的却是否定主张。在他看来，科学、文学和艺术是道德最恶的敌人，正是由于科学、文学和艺术，才让人产生了种种欲望，这是奴役的根源所在。卢梭依靠这篇论文骤然成名，并且从此之后他开始按照此篇论文中的处世法开始生活。

但是这并不是卢梭哲学生涯的巅峰，他最大的一个贡献就是提出了“人生而自由，却无往不在枷锁之中”的理论，这句话出现在他的作品《社会契约论》的第一章，虽然这本书不像他的大多数作品那样华丽浮夸，但是这句话却成为永恒的经典，在卢梭的书中、在他的一生中，甚至在整个人类的历史中都熠熠生辉。这句话是卢梭对其所处时代人的生存状况作出的概括性论断。

自由是人与生俱来的禀赋和权利，是上天赋予人的本性，但是现实生活中的人却处于不自由的状态之中。如果要获得自由，必须与套在人身上的种种枷锁和不平等做斗争。在社会中生活的人必须服从自己制定的法律，服从自己良心呼唤的道德。这样的社会人称之为公民，也只有公民才配享有自由。

卢梭口中的自由分为三种：天然的、社会的和道德的。

在天然状态下，自然人的智力很低，没有自我意识和理性，听凭情感行事，有着自爱和怜悯。天然的自由是指没有私人占有制下人与人之间和睦相处的平等状态。

社会状态下，人的理性开始发展和完善，现实生活中人们面对着政治、经济和精神的不平等，要求推翻君主专制制度，废除受骗上当的社会契约，建立一个人人平等的新的社会契约。这个新契约凌驾于个人意志之上，即为法律，人们通过遵守法律，承担义务、享受权利和自由。这就是卢梭所说的“要寻找出一种结合的形式，使它能以全部共同的力量来卫护和保护每个结合者的人身和财富，并且由于这一结合而使每一个与全体相联合的个人又只不过是在服从自己本人，并且仍像以往一样自由。”

道德则是法律的升级版。卢梭称之为良心，它是一切善行、正义、美德的根本来源。人类只有听从良心的指导来行善，肩负起属于自己的道德责任，才能实现真正的自由。可以说，道德自由是社会自由的继续深化和完成。

卢梭在18世纪的理性主义占统治地位的时代，大声疾呼理性不是万能的，他认为情感高于理性、道德优于科学，并发出回归自然的呐喊，表现出强烈的浪漫主义倾向。卢梭这一思想首开浪漫主义运动之先河，而成为“浪漫主义运动之父”。

同时，卢梭还把人分为自然人和社会人。这刚好与自然自由到社会自由的历程相一致，人从自然人到社会人，人类社会也从自然状态进入社会状态，从天然平等到社会不平等，再到社会平等。通过这个过程，人摆脱了自然的支配，服从经过自己同意的法律，做了国家的主人，真正意义上的实现了自由。

卢梭的自由观点虽然有很多不完善的地方，但是却解放了人类的思想，还成为了击溃封建王朝“君权神授”的理论基础，在实践意义上，法国大革命和美国的独立战争也有着他的思想的引导，《人权法案》和《独立宣言》中，他的思想也闪烁着光芒。

天才的人生就是与众不同，一个在生活上自私自利的平庸者，同时也是一个有着大爱的无私者——这就是卢梭，一个浪漫的君子，一个平凡的小人。

XIFANG
ZHEXUE
GUSHI

医人不如医心

我们喜欢别人的敬重并非因为敬重本身，而是因为人们的敬重所带给我们的好处。

——爱尔维修

爱尔维修生于法国巴黎御医世家，祖父和父亲分别为路易十四和路易十五服务。法国王室为奖赏父亲对宫廷的优秀服务，任命刚满23岁的爱尔维修为总包税官，年薪30万利维尔，爱尔维修一跃成为上层富翁。

工作使然，爱尔维修经常到各地巡察，有机会接触各阶层的人物，他对法国封建专制统治的黑暗和第三等级所受的压迫有着深刻体会。年轻的爱尔维修开始思考如何使国家摆脱困境，实现济和文化的繁荣。

为了结交进步人士，丰富自己的知识，爱尔维修把他的住宅开放为沙龙，成为法国启蒙运动者们的活动中心。在爱尔维修结交的名人中，

爱尔维修（1715年—1771年），十八世纪法国唯物主义哲学家，启蒙思想家。他本是一封建上层富翁，后因痛恨封建制度而辞去官职，专心著述，并与思想家狄德罗等一起参与编写《百科全书》，对封建制度及教会进行了无情的揭露和批判。

有三位杰出的人物对他的思想有着重大影响。其一是科学家毕丰，他的唯物主义自然观和自然科学中的进化论十分鲜明，尤其环境影响论后来成了被爱尔维修发挥为环境影响个人精神和道德的理论。还有一位是封德奈尔，他是当时法国进步人士的精神领袖之一，能深入浅出地向人们讲述天体演化，对太阳中心说情有独衷。和封德奈尔的交谈是让人愉快的，爱尔维修也逐渐摆脱了宗教蒙昧主义，开始重视科学。爱尔维修喜欢和封德奈尔谈论那些美好但在教会看来却是十分危险的真理，而封德奈尔也十分喜欢这个年轻人，他在公开场合没有发表的见解对爱尔维修却毫无避讳地全盘托出。而第三个人就是法国著名的启蒙思想家伏尔泰，伏尔泰成为他的精神导师，前者指导爱尔维修批判地接受了洛克的哲学。少年时期爱尔维修在阅读中接受了自由主义思想，他唯物主义哲学就是以洛克的《人类理智论》为思想基础的，而拉罗什福科的《沉思与箴言》一书则唤起了他对功利主义问题的关注，并成为爱尔维修部哲学体系中的重要问题。

在对爱尔维修产生影响的几位先驱者中，对爱尔维修影响最大的是法国启蒙思想家伏尔泰。伏尔泰不仅是他终生的诤友，而且也是他的导师。在伏尔泰的教导下，爱尔维修进一步理解并批判地接受了的前人的哲学。

学医不是爱尔维修的强项，他更喜欢文学和哲学，从政，只是让他看到了社会的不公和黑暗，于是在1751年，他辞退总包税官的职务，专门从事著述。爱尔维修潜心哲学研究七年，以哲学为武器批判封建专制和天主教会。1758年，他的代表作《精神论》问世，论述了他的唯物主义和无神论思想，反对宗教和封建专制，引起了巨大反响，在短期内印了50次，并译成多国文字，成为整个欧洲的畅销书。当权者和教会人士对这本书的传播极为惊慌，罗马教皇向他的教徒下令严禁阅读和传抄这本“可怕的著作”。因为教皇等人的反对，爱尔维修曾三次删改此书，但被法国政府下令烧毁。

洛克的唯物主义经验论对爱尔维修影响很大，他得出一切知识都是由外部经验引起的，感觉才是一切知识最根本的泉源。另一方面，爱尔维修还是一个著名的功利主义者，继承了十八世纪三、四十年代英国关于人类的目的在于享乐而避开痛苦的思想。既然趋利避害是人的本性所在，自爱心是道德的根本基础，那么人们行为的全部动力也就源于对利益的追求。比如，“羊是温顺的而狮子是残暴的”这一常识，爱尔维修提出了一些有趣的看法。他说，羊是食草动物，但对于同样吃草昆虫来说，羊却是一个可怕的敌人，因为羊可能在吃草时把微小的昆虫不加分辨地吞到肚子里，而事实上羊也不可能有所选择。从这个角度看来，狮子吃羊倒是有了一点合理性，因为狮子不吃草也就不会吃掉虫子，但他却惩罚了杀害昆虫的羊。人们为什么说羊是温顺的而狮子是残暴的呢？如果站在昆虫的角度衡量的话，羊才是残忍的，狮子反而像个警察一样。爱尔维修的这个例子非常有名，他的利益学说也影响了许多学者，推动了18世纪法国资产阶级革命运动，并直接影响了法国19世纪的空想社会主义者。

人们评判善恶总是要有个依据的，爱尔维修的尺子就是利益。利益支配一切，它不仅决定着个人的全部活动，而且构成社会的法律基础和道德准则。爱尔维修把利益分为三类：个人利益、集体利益和公共利益。一般情况下，受利益驱使，个人必然首先追求个人利益，在不损害他人利益也不违背公共利益的前提下，这也是合情合理的。但在个人的合理要求得到满足或在特定情形下，大家就要共同维护公共利益。公共利益才是“人类一切美德的原则，也是一切法律的基础”，而为了公共利益牺牲个人利益的人则是最高尚和最正直的人。爱尔维修眼中的集体利益总是赞同于小集团利益，尤其是统治阶级集团的利益，容易造成腐败奢侈腐化、任人唯亲等局面，因而是要坚决反对的。

在《论精神》中，爱尔维修发展了利益说，并希望其作为当权者立意改革的纲领。他的思想在于“它以单一的价值准则，即最大多数人的最大幸福，来取代若干项未加明确规定的不证自明的权利。实际上，它已远远超出简化的范围。因为如果把上述准则贯彻到底，就要摧毁天赋权利说和政府契约说，还将摧毁据称能保证个人利益在社会内部和谐的整个自然法体系”，这也是封建专治和宗教势力对这本书深恶痛绝的原因所在。

在爱尔维修看来，人在生下时并无善恶之分，智力也没有明显差别，只是在后天的发展中出现了精神上和道德上的分野。以此为出发点，爱尔维修呼吁强化教育职能，以建立完善的政治制度和合理的法律。爱尔维修晚年的《论人及其智力和教育》就系统地阐述了他的社会政治伦理学说，但有了前车之鉴他变得谨小慎微，因怕受迫害而没在生前发表。

1771年12月26日，爱尔维修因病逝世，他在临终前仍然用运动表示了对宗教势力的不满，他坚决拒绝神父给他作忏悔祈祷。两年后，一个俄国人发表了《论人及其智力和教育》，但被禁止在俄国发售。这倒验证了爱尔维修在该书中的序言：“如今只有在禁书里找得到真理。”

XIFANG ZHEXUE GUSHI

市场中有一只看不见的手

……被一只无形的手牵着去实现一种他根本无意要实现的目的，……他们促进社会的利益，其效果往往比他们真正想要实现的还要好。

——亚当·斯密

凡是对经济学稍微有点了解的人，都会知道亚当·斯密这个大人物。这位经济学的鼻祖人物和他最伟大的作品《国富论》像一颗最亮的星星，在历史的天空中闪闪发光。但是亚当·斯密不仅仅是一位经济学家，还是一位哲学家。1723年亚当·斯密出生在苏格兰，他的父亲也叫亚当·斯密，是律师、军法官和海关监督，但是却在亚当·斯密出生前几个月去世。在此后的生活中，亚当·斯密就一直与母亲相依为命，终身未娶。

亚当·斯密常想事情想得出神、丝毫不受外物干扰；因此糗事轶事也

亚当·斯密（1723年—1790年），苏格兰的社会哲学家和先锋政治经济学。他写作的有《道德情感论》和《国民财富的性质和原因的研究》（简称《国富论》）。他的巨著被认为是现代经济学的第一部作品，这为他赢得了巨大的声誉，并成为一个经济学有史以来最有影响力的作品。世人尊称他“现代经济学之父”和“自由企业的守护神”。

是不少的。例如：亚当•斯密担任海关专员时，有一次因独自出神将自己公文上的签名不自觉写成前一个签名者的名字。亚当•斯密在陌生环境发表文章或演说时，刚开始会因害羞频频口吃，一旦熟悉后便恢复辩才无碍的气势，侃侃而谈；而且亚当•斯密对喜爱的学问研究起来相当专注、热情，甚至废寝忘食。

18岁之前，亚当•斯密在家乡苏格兰上学，之后的六年赴牛津大学求学，在牛津虽然没有获得良好的教育，但是却大量阅读了书籍。27岁后，亚当•斯密在原来的格拉斯哥大学担任逻辑学和道德哲学的教授。在1759年，亚当•斯密出版的《道德情操论》获得学术界的极高评价。1768年开始就着手写《国富论》。1773年，《国富论》已经完成，但是亚当•斯密却又花了三年的时间对此书润色。此书一经出版便引起了广泛的讨论，不只在英国广受好评，甚至在欧洲大陆和美洲也备受追捧。而《国富论》的中心思想就是“看不见的手”，这二者是密不可分的。

要了解《国富论》的精髓，就要了解当时的写作背景。斯密是在完成对法国的考察之后写成《国富论》的，受到了法国“三权分立”思想的影响。当时的英国处于产业革命前夜，当时正是封建专制的没落时期，平民阶级对贵族和特权阶级进行着反抗和抵制。社会的贫富差距巨大，分配极为不公平。斯密认为，造成这种现象的原因就是经济活动的不自由，劳动人民劳而不获，贵族则不劳而获，他们疯狂地对平民阶级进行着掠夺。在这种背景下，斯密在脑海中形成了自由竞争的思想。

斯密在他的著作中，以“看不见的手”来比喻市场经济，认为市场是人类社会内的陀螺仪，它不断产生着自生自发的秩序。这种自生自发非设计的秩序可以被视为经济学的第一原则。

斯密认为，从主观上讲，每个人都有利己心，而这种心态是驱使人们追求最大利益的动力，虽然每个人并不是都想要增加社会财富，但是在他追求自己利益最大化的同时也增加了社会财富，这种“无心插柳”的效果甚至比直接想要促进社会利益的效果还要好。这就是看不见的手的实质内容。

但是当时为什么会出现生产力发展受阻呢？主要就是自由竞争被干预了。当时城镇行会规定，如果一个人想按照自己的想法织布，首先得获得行会中最年长的4位组织者的同意，此外还需经过法官准许。而这些条件，无非就是增加了进入壁垒，将平民阻挡在外。而“看不见的手”虽然只是一个经济学术语，但是却也有政治因素在里面包含着。它强调建立一个自由、平等、道德和法制的社会。他对富人不劳动却占有大量金钱进行了猛烈的抨击，因此他想要通过这种经济手段来解开对平民的束缚和压迫，通过这个“看不见的手”，保障了国民最基本的权利——生存权。代表了当时生产力的发展方向，因此备受推崇。

除了在政治上保障了公民的生存权外，斯密还提出，在自由竞争的同时，必须要用道德和法律来规范和保护每个经济人的行为，遵守规则，公平竞争，为了一己私利而损害他人利益的做法应该受到惩罚。在这点，我们可以从斯密所提出的利己心（self-interest，而不是selfishness）看出来，这个利己就是通过劳动获得合法的合乎道德的利益。

《国富论》一书成为了第一本试图阐述欧洲产业增长和商业发展历史的著作，也成为了开展现代经济学科的先驱。它也提供了资本主义和自由贸易最为重要的论述基础之一，极大的影响了后代的经济学家。

在当时的的社会环境下，上流阶层左右着整个社会的道德准则。他们的行为就是道德标准，劳动的是平民，但是获取利益的却是他们。这就意味着上流阶层的道德沦丧，因此，这样的国家是不会真正富有的，财富不过是转手而已，并没有真正增加。可见，在《国富论》中，斯密渗透着他的道德意识。而之前他的《道德情操论》可以看做是斯密对伦理道德问题的综述，虽然《国富论》是部经济学著作，但是却是《道德情操论》思想的继续发挥。

虽然《国富论》在现在看来还有很多需要完善的地方，但是在当时，一部经济学著作却涉及到政治、伦理、法律等方面，并且和历史的发展相适应，说明斯密的思想已经超越了时代，他一次就可以抓住了社会的主要矛盾，并通过经济手段来改变这些问题，是一种前无古人的创举。在此，我们向这位经济学家、哲学家致敬。

XIFANG
ZHEXUE
GUSHI

人是由众多感觉累积的复合体

就我而论，当我极密切体察我称之为我自己的时候，我总要碰上一种什么特别知觉，冷或热、明或暗、爱或憎、苦或乐的知觉。在任何时候我从不曾离了知觉而把握住我自己，除知觉而外我从不能观察到任何东西。

——休谟

这个题目让我们重新认识了自己，人竟然只是感觉的复合体，听起来不可思议。这话来自于大卫•休谟，在讲他的这个理论之前，我们还是先来看看这位哲学大师的生平吧！

休谟是英国人，确切地说是苏格兰人，1711年4月26日生，父亲是名叫约瑟夫•休姆，在苏格兰的宁威尔区担任律师，或许这里会有些奇怪，父亲姓是休姆，儿子怎么姓休谟呢？其实休谟原名叫大卫•休姆，后来在他22岁时改名休谟，原因是英国人很难以苏格兰的方式正确地念出休姆这个名字（作为中国人，这点不太理解，他父亲还不是被人这样叫了一辈子吗？怎么到他就不行了呢？或许是因为出名了吧？反正改姓这件事的确是有些不孝啊！）

休谟（1711年—1776年），18世纪英国哲学家、历史学家、经济学家。他被视为是苏格兰启蒙运动以及西方哲学历史中最重要的人物之一。休谟的哲学是近代欧洲哲学史上第一个不可知论的哲学体系。

休谟是一个聪明的孩子，在他12岁时就到爱丁堡大学就读。起初休谟从事的是法律专业，但是慢慢地他发现自己似乎被哲学吸引住了，用他的话说就是“一种对于学习哲学和知识以外所有事物的极度厌烦感，当我的家人想象我正在阅读屋埃特和维尼阿斯（两位当时著名的法学家）的著作时，我实际上却是在阅读西塞罗和维吉尔的著作”，看来这些天才在冥冥中似乎被什么指引着。他觉得从大学教授身上学到的东西在书中就能找出来了。

18岁时，休谟的哲学研究就有了一个重大突破，正是这个突破，让他下定决心将整个一生奉献在这个领域上，彻底面对这个全新的思考领域。当时的休谟选择了成为商人，他经商数个月之后，他到法国安茹的拉弗莱舍（La Flèche）旅游，这里有所有名的学校——Prytanée军事学校，笛卡尔就是这所学校的毕业生。休谟选择了在这里定居四年，他为自己定下了职业生涯计划，因财产优先，必须要过着极其简朴的生活，确保自己的独立自主性，除了增进文学天分，不再考虑之外的任何事物。正是在这样的条件下，休谟完成了他一生中最重要的著作——《人性论》，当时的他年仅26岁。为了撰写这本书，年轻的休谟几乎精神错乱，可见过程之艰辛，为了恢复正常的思考能力，休谟决定暂时返回平凡生活（想必这就是所谓的脑袋被烧糊的感觉吧？）。

但是遗憾的是，艰苦的努力却没有得到预期的效果，此书刚出版时候，媒体的反应是一片死寂。不过还好休谟有着乐观而开朗的个性，很快从打击中走了出来。接下来他去了乡下研究，写下了《人性论摘要》，他本想用精简的语言代替之前的冗长著作来吸引读者，但是依然没有成功。

1745年，休谟开始撰写他的历史巨作《大不列颠史》（The History of Great Britain）一书，前后花费了15年，字数超过一百万字。其中在1752年休谟成为爱丁堡大学图书馆的馆长，这个职位使得他对《大不列颠史》进行了更深入地研究。这本书则使得休谟名声大噪，一出版就成为了畅销书。

休谟还是个无神论者，但是他后来却成为了一个基督徒，是什么让这位哲学家改变自己的信仰呢？这还要说起他的一则轶事：

有一次他回家途中路过一个刚干枯的湖泊，却不小心滑进了泥沼中，由于休谟身体肥胖爬不出来，被困在了那里。这时一些卖鱼的妇人路过，看到了他的窘境，同时也认出了他就是知名的无神论者，就拒绝救援。一直到休谟答应要成为一名基督徒，并且在泥沼中朗读主祷文和信经之后（想象一下这是一幅怎样的画面：一个知名的哲学家在一群卖鱼妇女面前朗读自己反对的经文），这些卖鱼妇人才将他拉了起来。休谟事后说这些卖鱼妇是“他所遇过最聪明的神学家了”。

休谟是主观经验论的继承者。他的研究是从分析感觉和知觉开始的。人心中有两种知觉：一种是“印象”，另一种是“思想和观念”。所谓印象，就是比较强烈和活跃的知觉。即“有所听，有所见，有所触，有所爱，有所憎，有所欲，有所意识的知觉”；而所谓的思想和观念，则是比较弱的模糊的印象，是印象的“摹本”。（印象是正版，观念就是盗版）用一个简单的比喻来说，比如你看到李白的两句诗：飞流直下三千尺，疑是银河落九天。此时你脑海中想象的画面就是观念，而印象则是你亲自站在瀑布面前，对于瀑布的所见所闻所感。无论诗写的有多么形象，多么辉煌，也比不过你亲自站在瀑布前面的这种真实的体验。

在巴黎的时候，休谟受到了伏尔泰的钦佩并且被捧为巴黎社交圈的名人，同时他也认识了让·雅克·卢梭，两人最初成为要好的朋友。但真正使休谟名声大振的是，随着德国哲学家康德夸赞使休谟让他从“教条式的噩梦”中惊醒，从此以后他才获得了他一辈子都没有获得的声誉。

那么印象又是如何产生的呢？休谟认为：它最初是由于一种未知的原因产生在心中的。但是这个原因是物质实体还是精神实体，却找不到任何证据来证明它。因此休谟说：除了这种感觉，我们不能设想任何一种存在。人们所能知道的只不过是呈现在自己心中的感觉和印象罢了。因此，当我们说一张桌子、一棵树、一所房子的时候，所指的也仅仅是人心中的知觉而已。所有的存在物，包括人、不过是感觉的组合罢了。

正如休谟书中写的那样：“就我而论，当我极密切体察我称之为我自己的时候，我总要碰上一种什么特别知觉，冷或热、明或暗、爱或憎、苦或乐的知觉。在任何时候我从不曾离了知觉而把握住我自己，除知觉而外我从不能观察到任何东西。”在休谟看来，自我无非是一簇或一组不同的知觉，以不可思议的快速彼此接替，而且处于不绝的流变和运动中。这句话可以用一些实际生活中的例子来理解：比如说冬天，气温很低，我们会说：“我好冷。”夏天气温高，我们会说：“我好热。”这两个词中的我并不是单独出现的，都是要和一定的知觉一起出现的，正是因为冷和热才意识到自我。

“物体是感觉的组合”这一命题最早是由贝克莱提出的，而休谟的理论则排除了贝克莱哲学中唯我论的因素，用不可知论取而代之。他提出了哲学上的“第三条路线”，即宣布：除了感觉以外，一切都是不可知的。所以说上帝和客观世界也都是不存在的，即无神论。休谟把自己的哲学命名为“温和的怀疑主义”，即哲学史上著名的“不可知论”。

但是休谟的这种论断却依然没有摆脱主观经验论的限制。他只是在用回避和取消问题的方式来解决问题，但是问题并不会因为他的主观臆断而消失不见。休谟不只否认客观经验，同样也否定客观存在的规律。如他对因果关系的怀疑成为了哲学史上的热门话题，虽然他的观点依然有很多缺点，但是他对人性的分析开启了西方道德哲学中的情感主义，也成就了后来的功利主义；他的怀疑论为康德破除了独断主义迷梦；他的经验主义方法成为维也纳学派开创分析哲学运动的一个重要法宝。

他永远会被哲学家们铭记——大卫•休谟！

在去世的前一周，休谟坚定地将人在死后还会有来生的理论视为“最不合理的迷信”。休谟为自己写了墓志铭：“生于1711，死于[……]——空白部分就让后代子孙来填上吧。”休谟的墓地选择在一个山丘的东侧，正好能俯瞰他位于城内的老家。

XIFANG
ZHEXUE
GUSHI

赠人玫瑰，手有余香

总有一天，其他动物也会获得只有暴君才拥有的那些权力。……一个人不能因为皮肤黑就要受到任意的折磨而得不到救助。总有一天，人们会认识到，腿的数量、皮肤绒毛的形式、骶骨终端的形状都不足以作为让一个有感知能力的生命遭受类似厄运的理由。……问题不在于它们是否能推理，也不在于它们是否能说话吗，而在于它们能否感受到痛苦。

——杰里米·边沁

杰里米·边沁于1748年出生在伦敦，他生在一个地道的托利党家庭，父亲和祖父都是律师。边沁幼年的时候身体短小羸弱，这貌似是天才的一个缺陷，但是上帝却给了他们一个异于常人的聪明大脑。在边沁3岁多的时候就开始学拉丁文，只要到手的书他就贪婪地阅读，5岁的时候就能使用拉丁文来写作。他在7岁时看的一本费奈隆的小说——《忒勒马科斯历险记》对他的人生产生了巨大的影响。后来功成名就的他回忆道："我把自己想象成书中的主人公。在我看来，他是品德完美的典型人物。这本小说是我整个性格的基石，也是我一生事业的出发点。功利原理在我心里的第一次萌芽，就是源于这本书。"

杰里米·边沁（1748年—1832年），英国法理学家、功利主义哲学家、经济学家和社会改革者。他是英国法律改革运动的先驱和领袖，一手创造功利主义哲学，宣扬保护动物权利而闻名于世。他的哲学对社会福利制度的发展有重大的贡献。

虽然幼年的边沁缺乏强壮的体魄和充沛的精力，不断地被一些小病和精神过敏所折磨，但是双亲的慈祥和钟爱却让他过得很幸福。虽然父亲并不爱文学，对自己孩子的性格也没有清晰的认识，但是为了做儿子的老师，他却温习了希腊文。

边沁7岁时被送入威斯敏斯特学校，在那里度过了五年的学校生涯。由于身体原因，他在学校的生活是很平淡的，但是由于他的拉丁文和希腊文写得很好，经常做同学们的枪手。在他10岁时就用希腊文给牛津大学基督学院的副院长写了一封信，12岁时就在牛津女王学院正式上学。

大学时候的他也是不快乐的，尤其是边沁的生活费有限，他不得不借债度日。在这里，他恨他的导师，因为“他唯一关心这个学生的事情就是不让他有任何娱乐”。1763年，边沁进入林肯法学院在法庭做见习生。法庭的审判长曼斯菲尔德是他崇拜的偶像。他在这个城里没有接到什么大案件，第一宗也是唯一的一宗案件是关于衡平法的小案件。他劝当事人和对方达成和解，省了一笔诉讼费用。他在法律理论上非常用功，对英国法律的缺点日益深刻。他开始寻找一个可以衡量每一条特定法律价值的通用标准，在读了休谟的《论文集》之后，他找到了，也就是功利主义原理。休谟提出，道德行为的特征就是产生幸福的倾向；但是人类作为社会动物，是从别人的幸福中自己感到快乐的，所以，他们应当不仅以自己的快乐、而且以别人的快乐作为他们行为的目的。边沁决定把这种理论发展成为功利主义的道德体系，不过这时的功利主义原理还没有清晰的形态。

边沁出生于一个保守党律师家庭。他被视为一个神童，初学走路时便已在父亲的书桌边阅读起卷帙浩翰的英格兰历史，3岁时他就开始学习拉丁文，12岁就进入牛津大学的女王学院学习。图为少年时期的边沁。

直到1789年，边沁发表了构思15年之久的《道德与立法原理导论》，总算是将他的理论发表出来了。

边沁是功利主义哲学的创立者。功利原理是这样的原理，它按照看来势必增大或减小利益有关者之幸福的倾向，亦即促进或妨碍此种幸福的倾向，来赞成或非难任何一项行动。最大多数人的最大幸福是正确与错误的衡量标准。简单的说，功利原则包括两方面内容，第一是个人的快乐和幸福，第二是最大多数人的最大幸福。

而功利主义主要由三个基本理论基点构成：苦乐原理、效果论和功利原则。

苦乐原理是功利主义的根据和基石，边沁主张从人的感性经验出发，行为的苦与乐是善恶判断的依据，而追求快乐和避免痛苦则是人的行为的终极原因。他说："自然把人类置于两位公主——快乐和痛苦——的主宰之下。只有它们才指示我们应当干什么，决定我们将要干什么。"不同的苦与乐只有量的区别，没有质的不同。苦乐价值的大小可以按照以下因素计算：强度、持久性、确定性或不确定性、时间、继身性、纯度、范围大小。

效果论。虽然人们的行为是为了追求快乐和避免痛苦，但是却不能根据行为的动机来判断善恶，这个世界上不存在绝对好的和绝对坏的动机，只有效果，或者说是否能够增进快乐才能决定一个行为的善恶。一项行动总的倾向在多大程度上有害，取决于后果的总和，也就是所有好的后果和不好的后果的差额。如果行为结果带来了快乐，那它就是道德的，反之则是不道德的。

在功利原则中，包含了两方面的内容，其一是个人的快乐和幸福，其二是大多数人的最大幸福。这也是他的最终理想，任何一种行为都要有利于增加幸福，确保大多数人是幸福的，这样的社会才是正义的。

但是边沁认为，"社会的利益"即共同体的利益，而这个共同体则是一个虚构体，是由构成其成员的个人所组成的，因此，共同体的利益就是这些成员利益的综合。因此，个人利益被边沁放在最高地位，不过，因为每个个人都是在一个社会共同体里生活，所以个人的行为肯定是会影响到他人甚至整个共同体的。因此在追求自己的幸福和利益时，必须同时考虑他人或者共同体的幸福和利益。人本质上有着自利的动机，但是也具有仁慈和同情的社会性动机，这就是合理的利己主义。也只有这样，个人利益和社会共同体的利益才能得到完美的契合，大多数人才能幸福和快乐。这与中国的一句话“老吾老以及人之老，幼吾幼以及人之幼”有着异曲同工之处。因此，把别人的幸福当做自己的幸福，爱别人就像是爱自己，在付出的同时，也收获着一份助人后的快乐。赠人玫瑰，手有余香！

边沁曾留下希望他的遗体保存以作为永久纪念的遗嘱。人们遵照边沁的遗嘱，把他的遗体陈列于伦敦大学学院主建筑的北部回廊，完全向公众开放。由于技术处理失误，图中边沁的头像是用一尊蜡像头部代替的。

XIFANG
ZHEXUE
GUSHI

生命进化的哲学

可能世界为人类的发生作了长久的准备，这是对的，因为人类起源于一连串的祖先，这一连串的祖先中只要失去其中的一环，就没有人类了。

——达尔文

当父亲将达尔文送到爱丁堡大学时，家人希望他今后能够成为一名医生，但达尔文志不在此，他经常跑到野外采集动植物标本，对自然历史产生了浓厚的兴趣。他的“不务正业”，让父亲十分震怒，于是将他送到剑桥大学，希望他将来成为尊贵的牧师。可达尔文不在乎自己所从事职业的尊卑，他的兴趣也不在于研究人文科学而是自然科学。

几经波折，1831年，达尔文终于从剑桥大学毕业了，老师亨斯洛推荐他以“博物家”的身份参加英国海军“小猎犬号”舰环绕世界的科学考察航行。这次著名的探险考察其实是小猎犬号的第二次远航，小猎犬号还进行过两次远航，第一次是去南美，第三次，也是最后一次远航是去澳大利亚。

达尔文（1809年—1882年），英国生物学家和进化论的奠基人。他曾在历时五年的环球航行中，对动植物和地质结构等进行了大量的观察和采集，出版了《物种起源》这部开创性的著作，提出了生物进化论学说。他的进化理论对人类哲学的发展发生了巨大的作用。

小猎犬号此次出航是继续完成上次未竟之工作，是对美洲南部进行调查。26岁的贵族船长费兹劳耶希望找一位精通地质的学者随行进行指导，并能打发旅途中的寂寞。恰恰此时毕业的22岁的达尔文接受了植物学和地质学研究的科学训练，并参加了著名地质学家亚当·塞吉威克组织的北威尔士地质考察，双方一拍即合，开始了一次哲学意义上的远航。

虽然是海上航行，但达尔文的大部分时间并非是在船上度过的。每到一个地方，他都会跑上岸去观察当地的自然现象，采集动植物标本。所以，在小猎犬号五年多的航行时光里，达尔文有39个月是在陆地上度过的。达尔文此行的主要工作是地质调查，所以他的地质学航海日记十分丰富，每隔一段时间，他会把航行中收集的标本与记录这些发现的信件寄到剑桥大学，这让他很快成为了一个享有盛誉的博物学家，也被船员们尊称为“船上的哲学家”。他在写给家人的信中说：“地质学无与伦比，即使是首次打猎也无法与发现化石的喜悦相比。化石能生动地讲述过去的故事”。他给家人所写的游记，最后集结出版为《小猎犬号之旅》，书中详尽地从政治学、社会学和人类学的角度描述了航行所及的居民和风土人情。

在漫漫的旅途中，年轻的船长将莱伊尔所著的《地质学原理》借给达尔文，书中的均变论思想深刻地影响了后者。在大西洋的佛得角群岛，达尔文在陆地上裸露的地层中发现了海洋中的贝壳及珊瑚化石，这让他对地质学家莱伊尔“陆地缓慢抬升”的地质学理论加深了理解。达尔文接受了地质“均变说”的观点，并推测生物进化也是如此：随着时间的推移，A物种逐渐会衍生出B或C等其他物种。达尔文开始以全新的视角审视岛屿地质史，并决定写一本关于地质学的书。

在南美洲西海岸，他在观察了当地的吉娜丽萨后意识到，莱伊尔所说的“环礁是由上升的死火山口上的珊瑚形成”是不正确的。海面下的火山并没有像他所说的那样上升，反而是在随地壳逐渐下降，上面的珊瑚却越长越高，最后在海面处形成环礁。现象加上分析，达尔文开始对生物的演化有了全新的思考。

位于东太平洋赤道附近的加拉帕格斯群岛对于达尔文具有非凡的意义，可以说这里是他理论的灵感之地。达尔文发现零星分布的岛屿上的鸟儿看起来大同小异，但却又有着些许不同，而且岛上的生物与南美大陆的物种极其相似。因此他推断岛上生物在很久以前有着共同的祖先，现在的差异是它们千百年来适应岛屿不同环境的演变结果。

比如，生活在相近岛屿上的鸟儿的嘴存在着明显差异。如甲岛上鸟儿的嘴又坚又硬，这方便它嚼碎果核；而乙岛上鸟儿的嘴小巧玲珑，这让它们更为准确地捉到虫子；而在丙岛上，鸟儿的嘴更宽一些，因为这些鸟儿喜欢吸食岛上的水果和花朵。虽然岛和岛之间不过几十公里的距离，但为什么会有这么奇怪的差别？达尔文猜想：这是由岛上的生态环境决定的，鸟儿为了取食方便而不断努力。天长日久，因为食物及觅食方法的不同，鸟儿也长出了不同的喙，尽管从生物学上讲它们仍属于同一种鸟类。

1836年，达尔文结束了五年的环球之旅回到英国，成为英国皇家学会会员。但他一直没有把生物演化理论整理发表，只是和一些好朋友偶尔提起。达尔文迟迟没有公开提出这种理论是有原因的。其一，他早前信奉圣经，但他在航行中看到的很多奇异物种是圣经无法解释的，这让他十分矛盾。例如有一种胡蜂会麻痹毛虫，然后在毛虫体内产卵，蜂卵变成寄生虫后会杀死宿主 ，这与圣经中“自然界是神善意的彰显”教义相抵触。 另一方面，达尔文仍在努力搜集资料来证明自己的猜想。如果始祖鸟早些被发现，达尔文也许会早些提出这一论断。始祖鸟是世界最古老的鸟类，介于爬行类和鸟类之间的过渡型特种，生活在侏罗纪晚期（约1.45亿年前）的海边泻湖环境，1861年在德国南部被发现，这正是达尔文生物进化论中苦苦寻找的“缺失的环节”。《物种起源》发表两年后，始祖鸟成为支持达尔文进化理论的最好证据。

1858年，年轻的科学家阿•华莱士在考察了巴西、马来半岛等地后写了一篇文章寄给达尔文，内容和达尔文长期以来的研究理论不谋而合。这让达尔文大惊失色，于是仓促发表了《物种起源》。

恩格斯认为进化论是19世纪自然科学的三大发现之一，是唯物主义在自然科学领域的胜利。达尔文的进化论用朴素的唯物主义观点说明了生物界物种的发生发展，从根本上否定了神创论，也否定了自然发生说的形而上学，这是进化论的重要价值体现。

1859年11月3日，达尔文的《物种起源》横空出世，当日初版的1250册新书很快就被人们抢购一空。 这本书内容独特，观点新奇，英国学界乃至整个社会都掀起了轩然大波。有些人拍手称赞，有的人怒不可遏，但更多的人则把它视为一本奇闻轶事。不管怎么说，大家对这本书只是停留在兴趣阶段，很少有人真正地去分析理解其中的论据和观点。

《物种起源》出版后，在欧洲和整个世界都引起轰动，因为这一学说如果成立的话，就严重动摇了西方基督教信仰的根基。为此神学人士与进化论进行了激烈论争。图中是对达尔文进化论的讽刺漫画。

地质学家塞茨威克是达尔文剑桥大学时的老师，他给达尔文写了一封信：当我看到这本书时，我的痛苦要多于快乐。我觉得书中有些内容十分好笑，而有些地方则让人担心。他所形容的哭笑不得只是对达尔文的含蓄表达而已。实际上，塞茨威克匿名在杂志上发表了一篇文章，他讽刺达尔文的学说荒谬不稽，妄想“用一串气泡做成一条坚固的绳索”。

事实上，老师的观点还是保守的，对这本书最为愤慨的是那些教会人士，他们对达尔文的著作恨之入骨，一些激进的反进化论者对达尔文群起而攻之，还有人写恐吓信威胁达尔文：你是英国最危险的人！打倒达尔文！……

面对阵阵声讨，年迈的达尔文并不想屈服，他要寻找志同道合者捍卫他的理论。于是，他给居住在伦敦的地质学教授赫胥黎寄去自己的新作，请他谈谈对这本书的看法和评价。

而立之年的赫胥黎是最早考虑人类起源的学者之一，也是当时英国

这是当时人们对达尔文进化论进行讽刺的漫画，描绘从混浑到蠕虫再到人的过程。

的一个最年轻、最有希望的科学家。对于达尔文的著作他充满兴趣，几乎是一口气读完了这本书。他为达尔文的远见所折服，虽然他也承认书中的某些结论还有待研究与探讨，但整体而言，这部论著是划时代的，势必引起一场科学思想的革命。于是他对达尔文表示，他将全力以赴地投入这场捍卫科学的论战中。“我正在磨利的牙爪，以备来保卫这一高贵的著作。”他在信中说，“为了自然选择的原理，我准备接受火刑，如果必要的话。”为了表示他对进化论的推崇，赫胥黎郑重地对外宣布：“我是达尔文的斗犬。”

1860年6月30日，大不列颠学会年会在牛津大学召开，进化论自然成为此次年会的热门话题。

解剖学家欧文率先发难，他从解剖学的专业角度质疑进化论的合理性，通过对人脑、猩猩的大脑和猕猴的大脑三者进行对比，他发现人的脑重量要比后两者大得多，在人和猴子中间如果没有一种过渡形态的灵长类动物作为证据，那么猿猴变人的进化论就立足不稳。

如果说有几位学者对进化论的批判还是有理有据的，那么牛津的大主教威尔伯福斯就有点言过其实了：“按照达尔文的理论：哺乳动物、爬行动物、鱼类、植物、苍蝇甚至真菌都是从第一个会呼吸的原生细胞繁衍下来的，但有谁见证了这些事情的发生，而且这与《圣经》也是不能符合的。如果要我选择，我当然是认为上帝更为可信，而不是达尔文先生站不住脚的推测。”

看到自诩为“达尔文的斗犬”的赫胥黎也在会场，威尔伯福斯取笑道：“我想请问赫胥黎教授，您是通过爷爷还是奶奶接受猴子遗传的呢？”会场立时爆发出一阵哄笑。

面对主教的恶毒攻击和无端挑衅，赫胥黎镇定自若。他以平静的语调、通俗的语言讲解了达尔文进化论的主要观点，在给大家进行灌输之后，他话锋一转，开始回答威尔伯福斯大主教的调侃：“关于人类起源的问题，我只能说主教您的理解浅薄无知，就像我刚才所讲，进化论是说人类原本是由类似猴子的动物在几百万年时间内慢慢进化而来的。如果要认祖归宗的话，我宁肯认一只平凡的猴子，也不去认一个不懂科学而自以为是盲目自大的人。”

然后，赫胥黎提高嗓门说：“我郑重声明，一个人承认猿是人类的祖先并不可耻。只有那些信口雌黄，看不惯别人在他活动范围里取得成就，还要粗暴地干涉他理解不了的科学的人才是可耻的。尤其是有些人只会巧言令色博取上司欢心，企图煽动一部分人的宗教偏见来压制科学进步，这才是真正的厚颜无耻啊！”说完之后，赫胥黎飘然离场，只剩下威尔伯福斯和其他与会者呆在现场尴尬万分。

赫胥黎雄辩的事实，富有逻辑性的推理论证了进化论的合理性，这同大主教空洞无物、思维混乱的恶意谩骂形成了鲜明对比，因此后者面对前者的反击只能哑口无言。这段学术争论为进化论支持者们津津乐道，甚至认为这是进化论对神创论的历史性胜利，但在当时，这不过是两个派系之间一次不同意见的交锋而已，声势并没有那么浩大。为了保卫并发扬达尔文的学说，赫胥黎此后的30年间，改变了自己原来的学术研究方向，潜心研究脊椎动物化石，这才有了他日的厚积薄发。

为宣传进化论，赫胥黎几十年都一直站在论争的最前线，他自称是充当捍卫进化论的“斗犬”。赫胥黎的工作获得人们的高度评价：“如果说进化论是达尔文的蛋，那么，孵化它的就是赫胥黎。”

33年后，赫胥黎在牛津大学的一次学术演说精彩绝伦，是真正值得进化论支持者们为之骄傲的。1893年，68岁的赫胥黎应邀到牛津大学以《进化论和伦理学》为题发表了一次具有科学含量与价值高质量演讲。他从地球演化谈到伦理出现，从生命体的萌芽说到物种的进化，从自然力量再到人的思想……天马行空，纵横捭阖，系统地阐释了达尔文进化论的学术思想和现实意义，博得满堂喝彩。

因为赫胥黎的坚持与宣扬，进化论也影响到我国。启蒙思想家严复翻译了赫胥黎的部分作品，中文名为《天演论》，他以“物竞天择，适者生存”的观点号召人们与天争胜，救亡图存。鲁迅先生赞扬赫胥黎“以渊博的学识，精辟的文章，东冲西突，攻陷了自以为亚当和夏娃的子孙们的最后堡垒。”

可以说，赫胥坚持真理、捍卫和传播科学的崇高品格值得后人尊敬，如果说进化论是达尔文的蛋，那么，孵化它的就是赫胥黎。今天，在伦敦南部肯辛顿博物馆的达尔文雕像旁，赫胥黎的大理石像就巍然屹立在旁。

XIFANG ZHEXUE GUSHI

辩证唯物主义的基石

鸟的翅膀无论多么完善，如果不依靠空气的支持，就绝不能是鸟体上升。事实就是科学家的空气。

——巴甫洛夫

“要想成为一名优秀的生理学家，首先必须是位出色的外科医生”。看到齐昂教授所表示出的熟练的解剖技能，巴甫洛夫深受震动。齐昂是外科中的高手，他经常穿着燕尾服为学生们展示狗或兔子的实验，而衣服上不会沾到一滴血。下课以后，教授直接从实验室去参加舞会。巴甫洛夫沿着老师的足迹亦步亦趋，日后成为了一流的外科医生。因为是个左撇子，他在手术时能够左右开弓，三下五除二就完事了，正像人们常说，手术还未来得及开始就已结束。当周围的人们还认为要为即将开始的手术做准备工作时，巴甫洛夫已经走下手术台去洗手去了。

巴甫洛夫（1849年—1936年），他的主要工作是关于高级神经活动的研究。他是用条件反射方法对动物和人的高级神经活动进行客观实验研究的创始人，也是现代辩证唯物主义高级神经活动学说的创立者。

虽然巴甫洛夫做手术是一气呵成，但对待学术或者实验他却是一丝不苟。同事们的任何一项研究成果都要在实验室里反复验证，确认无误后才能出版发表。用巴甫洛夫的话说，它一定要“放熟了”才行。正因如此，实际上巴甫洛夫实验室历年出版的成果中竟然没有发现过一处错误。巴甫洛夫的研究涉及许多科学未曾涉足的空白，取得了累累硕果。实验包括了在外科手术上取出动物消化系统的部分，切断神经束来判定影响，还有在消化器官和外部囊袋之间植入瘘管以测试器官等，这些成果为后人深入地研究消化系统奠定了坚定基础。无怪乎一个外国同行不无钦佩地承认：“从海登海因时代起，还没有一个研究人员在数年之内能在生理学上做出巴甫洛夫书中所描述的那么多发现。”

最终，巴甫洛夫成为第四个获诺贝尔医学奖者。在此之前荣获这一崇高奖赏的全是医生，他们分别创立了白喉血清、查明了疟疾的病因，研究出治疗皮肤结核的方法。而巴甫洛夫没做出纯医学方面的发现，他的工作更多地属于理论性质的：从根本上改变了科学家和医生们原来认为是根深蒂固的一些概念。他在获奖证书中这样写道：“表示承认他在消化生理学方面所做的工作，他在这些关键部位所做的这些研究工作，改变并扩展了有关这一领域的知识”。

作为一名科学家，巴甫洛夫无疑已经登峰造极，风光无限，但巴甫洛夫接下来的选择让所有人跌破眼镜，他要一切从零开始，由消化系统转向心理学。放弃多年的老本行，转而研究那些知觉、意识之类的心理学，对于一个年逾半百之人而言这可谓难如登天。但巴甫洛夫不为之所动，他对持怀疑态度的人说：“这方面的工作够咱们干一百年的。不、不，消化系统的事结束了。我要专心致力于另外一个新领域。”

事实上，最初作为生理学家的巴甫洛夫是反对心理学的，促成他产生如此转变源于他对真理的追求。在研究胃反射的时候，巴甫洛夫发现了一个有趣的问题：狗在不进食的时候也会分泌唾液和胃液。比如，狗看见主人或者听见主人的声音就会分泌唾液。巴甫洛夫猜想，也许是狗“意识到”吃饭的时间快到了，而这样的念头刺激着狗分泌唾液。以原有的知识分析，他认为这完全是生理学现象：狗因为受到视觉或听觉的刺激而产生一种反射，这种反射引起了“精神性分泌”。问题是，什么时候以什么方式引起狗分泌唾液的反应呢？巴甫洛夫试图弄清楚这一问题。于是，从1902年起直到他的整个后半生，他都潜心研究这一现象。

为了研究这一问题，巴甫洛夫进行了著名的条件反射实验：在喂食之前加入一个中性刺激——铃声，每次铃声结束向桶中加入食物，然后观察狗的反应。起初，铃声只会引起狗的一般反射——竖起耳朵来，不会出现分泌唾液。但持续一段时间后，有趣的事发生了，哪怕没有食物，仅仅出现铃声狗就会分泌唾液。巴甫洛夫将其称之为“条件反射”，把铃声称为“条件刺激”。与之相对应，他又将狗在正常进食中分泌唾液这种简单的不需要任何培训的纯生理反应称为“非条件反射”，而将引起这种反应的刺激物——食物称为“非条件刺激”。正如巴甫洛夫一贯的风格，为了验证“条件反射”的存在，他们又陆续不停地变换中性刺激，比如在喂食前使闪烁灯光或拉动狗圈等，经过一系列可以被狗感受到的中性刺激试验，结果表明条件反射确实存在。

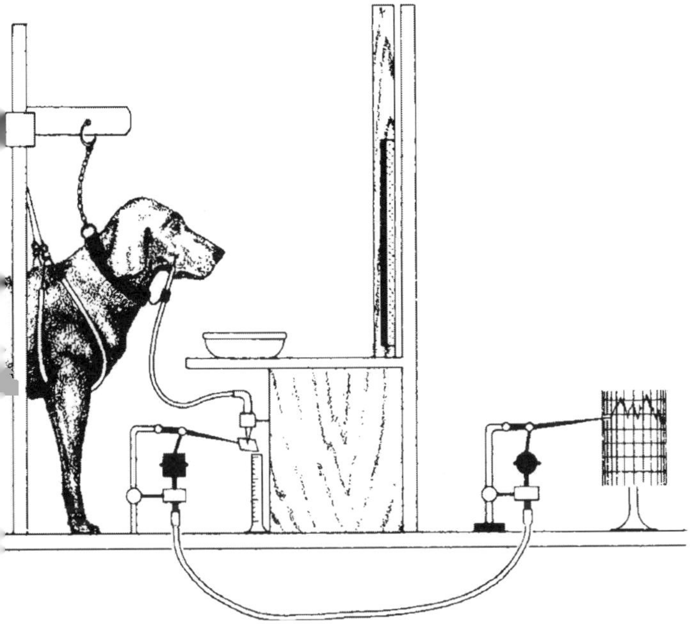

巴甫洛夫在心理学界的盛名首先是由于他关于条件反射的研究，正是狗的消化研究实验将他推向了心理学研究领域，而后来，该项研究的成果——条件反射理论又被行为主义学派所吸收，并成为制约行为主义的最根本原则之一。

根据相关研究，巴甫洛夫提出了人有第一和第二两个信号系统的思想，并建立了高级神经活动的新学说，对辩证唯物主义哲学体系的发展产生了巨大影响，尤其是对哲学的有关语言和思维的相互联系。至今，辩证唯物主义关于感觉和逻辑认识之间联系的大厦就是建立在该理论基石之上。

巴甫洛夫认为，一个研究人员一辈子也只能写好一本书，在20多年的岁月中，他难以下决心出版有关他的条件反射的论述， 他一直担心理论还没有完全成熟。“谁不知道达尔文，谁不知道他的著作在所有精神世界里引起了极为巨大的影响。……达尔文本人一直觉得他的论据不够充实，他对对象不够了解。这就是伟大人物思想的谦虚。而这是可以理解的，因为他们清楚地知道，取得一个真理是多么不容易，得付出多大的努力。”如此看来，伟大之间确有相通之处。

“巴甫洛夫很忙……巴甫洛夫正在死亡”，这是巴甫洛夫在生命的最后一刻说的话，这虽不是诗句却胜似诗句。弥留之际，巴甫洛密切注视着自身的身体变化情况，不断地向助手口授生命衰变的感觉，要为一生挚爱的科学事业留下更多的感性材料。当有好友在外面房门想探望他时，他用上述的话回绝了来访者的好意。在生与死的较量中，巴甫洛夫表现出来的勤奋、豁达、超然、无畏，让后人折服。对他而言，死不是生命的终结，而是生命的升华。

XIFANG
ZHEXUE
GUSHI

精神分析哲学的诞生

即把这种障碍章安引入生命过程的一种力量——的斗争中是作为一种指南为本我服务的。

——弗洛伊德

1856年，西格蒙德•弗洛伊德出生于奥地利的小城弗赖堡的一个犹太家庭中。其继父雅克布是一个羊毛商，而母亲比父亲小了近20岁。在弗洛伊德出身时，已经有一个与他母亲同龄的同父异母的哥哥。弗洛伊德曾经误解过他们之间的关系。这也为将来他所重视的俄狄浦斯情结打下了经验的基础。

弗洛伊德3岁时，母亲又生下了一个男孩，但在6个月之后，这个男孩便猝死。年幼的弗洛伊德对此始终存有一种负罪感，并一直生活在这种负罪感当中。

弗洛伊德（1856年—1939年），精神分析学派的创始人。他认为被压抑的欲望绝大部分与性有关，性的扰乱是发生精神病的根本原因。著有《性学三论》、《梦的释义》、《图腾与禁忌》等。

弗洛伊德4岁时，全家迁居维也纳。弗洛伊德一直是学习成绩优异，头脑灵活。9岁时进入中学学习，17岁时毕业，继而进入了维也纳大学医学院学习。在这期间，一次弗洛伊德的父亲穿着新衣在公园散步，突然一个基督徒冲上来打他，将他的帽子打到泥里，并对他父亲说："犹太佬，快从人行道上滚开！"而弗洛伊德的父亲听后只是走下人行道，捡回帽子。弗洛伊德得知此事后非常失望，也体会到了犹太人在当时欧洲所受到的歧视。而这件事对后来弗洛伊德一直争取权威用来对抗侮辱有重要的意义。

弗洛伊德在维也纳医学院学习期间，聆听了布伦塔诺的讲座，并深受影响。最早他对解剖学，生理学和药理学比较感兴趣，并且立志当一个解剖学教授。然而由于当时家庭境况不是很理想，在1881年，弗洛伊德25岁时只能早早毕业，并从事医学临床工作。就在这时，弗洛伊德遇到了他人生中一个重要人物约瑟夫•布罗伊尔医生，这是一位比他大14岁的内科医生，两人共同研究癔症的病因，并在1895年，两人合著了《癔症的研究》一书，此书标志着精神分析学的开端。在两人合作期间，布罗伊尔向弗洛伊德介绍了催眠术，疏导疗法和安娜•O的病例。在1885年到1886年期间，弗洛伊德留学法国，并跟随巴黎的沙克学习用催眠术治在《梦的释义》一书中，弗洛伊德强调对梦的解析是认识无意识的捷径。他指出，在人的精神活动中梦起着主导作用。心灵的力量主要是性驱力，是一种不固定的可塑的力量，如果过剩就会给人造成困扰，使人精神发生疾病。因此，过剩的力量必须释放出来，才能得到快乐防止痛苦。“梦”便是释放这种能量的一种方式。

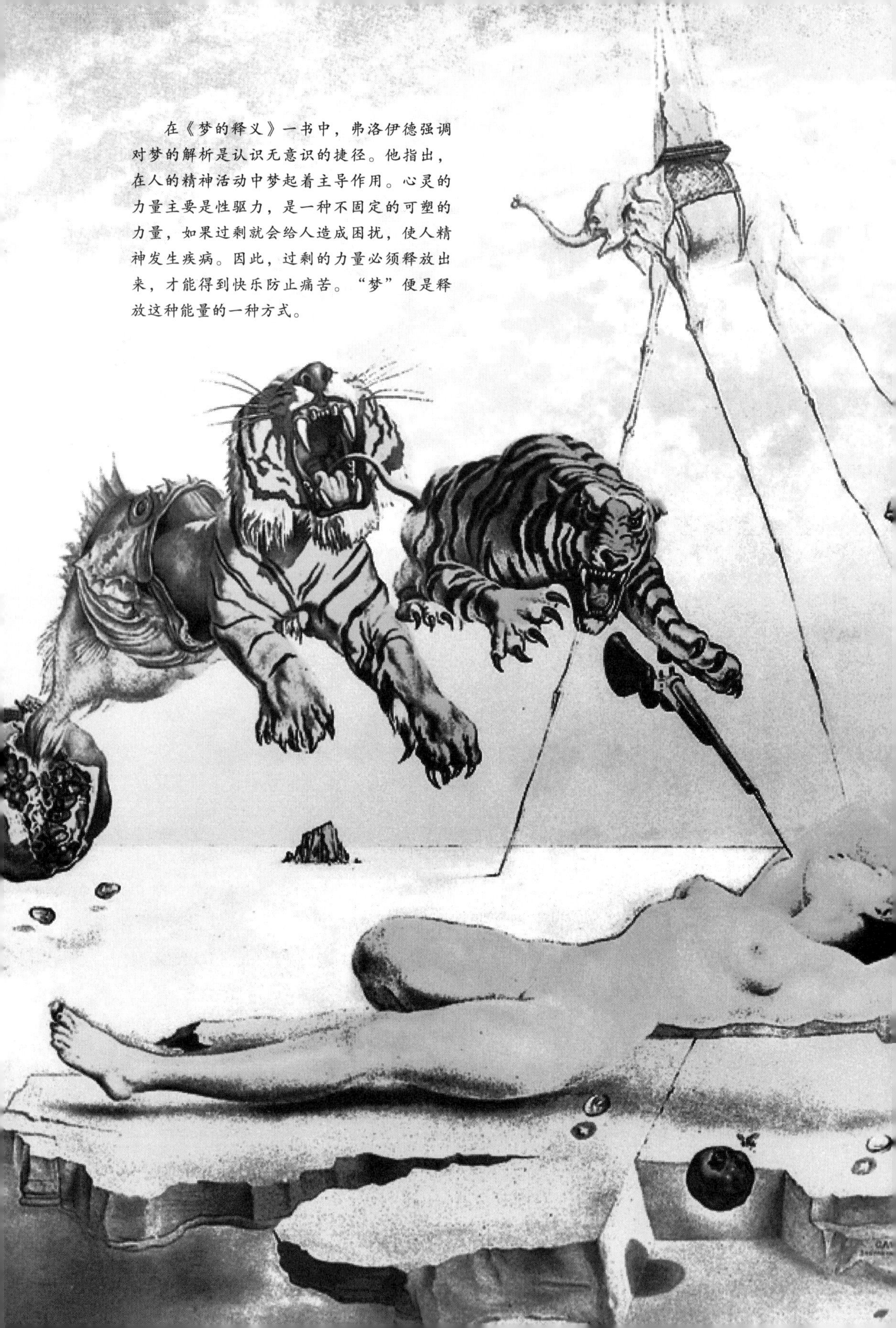

疗癔症患者，这时弗洛伊德开始对患者的内心世界感兴趣。

1889年，弗洛伊德访问了南锡学派的伯恩海姆并继续学习催眠术。而这时，弗洛伊德发现不同病人的暗示性不同，催眠的效果不同。而在催眠过程中可以唤起病人的一些已经被遗忘的记忆。这些发现对将来的精神分析学是非常重要的。

弗洛伊德在用催眠术治疗患者时，日益发现催眠术存在着重要的缺陷。一方面催眠术只能针对部分暗示性较高的患者。另一方面弗洛伊德认为催眠术会激起患者的性欲，而这对医患关系会有某些不良的影响。于是他逐渐放弃了催眠术，并且发展为精神分析疗法最早的雏形。

1897年，弗洛伊德41岁时。他遇到一位42岁的女病人，这位女病人失眠症与父亲的性诱惑有关。但是，她每次说出的内容都不一样，弗洛伊德意识到这些故事都只是病人的幻想，而不是事实。这件事使得弗洛伊德深受启发，弗洛伊德随后提出了他的神经症理论。在这个理论中，弗洛伊德已经初步发现了无意识的动力性作用。

1900年，弗洛伊德出版了他的巨著《梦的释义》，此书弗洛伊德自称为一生中只有一次的伟大发现。在《梦的释义》中，弗洛伊德详细叙述了他的梦理论以及由此扩展的精神分析理论。他认为梦是无意识的扭曲表达。而精神分析也就是还原无意识的本来面貌，而具体的操作方法就是“自由联想法”，所谓“自由联想法”就是不做任何批判、评价地将思想毫无隐瞒地说出来。在说的过程中，无意识内容就会自然浮现。

1900年到1914年间，是弗洛伊德精神分析理论的形成时期。在这个时期，弗洛伊德发表大量的论文和著作，《日常生活的心理分析》（1901），《性学三论》（1905），《爱情心理学》（1910），《图腾与禁忌》（1913）。弗洛伊德的精神分析理论主要就可以在这些著作中体现。

1914年以后，弗洛伊德逐渐修改他的理论，之后形成了以死亡本能为核心的后期思想，这与弗洛伊德对第一次世界大战的感悟有关。弗洛伊德虽然没有直接参加这次大战，但是他看到了战争中人性中毁灭、破环的一面，并通过严谨的研究和思辨提出了这一概念。这一概念在弗洛伊德后期思想中极为重要，后来的法国精神分析学家拉康说："忽略死亡本能就不可能完全了解弗洛伊德的学说。"

弗洛伊德是第一位精神分析学家，他既把精神分析当做一种治疗神经症的方法，又把精神分析建构成一种研究潜意识的科学理论。他对人类无意识心灵的敏锐发现以及对此的科学而严谨的研究无疑是伟大的。然而，弗洛伊德自身却一直受到神经症的困扰，尽管他一直尝试着自我分析，却始终无法根本上改变这种状况。弗洛伊德一生经受了许多磨难与挫折，在精神分析刚刚问世时，曾遭到无尽的抨击与反对。而弗洛伊德始终坚持研究并不断修正自己的理论，最终得到了肯定。在他的一生中，像荣格、阿德勒等很多曾跟他志同道合的同事纷纷离他而去，特别是他最重视也是最寄予厚望的荣格的离开，使他倍受打击。不仅如此，他女儿和外孙的离世，让弗洛伊德切身地感受到白发人送黑发人的痛苦。弗洛伊德83岁时，为了免遭纳粹的迫害，只能逃去伦敦，而他的妹妹却死在了纳粹的毒气室中。一年后，弗洛伊德因患上颌骨癌，接受安乐死，带着痛苦离开了人世。

在他生命的最后阶段，不顾癌症的痛苦，一直坚持着研究和著述。不论弗氏的理论和思想如何遭到争议，这种为求真理的精神却永远值得肯定。这位伟大的心理学家、精神分析学家死后，他的理论和思想却越来越有影响力，且得到不断的发展。直到今天，精神分析已经成为了一个庞大的体系，后继的精神分析家层出不穷。精神分析已经成为了人类思想史上不可抹灭的一笔！

XIFANG
ZHEXUE
GUSHI

人类意识下面的冰山

笑话给予我们快感，是通过把一个充满能量和紧张度的有意识过程转化为一个轻松的无意识过程。

——弗洛伊德

弗洛伊德在维也纳医学院学习时，曾受布伦塔诺很深的影响，熟悉布伦塔诺关于心理现象的意向性，能动性的观念。这种观念也就促成了弗洛伊德之后对心理结构的动力性描述，对他的驱力理论有重要的影响。不仅如此，弗洛伊德亦从布伦塔诺那里接受了亚里士多德的发生学观点。

莱布尼茨提出的微觉说和赫尔巴特的意识阈概念也使弗洛伊德受到了启发。莱布尼茨认为微觉是未被意识到的无意识，这个概念也就是后来精神分析学说中无意识概念的哲学雏形。而赫尔巴特提出的意识阈概念，认为占据意识中心的观念只容许同它自己和谐的观念出现在意识中。这毫无疑问对弗洛伊德后来提出的压抑说和自我说有重要意义。

其次，尼采的非理性主义思想对弗洛伊德的精神分析也有一定的影响，而他承认叔本华的无意识意志就是精神分析中的心理欲望。弗洛伊德认为的本我及人性最深处的非理性与尼采的非理性主义也有着千丝万缕联系。

科学上赫尔姆霍茨的能量在有机体中守恒的思想也直接影响了弗洛伊德对于力比多概念的阐述。其次，达尔文《物种起源》一书对弗洛伊德的影响至关重要，达尔文认为人是从动物进化而来的，会或多或少地保留动物的习性。这对弗洛伊德本我的叙述以及后期思想的生物学倾向都是直接影响的。

弗洛伊德在治疗癔症的过程中，逐渐形成了他的意识分域理论，也就是将人的心理活动领域分为意识的和无意识的。在此之前的心理学家们主要关注意识层面的研究，包括意识的元素、意识的结构、意识的机能等等。而弗洛伊德便独创性地发现了无意识领域并把无意识领域提到研究的重心地位。弗洛伊德认为意识是与人心理直接能感知的部分，而无意识则是相反的。弗洛伊德最早对潜意识的发现来自于他对催眠术的研究。他将催眠者催眠后暗示他醒来后就去打开窗户，但要忘记这个命令。结果催眠过后，催眠者毫不知动机地完成了这一动作。这些研究使得弗洛伊德相信有一种潜伏在我们意识领域之下的力量，它可以驱使我们的行为。弗洛伊德之后建立了一套精密的理论来描述这种潜意识。他用冰山露出水面的部分比喻意识，用水下的部分比喻潜意识，用水面附近时沉时浮的部分比喻前意识。弗洛伊德认为意识层面在最上，并与外界现实世界相连接，它具有感知功能，既接受外界信息又能接受无意识领域中浮现的内容。潜意识在最下，它是一些原始的冲动和后天压抑的材料。而前意识处在意识和潜意识之间。

除了这种地形学上的描述，弗洛伊德还发展出了一套动力学理论，他认为潜意识的内容是受压抑而形成的。受压抑的往往是一些个人不能接受的想法、冲动、情绪等等，比如同父母乱伦的冲动、犯罪的冲动等等。而意识则是产生压抑的场所。意识——潜意识系统并不是静止的，而是一个动态的系统。意识中的内容会变成潜意识的，而潜意识的内容有时也会浮现到意识层面。

弗洛伊德在提出早期的人格理论后，晚年又开始提出新的人格结构理论。在弗洛伊德67~83岁因癌症去世为止的16年里，又发表了《自我和本我》、《禁忌，症状和焦虑》等几篇文章。这些文章显示着弗洛伊德精神分析理论从原来的"意识分域论"转变为"人格结构论"。

他把人格分为三个部分，分别是自我、本我和超我。值得注意的是这三个部分并不总是与之前的意识、前意识和潜意识一一对应的。总体而言，本我是潜意识的，它无法为人的意识所察觉到。弗洛伊德用德文单词"Es"来表示本我，而"Es"在德文中的原意为"它"。因此本我又可以叫"它我"，从这个单词的原意中就不难发现本我的特性。首先，它是一个它者，这意味着本我是不受主体自我控制的，它是一个独立的它者。其次，这个它是动物的它，意为本我充满着动物的，原始的本能欲望。弗洛伊德认为本我遵循的是快乐原则，它总是希望能够最快、最大程度上地满足欲望。然而这势必会与外界客观环境相冲突，于是自我作为一个调停者就出现了，他在绝大部分程度上是意识的。他的任务是缓解本我与外界之间的矛盾，既使本我的欲望在最大程度上得到满足，又不至于与外界社会环境造成太大的冲突。弗洛伊德说："它要侍候三个苛刻的主人，常常被三种危险所威胁：外部世界，本我，超我。"然而自我尽管绝大部分属于意识，它的某些功能，比如后来由安娜•弗洛伊德提出的防御机制就是潜意识的过程。自我这个概念在弗洛伊德本人的理论中其实是有些前后矛盾，模糊不清的，在他后期的自恋理论中，自我作为包围力比多的对象，概念与人格结构理论中的自我概念实际上是有出入的。

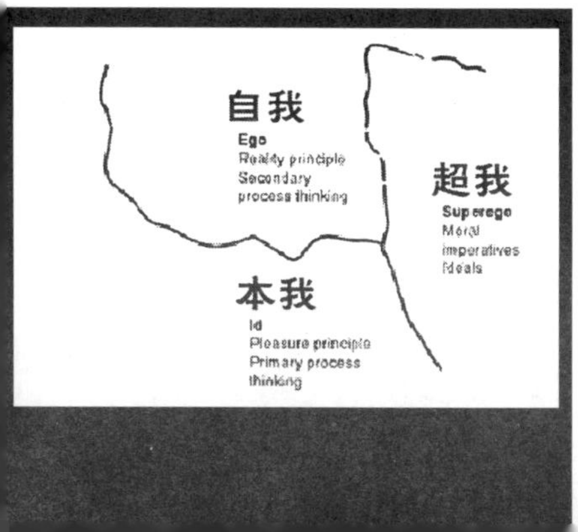

弗洛伊德关于人格的基本结构。弗洛伊德认为人格或人的精神主要分成三个基本部分：本我（id）、自我(ego)、超我（superego）。他认为，在人的动机中，性欲占主导地位（本我）。但又往往受到道德、社会法规等现实条件的制约（超我），受到压抑得不到纾解的冲动就透过梦、失语等形式来寻求满足。弗洛伊德认为，一个人如果因为以前的一些创伤性的事件而引致心理问题，只要他能够再将那事重演一次，并将本我、自我和超我作回平衡的处理，那么问题就会解决。

超我是良心和自我理想的综合，代表着法律和社会化的道德，是这些力量的内化形式。它起源于俄狄浦斯情结，最早是父母超我的折射反映。弗洛伊德认为超我不仅是被本我的最早的对象选择所遗留下的一种沉淀物，它也代表反对那些选择的一种能量反相作用。

弗洛伊德对自我，本我用了一个很生动的比喻来描述，自我是一位骑手，本我是骑手骑的马，骑手想到达某个地方，必须借助马的力量，并且对这种力量进行一定程度地引导。这个比喻也成为了解读弗氏的一个经典比喻。

除此之外，弗洛伊德认为神经症的病因就是本我、自我和超我之间的冲突所致，这些冲突出现在无意识层面，难以被意识到因此会形成一种症结。力比多在这种症结处出现固着，则力比多就会以症状的形式表现出来，同时为机体减轻心理上的焦虑。

在弗洛伊德的后期思想中，有一个十分重要的概念，即死亡本能。这个概念是弗洛伊德通过对第一次世界大战的感悟以及临床上的观察而发现的。他发现许多神经症患者总是在重复着他的创伤经验，而特别是受到战争创伤的士兵，他们总是会在梦中回到创伤时情景。而这是快乐原则无法解释的。于是他提到了强迫重复性原则，而这个原则体现在死亡本能上就是指机体从有机生命回到无机状态中去。弗洛伊德在其晚期著作《超越快乐原则》中通过生物学的方式详细讨论了死亡本能和强迫重复原则。对于弗洛伊德的后期思想，其内容深奥且很多方面已经超过心理学和精神病学的研究领域，这里就不做详述了。

XIFANG
ZHEXUE
GUSHI

面朝事物本质

他人及其心理生活虽然是被意识作“自身在那儿”，并与其身体相统一，但它们像身体一样不被意识作原初给与物。

——埃德蒙·胡塞尔

现象学创始人胡塞尔有个奇怪的绰号——“发疯的钟表匠”，因为他穷其一生如同一个发疯的瑞士钟表匠，他不停地追求着精确，更精确！胡塞尔一生蔑视历史，“历史本身不是答案，而是破绽。”但人是不可能摆脱历史而存在的，面对历史的强大和暴力，胡塞尔要成为一名与历史斗争的哲学家。

胡塞尔是一位名副其实的“西方哲学家”，这可以从他1935年5月在维也纳发表欧洲人的危机与哲学的著名演讲中找到一些证据，他宣称尽管现在人们有一大堆关于印度哲学和中国哲学的著作，但是不能把印度哲学和中国哲学与希腊哲学放在同一个平面上……要透过形态上的一般外表看到意向性的深度，尤其要注意东西方哲学原则上最本质性的差异。因此以欧洲意义阐释印度、中国等东方哲学是一种错误，是一种意义的颠倒。后来胡塞尔又说："欧洲人自身是否担负着一个绝对理念，而不是像'中国'或'印度'那样仅仅是一个经验的人类学类型？"

胡塞尔（1859年—1938年），德国哲学家、现象学学派创始人，20世纪最有影响的哲学家之一，海德格尔、萨特、梅洛·庞蒂、伽尔玛和德里达的出发点都是对胡塞尔哲学的反思。胡塞尔和康德一样是书斋里的哲学家，一生都在纯思想领域做艰辛的探索。

要理解胡塞尔的思维方式，先来看看他的学历及性格吧，这有助于了解这个人及他的哲学。胡塞尔1859出生于奥匈帝国，1881年获得数学一物理学博士学位。他具备了数学家清晰的思维，他的哲学表达也像一道复杂的微积分函数，让外行人眼花缭乱，但即使你不懂他说什么也会对其心存敬畏之情。数学是一门严谨的科学，但胡塞尔认为数学无法满足其对确定性的渴望，于是他转向了哲学，从他那本著作即可看出他是如何一丝不苟地研究哲学：《哲学作为严格的科学》。

胡塞尔创立现象学的最主要动力在于他对明晰性和确定性的追求，他在日记中写道："我一直在经受着强烈的缺乏明晰性和不断徘徊的怀疑的折磨……只有一种需要吸引着我：我必须赢得明晰性，否则我便不能生存；除非我相信我能获得明晰性，否则我便不能承受生命。"后世公认的胡塞尔成就在于他以快刀斩乱麻之势摧毁了心理主义对欧洲思想的一统天下，并给历史相对主义致命一击。胡塞尔认为历史上有两种心理主义的相对主义：个别的心理主义和人类学的心理主义。前者认为真理由个体的心理决定，不同的人会有不同的真理，古代怀疑主义就是其中的典型代表；后者认为真理由人类共同的心理决定的，所以不同的时代、不同的民族、不同的文化会有不同的真理，其中的主流是新康德主义。

尼采，一位天才式的哲学家，倒在了20世纪的门槛上，他曾预言说："有一个不速之客，已经站到欧洲的门前，他的名字叫虚无主义。"现在，胡塞尔敲响了"欧洲科学危机"的警钟，宣告心理主义和相对主义的走向末路。按照后者的理论，一战的爆发可以解释为不同国家、不同种族、不同政党拥有各自的真理，所以会为了自己的真理而诉诸战争，为了追求真理而战，这看起来不荒谬吗？胡塞尔以严谨的逻辑证明，心理主义没有搞清楚自然规律和逻辑规律。逻辑规律依赖于人类心理，所以无法保证其绝对有效性，因为人类心理会发生变化，而纯粹逻辑却始终能保持其绝对有效性。把自然规律当做真理的错误，根本原因在于混淆了概念，没有正确区分心理活动本身和心理活动对象。举个例子，人在做算术时，"计算"应该被看作一种心理活动，而"2+3=5"是心理活动对象。心理活动可能错误，因为人会有失误。但是"2+3=5"这个逻辑规律本身是绝对正确的真理。真理并不是某件事物，而是一种观念的、非时间性的永恒存在。因此胡塞尔提出了他的终身理想：把哲学改造为一门严谨论证的学问。

1900年，胡塞尔的《逻辑研究》诞生了，有人将他的这本著作与弗洛伊德的《精神分析学引论》相提并论，认为这是欧洲的两部经典性著作，其影响力持续至今。两位思想家在现实生活中从未有过冲突，只在是哲学领域有所交集，他们抛开世事纷扰而探寻人类内心，只不过弗洛伊德研究的是人类潜意识，而胡塞尔擅长的是人类意识。前者是心理主义倾向，而后者是坚决反对心理主义倾向，反对任何形式的心理主义，比如心理主义包含的真理标准的相对主义、实用主义甚至个人主义等。胡塞尔始终坚持一个基本原则，找到一种不以任何假设为前提却能达到真理，凡是存疑的判断都必须中止判断。为此胡塞尔提出了“本质直觉”的方法——要求面向事物本身。

弗兰西斯·克里克是DNA双螺旋的发现者之一，他在《惊人的假说》一书中描绘了一个场景：有人站在外边隔窗向屋内张望，坐在屋子里的人看到他的脸被窗棱隔成四格，虽然人们只看见一面，但却马上能判断那是一张完整的脸而不是四个部分。为什么呢？作者的回答是，物质只能在一定的层面上显现，人看到的部分并不等于全部，也无法拼凑成整体。进一步讲，客观物质是独立于意识、不以意识为转移的。

但胡塞尔却不这样认为，他认为时空中存在的客观物质也是由意识的活动构成的，克里克的推理并不能真正证明物质是超越意识的。他认为物质超越的是它的现实给予，并没有超越它的潜在给予。而意识能同时意识到物质的现实给予和潜在给予，并意识到去进一步观察的可能性，人们能感受到的各种不同种类的意识构成了客观物质。胡塞尔主张一切对象都是由意识活动构成的，他倒真是一位虔诚而彻底的主观唯心主义者和唯我论者。

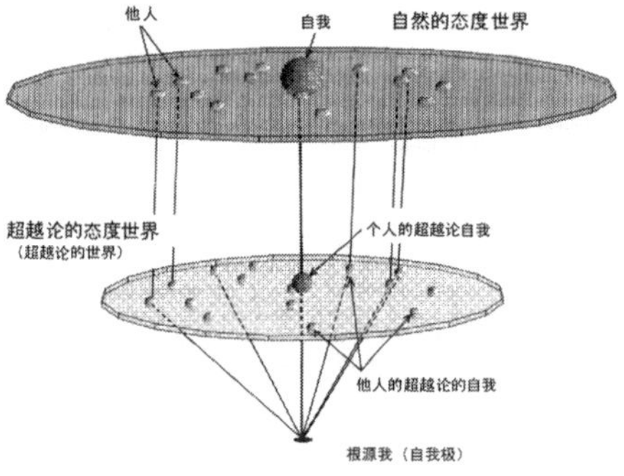

构造概念是胡塞尔现象学的核心概念之一，它贯穿在胡塞尔现象学哲学创造的始终。无论是胡塞尔的批评者，还是胡塞尔的支持者都对这一概念给予不同的解释。但是，“构造”这一概念在胡塞尔现象学中起着越来越重要的作用，成为我们理解胡塞尔现象学不得不翻越的山峰。

终其一生，胡塞尔对明晰性追求不已，为诠释现象学方法的徒劳而殚精竭虑，对西方哲学的大危机忧心忡忡。这位20世纪最有创见的纯思者临终前说：“我一直作为一个哲学家而生活，现在我想作为一个哲学家而死去。”

XIFANG ZHEXUE GUSHI

时间性是人的存在方式

向来有一个我是这一存在者，而非他人是这一存在者。这个谁是用我自己、用“主体”、用“自我”来回答的。这个谁就是那个在变居不定的行为体验中保持其为同一的东西，就是那个从而同这种多样性发生关系的东西。

——海德格尔

古希腊的第一位哲学家泰利斯沉湎于仰望星空，有一次他抬头望天，不小心跌到井里。路边的婢女见状不禁取笑说：虽然你对天上的东西知道得比人们都多，但却偏偏看不到眼前的东西。柏拉图对于此事评论说：“凡是哲学者总会被这般取笑。”而海德格尔对此也发表过看法：“真正是个婢女，也必须有点什么来取笑。”基于此，海德格尔竟将哲学定义为：“是人们本质上无所取用而婢女必予以笑的那一种事。”当然，海德格尔“这是开玩笑”。

海德格尔（1889年—1976年），德国哲学家，20世纪存在主义哲学的创始人和主要代表之一。他最著名的书《存在与时间》被认为是20世纪最重要的哲学著作，而且其影响力辐射到文学、心理学等方面。

海德格尔的思想总是那么透彻，那么虔诚。就像有一次他讲授亚里士多德时开场便说：“他生出来，他工作，他死了”。言简意赅，让人叹服。他如此概括伟人的一生，因为他对亚里士多德的研究已经相当全面而深入。海德格尔在1918年正式成为胡塞尔的助教后，他讲的课程多半是关于亚里士多德的，同时也深受现象学的熏陶。胡塞尔很器重这位学生，常称“现象学，海德格尔与我而已”。二人同领现象学，各有所长，胡塞尔喜好从体系入手研究基本概念的结构联系，而海德格尔却对哲学史充满兴趣，他授课的重点也独辟蹊径，现象学还原和先验自我这些胡塞尔式的主导概念并不是海德格尔研究的重点所在。

1922年，海德格尔竞选菲利浦大学的职位。虽然当时海德格尔用现象学方法讲解哲学史有所成就，在德国哲学界也是小有名气，但他数年来没有正式发表过像样的文章，这成为他应聘的一大障碍。为此，海德格尔把一份40页的手稿寄给了那托普指导，希望能够凭借此文谋取职位。他本计划在胡塞尔主编的《哲学与现象学研究年鉴》上发表一部研究亚里士多德的著作，这40页手稿即是这部著作的导论。那托普读到稿子后喜出望外，文章显示出海德格尔深厚的哲学史知识，而且表现出惊人的研究创新能力。他立即回复胡塞尔，盛赞海德格尔思想的深度和广度，认为这将是欧洲哲学的一颗新星，并极力担保海德格尔被录取。虽然最终这部手稿并未发表，但有幸读过原稿的哲学史家一致认为它就是《存在与时间》的雏形。

海德格尔在托特瑙山上建筑了一座小屋，处于黑森林草地与森林相间的地区，海拔比较高。海德格尔一生的很多时间都花费在这里，沐浴阳光，沉思，与山野樵夫一起生活。

三年后，海德格尔被提名为正式教授讲座，要想转正他必须要发表著作。1926年1月至4月，他埋头整理出《存在与时间》的前240页，他准备了2份书稿，其一寄往柏林教育部进行候审，其二则题有“以感激、景仰和友情敬献埃德蒙特•胡塞尔”的字样，作为老师胡塞尔67岁诞辰的贺礼。

具有讽刺意义的是，当这本书送到教育部审查时，部长的评语是“不合格”。但就是这样一本被官员判定为不合格的作品却成为了20世纪最重要的哲学著作之一。1927年2月，《存在与时间》分别在《现象学年鉴》第八卷上及以单行本面世。海德格尔因而声誉鹊起，半年后评上了正教授职称。

《存在与时间》的主题是“存在的意义问题”。虽然早在古希腊哲学家柏拉图的对话录就已经对这一问题进行了讨论，但正如海德格尔在书的开头所引用柏拉图的话说：“因为当你们使用‘存在着’这个表述的时候，你们究竟是什么意思，长久以来你们都很清楚。我们曾经相信你们已经理解这一点了，但现在我们却陷入了困惑。”在海德格尔看来，关于存在的问题两千年来悬而未决：“我们用‘存在着’这个词究竟表达什么意思，我们今天有一个答案么？根本没有。所以如下的做法是有必要的，即重新提出‘存在的意义问题’。”

海德格尔强调说，时间对于存在的重要性在所有至今的哲学中都未被得到重视。其实，世界并非杂乱如麻，而是其间有着各种意义上的关联性。存在是有结构的，在多样性中包含着统一性。打个比方，锤子和钉子之间就存在着一种有意义的关联——关键是要知道如何去理解这种关联“我们从哪方面，即从哪个被给定的视域去理解诸如此类存在的事呢？”海德格尔的回答是：“时间就是这种视域，从它我们可以理解诸如存在之类的事。”

在这本书中，他透过确定存在相对于存有的优先性探询人类生存的本质及境况。虽然他否认自已是存在主义者，但《存在与时间》在主要讲述他的基础存有论之余，却也涉及了许多存在主义的话题，例如：个

海德格尔的哲学成就，已成为他的时代及其后来的一些哲学家的创造之源。例如，他影响法国的哲学家中，就有德里达、利奥塔、福柯、德勒兹等人，他们都是在继承海德格尔的的基础进行原创性哲学工作的。图为海德格尔墓。

体性、本真性与非本真性、史性等，因此该书被视为存在主义之肇始，这倒是一件很有意思的事。

《存在与时间》是海德格尔最具影响力的著作，原本此书只是计划中的上半部，但因各种原因下半部未能面世，不得不说是哲学界的一大憾事。综合海德格尔的研究，可以发现他有如下几个基本主张：首先，他仍然尊崇柏拉图之前的希腊思想是西方思想最纯正的源泉。只不过柏拉图和亚里士多德把思想弄成了哲学，弄成了形而上学。如果说最初的形而上学虽还在骨子里还流露着希腊思想的精髓，却也有所流弊。形而上学后来的发展始终没有突破旧有框架，在黑格尔和尼采的时代，形而上学到达巅峰，却也因此面临终结，所以说哲学的时代过去了。

基于此，他认为西方历史正是以希腊为纯正源头的发展和蜕变，在此过程中，技术逐渐取代了艺术，当今社会处于由技术统治的时代，一时看不到希望，也找不到方向，而哲学的任务就是要揭示技术时代的本质，为神性重临世界做好准备。

幸好除了与艺术相对立的技术之外，还有与思想结盟的诗，也唯有诗而已。也就不难理解，海德格尔中晚期有大量关于诗性的讨论和具体诗作的创作，其中最有名的莫过于那句“人诗意地栖居”。

XIFANG
ZHEXUE
GUSHI

生命哲学大师的一生

我们要脚踏实地地努力。我研究是为了表达出我在努力寻找的东西。

——柏格森

亨利•柏格森于1859年出生在巴黎，他的父亲是个音乐家，由于父亲工作的关系，他年幼时常常跟着家人四处搬家。从瑞士到北欧，又搬回巴黎。9岁入校后，柏格森在学习上表现极其优异。在他读中学时，就获得了法国全国中学生竞赛拉丁文演说第一名，英语第一名，地理第二名，其后又获得过法语作文、数学、基础数学、宇宙学和力学的全国竞赛第一名。

有一年，他解出了报纸上登载的一道数学难题，不仅如此，还写了一篇论文，由于见解独到，这篇论文在权威学术刊物上发表了，这样一个中学生，使整个巴黎都轰动了。

毕业后，柏格森选择了文科，进入法国最好的大学之一巴黎高等师范学院学习哲学，这所学校，是法国哲学家的摇篮。

柏格森（1859年—1941年），法国哲学家，他的哲学产生了重大影响，特别是在20世纪上半叶。柏格森相信宇宙是一个“生命冲力”在运作，一切都是有活力的。他反对科学上的机械论、心理学上的决定论与理想主义。1927年他被授予诺贝尔文学奖。

大学毕业后柏格森成为了一名哲学教师，他讲的哲学课生动有趣，令人们听得津津有味，出色的讲演，使得他的课堂总是吸引了大批听众。

柏格林的第一名著是《时间与自由意志》，这正是他的博士论文。1896年，柏格森出版了《物质与记忆》，引起了很大的轰动。美国著名心理学家威廉•詹姆士将其评论为“引起了一场哥白尼式的革命”，他说：

它开辟了一个新的哲学场所，引起了一场哲学革命。

接下来，柏格森成为母校的一名大学教师，两年后又被聘为教授。他每周五下午5点讲课，但是由于他的课得到了不少好评，因此教室里总是人满为患，甚至很多人提前两三个小时来抢座位。

有记载这样描述柏格森讲课的情形：他从剧场后台走到前面，翻着讲稿笔记，大厅里鸦雀无声。他开始不慌不忙地开始讲演，声音悦耳动听，谈吐流畅，他创新的能力无人匹敌，他妙语连珠地表达着自己的思想，而且还要求听众不要一味地追随。他说：我们要脚踏实地地努力。我研究是为了表达出我在努力寻找的东西。

接下来的两年，他担任学院主席，并且在国际哲学大会上宣读了自己的论文，自此，他的名声开始从巴黎走向世界。

从那以后，柏格森的论文就像雨后春笋般层出不穷。1903年的《形而上学导言》，1907年的《创造进化论》，使得柏格森成为了最具知名度的哲学家之一，之后他不断地受到邀请前去演讲。

1912年，英国文学教授和作家联名推荐柏格森，而瑞典学院通过对他的作品进行评审，也给出了很高的评价，但是由于1914年一战的爆发使得诺贝尔文学奖与他擦肩而过。

在第一次世界大战期间，柏格森以学者身份步入政界，历任驻西班牙和美国大使。1919年任法国政府文教最高会议委员，1922年担任国际联盟文化合作委员会第一任主席。

1915年，柏格森放弃所有学术活动，致力于一战的胜利。他被任命为法国外交官，出使西班牙和美国，并且成功说服了两国领导人援助法国，使得德国战败投降，一战结束了，而柏格森也成为了公认的杰出外交家。

直到1927年，瑞典文学院的行为遭到诸多人的不满，他们齐声要求将文学奖授予柏格森。于是，这个拖了六年之久的奖项终于尘埃落定，而此时柏格森已经瘫痪卧床两年之久了。

1939年，二战爆发，政府要求所有犹太人进行登记，但是因为柏格森的声誉，政府特许他可以不登记，但是柏格森断然拒绝了。

1941年1月，柏格森为了登记，在寒风中站立的时间过长，感染了肺炎，第二天就与世长辞了。

XIFANG ZHEXUE GUSHI

生命是意识之绵延

理智会根据过去的形式，来按部就班地对待每一件事物。而且它关注的东西有限——仅限于物质。因此，当需要关注的对象超出它的范围时，理智就无能为力了。

——柏格森

柏格森处于自然科学蓬勃发展的时代，当时的各种科学发明使得人们的生活发生了翻天覆地的变化。人们觉得科学是万能的，甚至有些哲学家开始用科学来规范哲学，开始用自然的眼光来看待万物，认为牛顿定律可以解决一切问题。

但是柏格森却并没有受到科学的干扰和影响，他极力抨击这种观念。但他也没有否定科学，他认为科学的理智性就决定了它不能去理解生命。比如拍电影，电影上活动的事物其实是将分离的静止的胶片连接起来以极快速度放映的结果。而理智就像是胶片，记录的只是静止的图像。因此科学并不能了解万物。柏格森说：

柏格森哲学中一个核心概念是“绵延”，即变迁的实在。他认为概念是静态和片面的。当我们试着分析事物时，就扭曲并改变了事物，冻结了事物的时间却未能理解事物的发展，而发展是事物的“生命”，就像宇宙中星云的变化。他认为理智只能理解无机物的世界，却不能理解有机物的世界。

理智会根据过去的形式，来按部就班地对待每一件事物。而且它关注的东西有限——仅限于物质。因此，当需要关注的对象超出它的范围时，理智就无能为力了。

鉴于此，柏格森提出了另一种途径——直觉。直觉即人们的内心体验，与生命是一体的，因此，它可以将自己置身于生命内部，从核心部分来理解事物。

柏格森对牛顿的绝对时间概念持批判态度，他认为这种物理学上用空间表示时间的方式虽然给我们提供了很多方便，但是这样看来，物体流逝不过是钟表指针从这一刻度移到那一个刻度而已，在这种情况下，时间被异化了，不再是时间了，时间只不过是每个人都会在心里体验到的直觉而已。

同时，在他的学位论文《试论意识的直接材料》中，他提出时间并非是某种抽象的或形式的表达，而是作为永恒地关涉生命和自我的实在。他称这种时间为“持续时间”。与生命力相类似，这种概念亦可阐述为“活时间”。这种时间是动态的流动，呈现出经常的和永恒增长的量变。它避开了反映，不能与任何固定点相联系，否则将受到限制并不复存在。这种时间可由一种趋向内在本源的内省、集中的意识所感知。

柏格森还将时间的绵延性应用到理解人类自我方面。根据他的这一理论，他将自我分为外在的和内在的。外在的自我就是人们理智所认识的自我，包括我们的语言、外界环境等等。与外在自我相对的，就是内在的自我，这个自我无法用理智来理解。它是绵延的，是不停变化的自我意识，因为自我意识是永恒不息地运动着的，它的绵延就像是连续不断的流，没有间断，也没有终点，因此柏格森称其为“意识流”。虽然人们的内心状态在不停变化着，但是却可以通过内省来认识。他说：

……内省使我们掌握我们的种种内心状态，并使我们把它们当做活生生的、经常变化着的东西，又把它们当做不可测量的状态。

柏格森为了说明他的生命哲学，打了一个很有名的比喻。用理智来理解时间，时间中的运动就像是被分割成一张张静止的胶片一样，所以这种时间只是空间而已。另一种是纯粹的绵延的时间，它是连续不断的流，不可分割，不能被空间化。

柏格森认为只有在内省状态下，人们才能理解自我，因为我们内心的状态是经常变化的，而且又是不可测量的。

柏格森是鲜有的获得诺贝尔奖的哲学家，而获奖原因就是他的意识流理论对文学不可磨灭的影响作用。

但是晚年的他却开始偏向神学，脱离了犹太教的他改信天主教，认为万物的创造者是上帝。

XIFANG ZHEXUE GUSHI

有用即真理

哲学的不同职能、不同问题与不同对象产生于人类生活的压力与张力，它决定了哲学的形式……其具体的问题随着人类生活的改变而不同，人类的生活通常是连续的，但有时也会产生危机并形成人类历史的转折点。

——杜威

众人出游，有人为缓解无聊的气氛自荐讲述了一个故事：一只松鼠攀在一棵树干的一面，一个猎人站在树干的另一面。猎人绕着树快跑想看那松鼠，但是不论他跑得多么快，那松鼠总是用同样的速度跑到反面去。因而，松鼠和猎人中间总是隔着一棵树，猎人的心愿一直未能实现。最后，讲故事的人突然问了一个问题，人的确是绕着树走，而松鼠也是在树上，但能说人是在绕着松鼠跑吗？在野地里，大家有的是空闲时间，无论是与否，都各执一词，争论来，争论去，都很固执。

后来，有一人偶然路过，两派都来争取他，以成为多数派。这人说“哪一边对，要看你们所谓‘绕着’松鼠跑的实际意义是什么。要是你们的意思是说从松鼠的北面到东面，再到南面和西面，然后再回到北面，那么这个人显然是绕着它跑的；因为这个人确实相继占据了这些方位。相反的，要是你的意思是说先在松鼠的前面，再到它的右面，再到它的后面，再到它的左面，然后回到前面，那么这个人显然并没有绕着这个松鼠跑，因为，由于松鼠也相对活动，它的肚子总是朝着这个人，背朝着外面。确定了这个差别后，就没有什么可争辩的了。你们两边都又对又不对，就看你们对‘绕着跑’这个动词实际上是怎么理解的。”故事的结果就是除了有一两个热烈的好辩者认为这番话是推卸责任的遁辞，大多数人好象都认为这场争论已经得到了缓和。

上面的小故事出自美国实用主义哲学经典著作《实用主义》一书，其中的路人正是该书作者、美国实用主义哲学大家詹姆斯，他所运用的正是实用主义方法。该书也像路人用的方法一样，征服了不少人，开创了美国实用主义运动。然而实用的理论不是詹姆斯首创。1878年皮尔士在《通俗科学月刊》发表题为《怎样使我们的观念清晰》的论文，指出思想上无论多么细微的差别终将表现为行动上的不同，被认为是实用主义思想的肇始。1905年，他给自己的学说起了个“大众都可以接受的名字”，实用主义从此开始出现在哲学领域。

然而这种实用的思想在哲学领域当时却并未引起关注。直到20年后，詹姆斯在《实用主义》一书中将皮尔士的理论重新加以阐释，激起广泛讨论，也招来许多思想家的猛烈批评、反对和拒斥，其中包括英国著名的哲学家G.E.摩尔和贝特兰•罗素。皮尔士曾认为“一个概念的意义是由其应用的经验或实践的结果所决定的”，后来成为著名的实用主义的格言，也高度概括了其有别于其他哲学流派的独到之处。而詹姆斯对这一格言变换了一种说法——“在别的地方制造不出区别来，在任何地方也都不会存在区别”，并且以此作为其哲学的核心，开创了美国的实用主义哲学运动。自此实用主义不断发展壮大，直至成为影响最大的哲学流派、指导美国人精神和生活方式的官方哲学，经久不衰。

杜威（1859年—1952年），美国著名哲学家、教育家，实用主义哲学的创始人之一。杜威的思想不仅形成了美国继实用主义之后而起的实验主义哲学体系，而且也是间接影响到进步主义教育实施的一位教育哲学家。我国著名学者胡适先生就曾从教于他门下。

在实用主义的发迹史上，詹姆斯将沉睡20年的皮尔士实用理论唤醒，首倡实用主义运动，其开创意义固然功不可没；但将其发扬光大、推向巅峰的却是约翰•杜威。这位生性腼腆、语言晦涩的最差教师、思维独特、笔耕不辍的大学教授在实用主义哲学史上留下了浓墨重彩的一笔。

约翰•杜威，1859年10月20日出生在佛蒙特州柏灵顿市南威兰德街186号，从15岁进入佛蒙特大学起，就对哲学产生了兴趣，并开始确立了研究哲学的志向。这既要归功于以哲学为传统的佛蒙特大学的学术环境，更要归功于他的老师特别是托里教授的指导和鼓励。当然，赫胥黎的进化论思想也开阔了杜威的眼界。进入约翰斯•霍普金斯大学攻读研究生，杜威在美国第一所现代化大学里受到了更浓厚的学术气氛的熏陶，接触了更多对他具有激励作用的人，参加了更广泛的学术活动和研究，从而更加坚定了研究哲学的志向。特别是莫里斯教授，对杜威的成长帮助最大，使他对黑格尔哲学产生了极大的兴趣。杜威本人后来也这样说：“与黑格尔的结识在他自己的思想中留下了一种不可磨灭的痕迹。”

杜威年幼时天性害羞，天资并不聪慧，但是他却好学深思，手不释卷，是大家共认的书虫。学业有成后，杜威的研究和阅读视野更是扩展到极广泛的领域。图为他的书房。

1903年，杜威开始向实用主义哲学转向，1920年其哲学巨著《哲学的改造》一书问世。杜威认为在科学方法论方面，培根的发现代替了亚里士多德的证明法，加强了科学发现和工业应用之间的相互联系与相互作用，使得科学在改造自然方面结出丰硕的成果；在自然科学发展方面，以实验为基础的近代科学扩大了人们对世界的认识，从此人们视野中的世界由封闭变得开放、由固定变得变动；在科学真理与人生价值之间的矛盾方面，科学的新观念与传统的旧观念之间发生了严重的冲突，如果把价值问题和人的理智活动问题联系起来，把价值与实践的结果联系起来，从行动的后果来判断价值的实效，那么，科学与价值的矛盾便不复存在了。因此，他在书中强调要对传统的、抽象思辨的哲学进行改造，通篇贯穿着实用主义哲学的思想，也传达了他一生矢志不渝的哲学信念。

杜威作为一位世界级的大哲学家，他和大多数哲学家的不同之处，就在于他不是固守在哲学家的永恒的主题上，而是在时代发展变化的现实世界之中寻找自己的哲学生长点。他认为哲学不是哲学家头脑中臆造出来的，它必须在哲学的发展历史中，在缓和生活危机中探索哲学改造的可能性和必然性，去找寻新哲学发展的生长点，这就是杜威思想永葆生机的缘由。

XIFANG
ZHEXUE
GUSHI

美国人的教育哲学

脱离深思熟虑的行动的知识是死的知识，是毁坏心智的沉重负担。因为它冒充知识，从而产生骄傲自满的流毒，它是智力进一步发展的巨大障碍。

——杜威

在美国近代教育思想家中，杜威是影响美国教育的第一人，放眼整个世界，他也是20世纪最伟大的教育思想家，无人能出其右。以至于有人评论家说："美国的教育如果离开了杜威的思想是难以理解的，我们经常只知道人们谈论美国的教育如何，却不知道美国的教育及现状都是受到杜威影响的。"

19世纪，美国逐渐确立了世界第一工业国的地位，但在国内和国际上仍面临着重重危机，杜威设想将教育视为克服此危机的第一工具，以期建立美国及国际社会的“新秩序”。杜威在一个充满具有民主气息的环境长大，孕育了他对教育实施的批判能力，尤其是对于当时美国教育界盛行的极端形式主义和严格主义。同时，他又学习了生物学与心理学的知识，针对教育上的弊端能够对症下药。而他的教育思想可以浓缩到他那几句著名的命题里：教育即生活；教育即经验；教育即生长；学校即社会等。

杜威创立了新的哲学思想作为教育理论的基础，形成了美国的进步教育运动。杜威提出许多教育简明扼要的警句，比如：“教育即生长”“教育即生活”“教育即经验之生长与重组”“学校即社会”“从做中学”等。

1884年，杜威在密执安大学和明尼苏达大学教授心理学和哲学，但在研究中他发现中小学课程内容十分贫乏，而课堂上流行的赫尔巴特五段教学法也机械呆板，他萌生了改革教育念头并进而成为教育革新的倡导者。1896年杜威创办了著名的杜威学校，也称芝加哥大学实验学校，其目的在于通过大学来制定出从幼儿园到大学完整的学校制度，以验证杜威的哲学思想及教育理论。杜威的“芝加哥实验的理论”以他的哲学和心理学研究为根据进行教育创新，实验的基本方向是把学校建设成类似社会生活的形式，从而使“个人因素和社会因素”实现协调和平衡。

杜威认为学习即生活，学校应当与社会统一，杜威的做法是把学校当做家庭，在班上进行家庭活动的教学。课程和教材要是社会性的，所以烹饪、木工和缝纫成为了教学的起始点，并不断深化以学习一系列的知识。一年级和二年级是学校最低的年级，主要招收4～5岁的儿童开始，他们每天的活动就是轮流唱歌、游戏、手工制作，在午餐时顺便做些简单的家务劳动。孩子们到6岁就进入了三年级，开始完成家庭服务的社会性作业。比如种植粮食作物和烹饪食物等，这个过程也是很活泼的，大家会分角色扮演农民和工人，通过戏剧表演出现实的状态，在活动中不断延伸认知的触角。孩子们开始对农村感兴趣，然后又开始关注农村的动植物，比如剪羊毛和摘棉花，接下来就会注意棉花的生长环境，然后又学习了地理知识，包括水源、气候等，因为这涉及到灌溉引水。显然这样的教学比空洞洞的说教更有趣，所以孩子对这样的作业很投入，不仅学到了系统知识，更体会到了与人合作的意义，知识与道德教育合二为一同时完成了。再大一些，就要进入四年级，这时的学习“以基本作业的历史发展为中心，特别侧重由于发明和发现而产生的方法上的进步”。五年级的同学开始学习数学、物理，并通过历史性的手工训练激发起学生的心智发展。然后还有五年级、六年级直到十一年级。

总之，杜威学校中各个年级、各种学科的教学是在多个生活主题中进行探索研究，引导学生从自身经验出发学到知识，然后再从接下来的活动中验证这些认识，成为新的经验后再去学其他新的知识，这就是杜威教学的核心方法。“杜威学校”的特色在于把教师高谈阔论的讲堂变为学生通过活动去获得知识的活动室，他们从学生的经验出发进行教学，通过针对性的活动让其获得相宜的经验，而各种知识在为儿童所掌握后又成为他们经验的组成部分。

在哥伦比亚大学师范学院的黄金时代，杜威与一大批哲学家、教育学家、心理学家交互辉映，也成就了他本人事业上的辉煌。1930年他退休后继续从事教育改革研究，发出了深沉的呼吁，演变成了一个世纪三十年代所谓的进步教育运动。

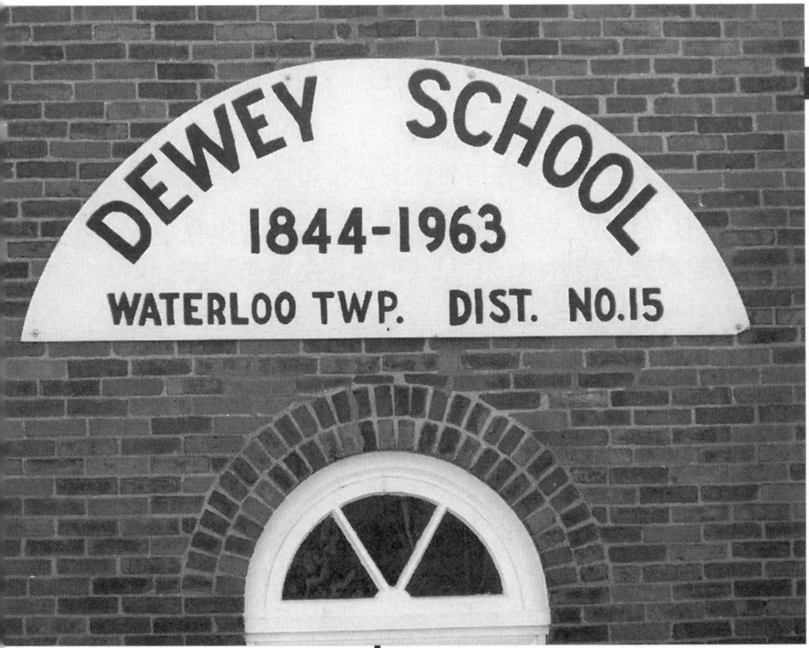

杜威在有了好几个孩子之后，通过对自己孩子的观察，他发现当时的早期教育方式与儿童心理的发展不相符。于是，他自己建了一所实验学校，后来被人们称为“杜威学校”。杜威根据自己的理论，对传统美国学校的课程设置、教育方法和组织形式进行重大改革，取得令人瞩目的成就。

杜威的经典著作《民主主义与教育》就是这一时期发表的，标志着教育理论发展一个新时期的开始，实用主义教育哲学体系由此创立。在这本书中，杜威根据美国工业革命以及政治、经济、文化等方面的巨变致力于改造旧教育，建立新教育。同时他站在民主主义角度，极力主张用民主主义来改造教育。这本书是杜威20年来哲学、心理学、教育学等方面的理论探索和实验求证的产物，是广度与深度、抽象与具体、理论性与实用性较完满的结合。至今，《民主主义与教育》能和《理想国》与《爱弥尔》并列享有教育瑰宝之荣誉，也成为了解美国及国际新教育运动理论和实践的一扇窗户。

杜威对“教育即生活”的理念的宣传可谓不遗余力，他出访过土耳其、墨西哥、日本、前苏联和中国，广泛宣传他的实用主义教育思想，在美国乃至国际上有重大影响。1919年至1921年间，杜威到访中国，足迹遍及13个省市，四处宣讲实用主义哲学与教育思想，对20世纪上半叶的中国教育界、思想界发生过重大影响，可以说在解放前，杜威是外国人当中对中国教育的影响最广、最深的人。民国时期一些知名人士如陶行知、张伯苓、蒋梦麟等大教育家都曾在哥伦比亚大学留学，也是杜威的学生。而蔡元培、晏阳初等人亦深受杜威教育思想的启发和影响。我国已故著名教育史学家赵祥麟教授曾说：“只要旧学校空洞的形式主义依然存在，杜威的教育思想就依旧有生命力，并继续起作用。更为关键的是，杜威的教育思想是一块厚重的基石，将帮助我们完成从传统向现代教育的转型。”

XIFANG
ZHEXUE
GUSHI

宗教精神随着财富的增加逐渐泯灭

尽管经济理性主义的发展部分地依赖合理的技术和法律，但同时也取决于人类适用某些实际合理行为的能力和气质……神秘的和宗教的力量，以及以此为基础的伦理上的责任观念，过去始终是影响行为的最重要的构成因素。

——马克斯•韦伯

马克斯•韦伯，一位百科全书式的学者，在现代西方学术史上著述颇丰、涉足领域甚广、影响极大的思想巨人，他集社会学、政治学、经济学、法学和哲学于一身，很少有人像他那样在如此多的领域作出如此杰出的贡献。以至于在西方，你研究政治学要念韦伯，学习社会学要读韦伯，看人类学要读韦伯，甚至研读史学、经济问题也绕不过韦伯。德国有位叫做雅斯贝尔斯的存在主义哲学家，他曾就读于韦伯执教的海德堡大学，他特别尊重韦伯，也研究过韦伯，他对后者的概括是“韦伯是我们这个时代最伟大的德国人”。事实上，韦伯的研究不仅广博而且精深。一位著名的美国神学家读了韦伯的著作之后不无感慨地说，即使是神学家，也很少有人能像韦伯那样对宗教有如此深切的理解和同情心。

马克斯·韦伯（1864年—1920年），德国著名社会学家和哲学家，也是当代西方极具影响力的学者。他被公认是现代社会学和公共行政学最重要的创始人之一。他在宗教比较研究和政治社会学领域都做出了重大的学术贡献。

1876年的圣诞节，韦伯将自己完成的两篇历史论文呈交父母，题目分别是《论德国历史的发展以及皇帝和宗教的角色》和《论罗马帝国从君士坦丁至民族迁徙运动的历史》，这一年韦伯才13岁，他表现出的史学才能让家人欣喜不已。14岁，韦伯便能旁征博引古希腊名家的精彩语句，进入大学前更是熟读了当代哲学家的许多著作，这成为他理论之树枝繁叶茂的沃土。

就学科定位分析，韦伯应当归类于社会科学，他的社会学理论思想深邃，方法论尤为独特，而正是这些方法论让许多学者愿意将韦伯列入到哲学家的行列。韦伯在方法论上是个体主义的，他力图调和当时社会科学理论中的两大流派——杜克海姆实证主义方法和狄尔泰人文主义，最终建立的一套以“理解”为中心的社会科学方法论理论体系，实际上是对二者的扬弃和超越，在社会科学理论的方法论领域独树一帜。狄尔泰的精神科学“意义和理解”学说是韦伯社会科学方法论的源头，其中的理解释义学更是处于核心地位。新康德主义也对韦伯的方法论体系的建立起到了添砖加瓦的作用，他借鉴文德尔班“描述性特征的科学和规范科学”思想和李凯尔特“自然科学概念形成的界限”理论建立了自己的“理想类型”。正是因为他能借鉴他人又自成一家，所以研究韦伯社会科学方法论思想，对于把握社会科学方法论的整体脉络有着深刻意义。

1893年，韦伯与玛丽安娜结婚。玛丽安妮曾长期担任德国妇女联合会主席，是德国现代妇女运动的开创者之一，亦写有不少有关妇女问题的成功著作。1920年韦伯甫一去世，她便决定放下自己在德国妇联的工作，把精力全用在为丈夫作传上。韦伯的很多著作也是由她整理发表的。

1897年韦伯的父亲去世了，不幸的是，在父亲离开前两个月两人之间刚爆发了一场争吵，这场没有和解的争吵成为韦伯毕生的遗憾。韦伯之后患上了失眠症，精神与身体状况每况愈下，终于在1903年秋季辞去了教授的职位。韦伯之后创办了期刊《社会学和社会福利档案》，并在上面发表了一系列名为《新教伦理与资本主义精神》的论文，这是韦伯唯一一篇在世时便已出版成书的作品，也是他毕生最为知名的著作，为他后来研究文化和宗教对经济体系的影响奠定了根基。

要想研究韦伯，就不得不先说说马克思，然后再对二人进行比较。韦伯自称他是在马克思所设定的框架下进行工作的，但二人的分歧却是显而易见的。他所谓对马克思的继承其实更多的是一种否定性的继承，因此韦伯被某些西方学者称为“资产阶级的马克思”，他的“资产阶级价值观”常被西方思想界用来抗衡马克思的“无产阶级革命理论”。抛开这些阶级观点的对立，马克斯•韦伯与卡尔•马克思还是有着一定关联的，此二人和埃米尔•涂尔干被并列为现代社会学的三大奠基人。

他一生的主要著作强调制度的重要性和宗教的重要性。在《新教伦理与资本主义精神》这本书中，韦伯抛出了一个知名的观点：清教徒的思想影响了资本主义的发展。我们知道，这与马克思主义物质决定意识的理论有所冲突。按照人们的理解，宗教传统一般不干涉世俗事务，也就不会有太多的经济追求，但新教却为何反其道而行之呢？韦伯在这篇论文里说明了这个悖论。

什么是“资本主义的精神”，那就是一种拥护追求经济利益的理想而已。韦伯指出，对于一已私利的追求并不仅限于西方，但如果仅是这样的个人也许可以成为英雄般的企业家，却并不能自行建立一个新的经济秩序——资本主义。其中的关键在于这些个人必须拥有一个共同的倾向（比如试图以最小的努力赚取最大的利润），而隐藏在这个倾向背后的实质便是对工作的厌倦与逃避。“为了达成这样的生活方式而自然吸纳了资本主义的特质，能够以此支配他人”，韦伯这样归纳说，“这种精神必定是来自某种地方，不会是来自单独的个人，而是来自整个团体的生活方式”。

既然资本主义精神是这样一种东西，而且又和新教有着莫大的联系，那么韦伯接下来就追根溯源，从宗教改革运动挖掘寻找这种思想的起源，比如孟德斯鸠就曾描述过新教和商业精神发展之间的密切关系。韦伯进而发现，某些新教的教义就大张旗鼓地宣扬支持理性的追求经济利益以及世俗的活动，并将这些行为赋予了正面的精神以及道德的涵义，尤其是卡尔文教派。虽然追求经济利益并非是宗教思想的最初目标，但这种指示直接或间接地鼓励了人们对于经济利益的追求。就像新教对于鞋匠这个形象的描绘：一个缩着身子专注于制鞋、将整个努力贡献给上帝的人。

马克斯·韦伯是一个集政治家、科学家、哲学家于一身的人物。作为欧洲文明之子，韦伯是一名百科全书式的学者，其思想可谓博大精深，他在各种学术上的重要贡献通常被通称为“韦伯命题”。

作为一位哲学家，他对社会和人生有着超乎寻常的理解能力与同情心。他所关注的这些深层问题带有很强的人文色彩、很深的哲理。就像韦伯在揭示了新教伦理在资本主义精神形成初期的所扮演的角色——火车扳道工之后，他忧心忡忡地认为，成熟资本主义的内在逻辑和自身演化成为了“人类的铁笼”。

XIFANG ZHEXUE GUSHI

三种情感支配了他的一生

对爱情的渴望，对知识的追求，对人类苦难不可遏制的同情，是支配我一生的单纯而强烈的三种感情。这些感情如阵阵飓风，吹拂在我动荡不定的生涯中，有时甚至吹过深沉痛苦的海洋，直抵绝望的边缘。

——伯特兰·罗素

作为20世纪影响最大、声望最高的思想家之一，罗素在95岁高龄之际完成的自传前言中，以《我为何而生》为题介绍了支配他一生的三大支柱：爱情、知情、同情。

将爱情放在首位也符合罗素的平时作风。他在17岁时与美国姑娘爱丽丝·皮尔索尔·史密斯一见钟情，但两人却没有度过七年之痒，爱丽丝无法忍受罗素的处处留情。经历了十年的感情漂泊，1921年，罗素与荳伯特兰·罗素（1872年—1970年），20世纪英国哲学家、数学家、逻辑学家、历史学家，也是上世纪西方最著名、影响最大的学者和和平主义社会活动家之一，1950年诺贝尔文学奖得主。罗素被认为是与弗雷格、维特根斯坦和怀特海一同创建了分析哲学。

拉•勃拉克结婚，这一次他似乎是要安定下来，不仅和荳拉生了2个孩子，夫妇俩还共同建立了一所学校。但罗素风流成性，这段婚姻又因为罗素和一名美国记者有染而告终。1936年，年过花甲的罗素又与一名牛津大学学生结婚，并生有一子。三年后，罗素搬到美国成为纽约城市大学教授。但当他用情不一的消息在当地传开后，地方法院以“其道德不足以胜任教授一职”为由取消了他的教授资格，无奈之下只好又回到英国。

我们不知道罗素的感情生活是否精彩，只能从中看到曲折，但为什么他会乐此不疲呢？他在自传中说解释了他痴迷于爱情的三个原因。其一，爱情给带来狂喜，罗素愿意为体验几小时爱的喜悦而牺牲生命中其他一切。其次，爱情可以摆脱孤寂，常人也许难以理解，但对于一个处于学术巅峰的人而言真是高处不胜寒吧！“对于那种可怕孤寂的人的战栗意识，有时会由世界的边缘，观察到冷酷无生命的无底深渊”。最后，在爱的结合中，罗素赋予了更多的美妙色彩，用他的话说就是体验到了天堂的感觉，而这正是他追求的境界，也是古今圣贤以及诗人们的梦想。

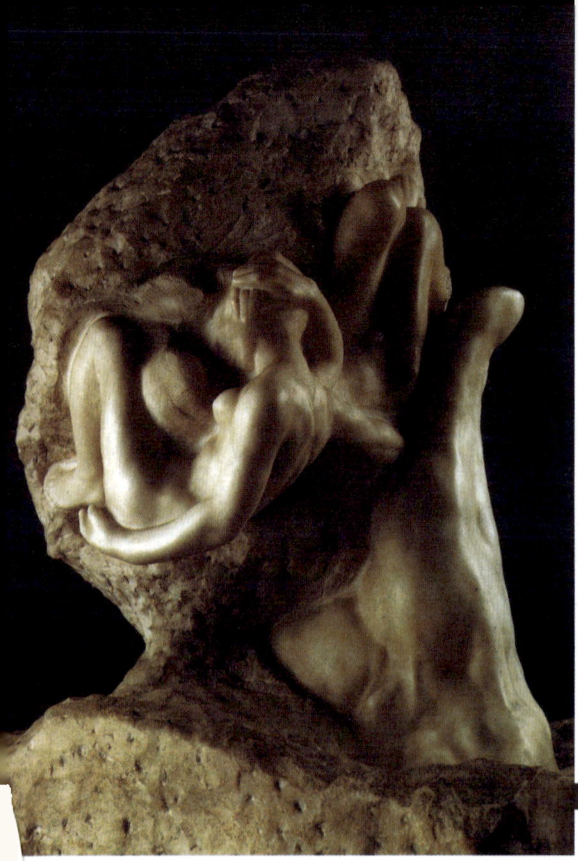

罗素的爱情哲学与众不同，他说：“我追求爱情，首先因为它叫我消魂。爱情使人消魂的魅力使我常常乐意为了几小时这样的快乐而牺牲生活中的其他一切。我追求爱情，又因为它减轻孤独感——那种一个颤抖的灵魂望着世界边缘之外冰冷而无生命的无底深渊时所感到的可怕的孤独。我追求爱情，还因为爱的结合使我在一种神秘的缩影中提前看到了圣者和诗人曾经想象过的天堂。”

对爱情如此，对知识亦如是，罗素“曾以同样的感情追求知识，我渴望去了解人类，也渴望知道星星为什么会发光，同时我还想理解毕达哥拉斯的力量。”

罗素于1890年进入剑桥大学三一学院学习哲学、逻辑学和数学，1908年获选为英国皇家学会院士。1920年罗素曾到访中国，与美国实用主义学家杜威同在中国讲学。回到欧洲后罗素完成了《中国问题》一书，孙中山读后称其为“唯一真正理解中国的西方人”。

哲学上，罗素最大的贡献是和怀特海、维特根斯坦等人共同创立了分析哲学，并在认识论、形而上学、伦理学、政治哲学和哲学史方面有着突出贡献。在剑桥大学时罗素信奉唯心主义和新黑格尔主义，后来转向现实主义，成为“新现实主义”的倡导者，设置矛头批判唯心论，大力宣扬现代逻辑学和科学的重要性，罗素的分析哲学由此诞生，在西方近代哲学史上具有重要的地位。

罗素的分析哲学以逻辑原子论为基础，要求从原始事实出发，并以此种事实作基本元素构造整个世界。原始事实是怎么来的呢？在罗素看来就是主观的感觉经验，而且这些元素之间彼此毫无联系，因此不难看出他的学说有着深厚的唯心主义和形而上学色彩。又比如，罗素认为，人所感觉到的事实既不是物理的，也不是心理的，而是“中立”的，他将之称为“中立一元论”，他试图超出唯物和唯心对立之外，却还是陷入了唯心主义的陷阱。

罗素对智慧女神的热爱是无与伦比的。作为一位社会思想家，罗素一生不懈地致力于教育、伦理、婚姻、社会改革、历史、政治的探讨中。作为一位社会活动家，他倡导的女权主义运动与和平运动改变了人们对生活的态度。他让无数人进入哲学的迷人殿堂中，他的知识成果在全世界各个领域都结出了硕果。

当然，瑕不掩瑜，作为一个涉猎众多社会科学领域并取得较高研究成果的哲学家、数学家、社会学家，罗素在1950年获得诺贝尔文学奖。此消息传出时，没有人为此感到吃惊，因为他是当之无愧的。当徐志摩远赴英伦想拜罗素为师的时候，罗素已经离开，失望之余的徐志摩因此写下了著名的《再别康桥》。

如果说爱情与知识的可能领域，总是引领罗素到天堂的境界，那么，对人类苦难的同情经常把他带回现实世界。“饥饿中的孩子，被压迫被折磨者，给子女造成重担的孤苦无依的老人，以及全球性的孤独、贫穷和痛苦的存在，是对人类生活理想的无视和讽刺。我常常希望能尽自己的微薄之力去减轻这不必要的痛苦，但我发现我完全失败了，因此我自己也感到很痛苦。”

罗素是一名和平主义者，他曾反对英国参与第一次世界大战，因此在二战之前支持过绥靖政策，但是后来又支持与纳粹德国作战，因为他意识到希特勒如果不被消灭将给人类文明带来毁灭性灾难。罗素坚信：一切的战争都是罪恶的，但是在特殊情况下，战争却是诸多罪恶中较轻的一种。

罗素还是位怀疑主义者，不仅怀疑权威，而且怀疑自己原有的看法，他主张不断地以现实对照既有理论，不断地修正对社会的认识。正如他所说：“我绝不会为了我的信仰而献身，因为我可能是错的。”比如在1948年11月20于威斯敏斯特学校的演说中，罗素语出惊人，他主张美国要先发制人用核武器彻底摧毁苏联。但后来罗素认为削减核武器、推动双方裁军是更好的解决之道，并终其余生致力于核裁军运动。1954年，美国试验氢弹成功，罗素意识到核武器将可能给人类带来的灾难，发表了著名的《罗素—爱因斯坦宣言》，“号召世界各政府体会并公开宣布它们的目的不能发展成世界大战”。最终，包括爱因斯坦在内的多位科学家都在宣言上签名。1961年，89岁高龄的罗素还身体力行地参与到一项核裁军的游行后，因此被拘禁了7天。

罗素一生坎坷，但始终以悲悯的目光关注着人类，反对战争，反抗独裁，拯救苦难，追求和平。就在逝世的当天，他还为中东战争给人民带来的灾难而忧心忡忡，他的悲悯情怀和博大真诚使人们愿意和他一起祈祷：如果有谁再给我一次生活的机会，我将欣然接受这难得的赐予。

XIFANG ZHEXUE GUSHI

引发数学革命的罗素悖论

所谓逻辑常项是可由下面这些对象定义的概念：蕴涵，一个项与它所属类的关系，如此这般的概念，关系的概念，以及像涉及上述形式一般命题概念的其他概念。

——伯特兰•罗素

某日，萨维尔村的理发师在橱窗前挂出一块招牌："我会给村里所有不自己理发的男人理发，而且我也只给这些人理发。"看似合情合理的一句话，但当有人问他："那么谁来为您理发呢？"理发师顿时哑口无言。

现在，我们来分析一下这句话逻辑问题。如果理发师自己动手，那么他就不幸成为给自己理发的那类人，而招牌上却明明说他不会给这种人理发的，所以他不能自己理发。反过来，假设让另外一个人给他理发，理发师虽然可以是不给自己理发的人，却与招牌上所说的“他要给所有不自己理发的男人理发”相违背，这样看来，理发师应该自己理。总而言之，不管怎样推论，理发师的话都是自相矛盾的。这则有趣的故事是英国哲学家罗素提出的著名悖论——罗素悖论的通俗表达而已，主要是用来说明当时流行的“集合”概念存在着自身缺陷。

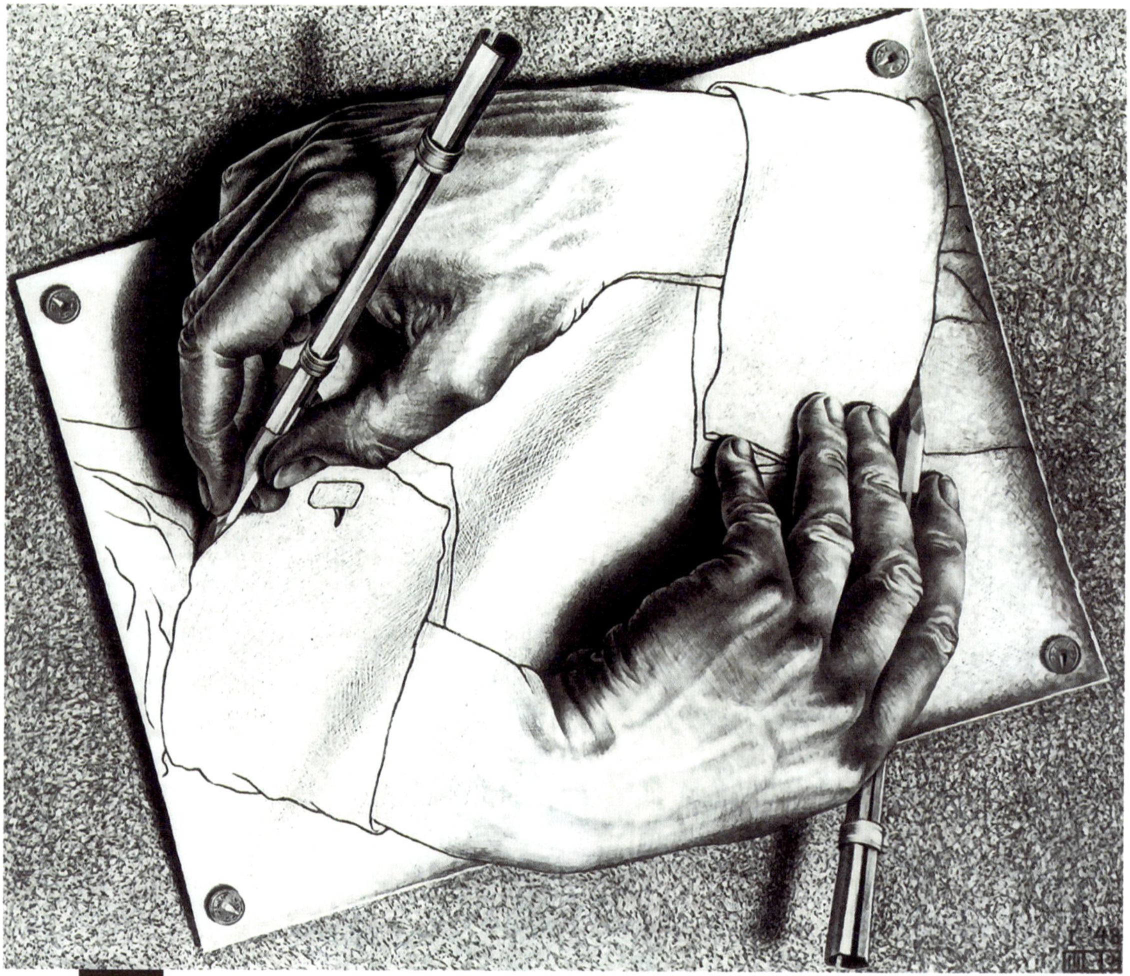

“提出问题就是解决问题的一半”，而悖论的出现让数学家无法回避，因为它可能吞掉数学家精心建立的体系。罗素悖论已被成功消除，数学家已经证明包含自己的集合是不可能存在的。但罗素悖论导致的第三次数学危机促成了数理逻辑的发展与现代数学的产生，数学因此反而变得更加生机蓬勃。

1874年，德国数学家康托尔创立了集合论，并很快渗透到数学的各个分支，成为这门学科不可或缺的部分。以至于到了19世纪末几乎可以说整个数学是建立在集合论的基础之上的。1902年罗素提出了著名的悖论，这个问题引起人们对数学基础的反思，什么样的数学基础才是牢固的？数学真理的本质是什么？数学命题有什么意义？一时之间，数学大厦似乎也摇摇欲坠，这就是所谓的第三次“数学危机”。

这个悖论对于当时的数学界无疑是晴天霹雳，这就像一个百万富翁某天早上醒来突然发现自己的钱都是假钞，残酷而讽刺的现实让人难以接受。历史上另外一个相当有名的悖论就是用反证法推断“上帝不是万能的”。如果上帝是万能的，那么他一定能造出一块他自己都举不起来的石头，否则上帝就不是万能的；而上帝一旦创造出了这块石头，而他又举不起来，那么他仍然不是万能的，这与假设相矛盾；所以推断出上帝不是万能的。

一年后，罗素出版了《数学的原理》，就数学的本性发表了自己的看法：“纯粹数学是所有形如‘p蕴涵q’的所有命题类，其中p和q都包含数目相同的一个或多个变元的命题，且p和q除了逻辑常项之外，不包含任何常项……除此之外，数学使用一个不是它所考虑的命题组成部分的概念，即真假的概念。” 事实上，罗素的这种提法源自他以前关于逻辑主义的论点。

罗素的观点也被前人表述过，比如戴德金在1872年出版的《连续性及无理数》一文中，他把有理数作为已知，进而分析连续性这个概念，要彻底解决这个问题就要牵扯到有理数和自然数的产生，而这需要建立在逻辑基础上。而弗雷格在1884年《算术基础》中提出，每个数都是一个独立的对象，算术的规则是分析判断，算术定理其实就是逻辑规律，算术也只是逻辑进一步发展的形式而已。

哥德尔的不完全性定理是数理逻辑最重大的成就之一，是数理逻辑发展的一个里程碑和转折点。哥德尔在研究过程中直接考虑悖论及解决悖论的方法，从而把第三次数学危机引导至另外一个方向上。

秉承这一思想，罗素在创作《数学的原理》时试图将数学还原为逻辑，但他在发现悖论之后，这个计划也就搁浅了，直到找到消除悖论的方法之后罗素才是以继续他的计划，这就是他和怀特海合作的结晶——《数学原理》，二人致力于将数学的大厦建立在逻辑的基础上。

这本著作开始就列出了几个不加定义的定义：基本命题、命题函数、断言等；他们所说的命题用来陈述一件事实或说明一种关系的语句，如“水是透明的”，“钓鱼岛是中国的”，由这些定义可以说明逻辑上最重要的概念“蕴涵”。

由逻辑推出数学并不是件容易的事，第一步是要推出“数”来，好在前人已经为罗素铺了一点路。罗素的创新在于他消除悖论之后成功地用“类”来对“1”进行定义。这是一件看似简单实则繁琐的任务，罗素在《数学原理》第一卷的363页才搞定了什么是“1”。

这只是系统工程的初始工作，罗素的目的在于向世人表明“数学和逻辑是对等的”这个逻辑主义论题，所以他会在第二卷不吝笔墨地证明了$n \times m = m \times n$。

综合《数学的原理》和《数学原理》，我们不难发现，罗素的主要理论可以概括为三点：其一，每条数学真理都可以表示为真正的逻辑命题；其二，每条真的逻辑命题如果与对应于一条数学真理的翻译，那么它就是逻辑真理；其三，一旦数学真理表示为逻辑命题，那么它就能够运用逻辑公理及逻辑规则推导出来。这三点非完全一致，罗素也不时地用一条或两条表示过逻辑主义。

罗素逻辑主义的许多主要论点不是他的一已之见，他也只是综合各家之长而已。维特根斯坦就说过，数学就是同语反复，结不出任何新知识。但逻辑主义从面世开始就不断遭人非议。就像有人质疑的那样：“数学如果是逻辑，那它就不能反映广泛的自然现象，它不会有创造力，也不能产生新的理念。”

彭加勒不无讽刺地说：“逻辑主义的理论倒不是不毛之地，什么也不长，它滋长矛盾，这就更加让人受不了”。对于罗素和怀特合作的《数学原理》，彭加勒更认为他们是费力不讨好，“1”本来是很简单的，需要如此周折吗？“这是一个可钦可佩的定义，它献给那些从来不知道1的人。”

对逻辑主义致命打击的是哥德尔的不完全性定理，它证明了罗素的第三点理论是不正确的，把数学全部化归为逻辑彻底失败了。但《数学原理》仍无愧于一部引导数学逻辑家的经典，罗素的历史功绩也是不可磨灭的，他们为数学奠定了逻辑基础，并吸引了英国的拉姆塞、美国的奎因等人对逻辑主义作了进一步的发展。

XIFANG
ZHEXUE
GUSHI

一位真正的人道主义哲学家

不用盲目地崇拜任何权威，因为你总能找到相反的权威。

——伯特兰•罗素

1920年，应梁启超之邀请下，罗素来到中国讲学一年，旋即掀起了一股“罗素热”。他著名的五大演讲：《哲学问题》《心之分析》《物的分析》《数学逻辑》和《社会结构学》至今仍让相当多的中国人为之着迷。罗素结束在中国的讲学后回到英国，根据他在中国所见所闻于1922年正式出版了《中国问题》一书，此书在历经43年之后于1966年重印，罗素仍然坚持肯定当时书中的观点，并认为自己对中国的认识基本是正确的。

罗素来中国的时候局势很微妙，当时是一战之后，中国虽然是战胜

罗素来华正是在五四运动的第二年，新文化运动开展得如火如荼，当时的人们无论是激进、保守，对他都是满怀期望。罗素在中国倡导他的费边主义：每天前进一寸，不躁不馁，既不狂冒进，亦不受招安；面对不良政治，纵使十年不“将”军，却无一日不拱“卒”。这无疑像一付治本但不治标的中药良方。图为民国时期的中国。

国，但仍处于在最危险的时刻，帝国列强希望继续在中国作威作福，每个帝国主义国家都想将中国纳入囊中，但每个单独的国家又没有那么大的胃口能够吞下整个中国，于是就图谋联合起来瓜分中国。罗素的祖国也是图谋不轨者之一，但身为英国人的罗素却为中国唱赞歌的同时为这个饱受侵略的国度鸣不平。他到处大力提倡和平理论和不对抗主义，反抗战争，认为英国的外交是错误的，因为种种抗议活动还因此而判刑，被革除教席，不准出国，但这都改变不了罗素的人道主义追求。

先来看看《中国问题》这本书吧，罗素以中国式的立场，以中国人的眼光与思想境界向英国人以及其他欧洲国家介绍中国，他是在为中国辩护，也是在为中国打抱不平。当时的中国危机四伏，处于被西方列强瓜分的危机之中。站在人道主义及自由主义的角度，罗素对中国的热爱之情与同情心溢于言表。他说："中国人待我很好，我不愿意揭他们的短处。但是出于对真理负责，也出于对中国人的考虑，隐讳不是好主意。只是我希望读者记住，中国是我所接触的国家中最好的之一，然而却遭受如此的虐待，我要对世界上每一个强国发出更严重的声讨。"

作为中国人，我们要为罗素的这种国际主义精神叫好。

毫无疑问罗素是一名和平主义者，当年他是反对英国参与第一次世界大战的，他参加了禁止征兵协会，发表了一系列呼吁和平的演讲，后来因为撰写反战传单被罚款100英镑，但他拒绝交纳罚款，法庭只得拍卖了他在剑桥大学的图书作抵押，而罗素不久后就丢掉了三一学院的教职工作。还于1918年被投入监狱。1918年11月11日23时，英国广播传来一战结束的消息，人群奔走相告互相庆贺。出狱的罗素混迹于人潮中却有着莫名其妙的疏离感，"一种异样的孤独，仿佛是从另外一个星球偶然落到地球上来的一具幽灵"。

虽然罗素反战，哪怕因此惹上牢狱之灾也不反悔，但他却并不是一个立场坚定的人。罗素希望保持中立，不承认也不愿意加入任何一个阵营："我想象自己是一个自由主义者，一个社会主义者，或者一个和平主义者，但是就其深义而言，我从来不是其中的任何一种人。"比如在一战前夕，罗素就深陷于两难的纠结中。作为英国人，他热爱这个国家，当然希望德国战败；但作为一位人道主义者，他认为屠杀人类的行为都是不可原谅的，哪怕是英国自己也不能这么做，于是他义无反顾地投身到反战运动中。第二次世界大战之前，罗素最开始是支持绥靖政策，以为这样能够最大限度地减少伤亡，但当他意识到希特勒必须被消灭，否则将给人类文明带来灾难时，又转而支持与纳粹德国作战。罗素坚信，所有的战争都是罪恶的，但是在特定情形下，战争是罪恶中较轻的一种无奈选择。

罗素曾经说过他绝不会为了他的信仰而献身，因为他可能是错的。所以罗素有时被视为怀疑主义者，不仅怀疑权威，也怀疑自己，但这促使他不断地以现实观照理论，不断修正对世界的认识。比如1948年11月20日，罗素在威斯敏斯特学校发表演说中，他语出惊人指出美国要先发制人，用核武器彻底摧毁苏联，以避免苏联研制出核武器后爆发核战争。这种观点当然有失偏颇，所以罗素后来又改变了看法，认为核武器始终是个威胁，最好的解决办法是裁军，并从此致力于此项宣传。1954年美国氢弹爆破成功，这让罗素更加意识到核武器将可能给人类带来的毁灭性打击，他随后发表了著名《罗素—爱因斯坦宣言》，号召世界各政府体会并公开宣布它们的目的不能发展成世界大战，在解决国家之间的任何争执应该用和平手段，这一宣言得到众多的知名人士的积极响应，包括爱因斯坦在内的许多人都在上面签了字。

1950年，罗素以“非文学家”身份获得该年度诺贝尔文学奖。78岁的罗素在诺贝尔奖设立50周年之际获奖是一件莫大的荣耀，也是名至实归。瑞典学院认为他把诺贝尔先生的思想得以发扬光大，他们将罗素和卢梭并列：二百年前的卢梭之所以获得第戎学院的颁奖，是因为他对艺术和科学能否有助于人类道德这个问题上说了个简单而坚决的不字。而今罗素的哲学著作处处闪耀着人道主义的光芒，此次颁奖是为表彰他捍卫人道主义思想，和思想自由的多种多样、意义重大的作品。

1961年，89岁高龄的罗素还亲自参与一个核裁军的游行，并被拘禁了7天。后来他和另一位为和平战斗的哲学家萨特于1967年5月成立了后来称之为“罗素法庭”的机构来揭露美国的战争罪行。

在20世纪，罗素是那个时代最伟大的学者，是理性主义和人道主义的代言人，也是西方思想解放与言论自由的见证人，就像瑞典文学院常务秘书安德斯•奥斯特林所说：“他是我们这个时代的理想主义和人道主义的倡导者和当之无愧的言论自由和思想解放的巨擘。”

在氢弹爆破成功后，罗素充分认识到核武器将可能给人类带来的灾难。1954年，罗素发表了著名的《罗素—爱因斯坦宣言》，反对世界大战。在89岁高龄时，罗素还参与一个核裁军的游行而被拘禁了7天。他反对越南战争，并成立了一个民间法庭揭露美国的战争罪行。热爱和平，反对战争是人民的普遍愿望。

XIFANG ZHEXUE GUSHI

所有真理都是一半的真理

没有全部的真理；所有真理都是一半的真理。想把他们当做全部的真理就是在扮演魔鬼。

——A•N•怀特海

如果你读过罗素的故事，那么你一定听过怀特海的名字。虽然后者的名气不如罗素，但他却是前者的良师益友，二人合作的《数学原理》堪称划时代的伟大作品。二人在哲学和道路上各有所长，罗素走的是分析哲学之路，他的讲解通俗易懂，被怀特海称之为头脑简单。而罗素则回敬老师的“通体相关哲学”太过抽象，他的作品让人摸不着头脑。

怀特海是独树一帜的思想大师，他的学术研究价值举世公认，无论用什么样的标准衡量，怀特海都算得上是20世纪最伟大的哲学家之一。他完美地将数学严密与哲学智慧融为一体，并在自然科学方面造诣颇

怀特海（1861年—1947年），英国数学家、过程哲学创始人。无论人们用什么样的标准衡量，他都属于20世纪最杰出的哲学家之列。怀特海的思想精微深邃，他的影响在他生前已超出了哲学领域，广泛波及到生态学、管理学、宗教学等众多领域。

深，甚至有资格对爱因斯坦的相对论提出不同的见解，这在现代西方哲学家和思想家中是极为少见的。因此，有人将其称之为“七张面孔的思想家”——数理逻辑学家、理论物理学家、柏拉图主义者、形而上学家、过程哲学的创造人、深邃的生态学家和教育家立场的文明批评家。在亲自见证牛顿物理学崩解后，怀特海深受震撼。他的形而上学更多地是受到柏格森“变”的理念的影响。他主张世界即是过程，并提出了五个关键词：变化、持续、永恒客体、机体、价值和混合，这种一种以机体概念取代物质概念的唯心主义哲学被称为过程哲学或有机体哲学。

1927年，怀海德受邀在爱丁堡大学的季福讲座演说，讲稿在两年后集结出版为《过程与实在》一书，奠定了过程哲学的基础。毫不夸张地说，《过程与实在》是怀特海最具代表性的著作，是其一生哲学思想精华之集大成者。用当代美国著名哲学家小约翰•柯布和大卫•格里芬的话说，这本著作是“最近两个世纪以来最重要的哲学著作之一”，“是历来最为复杂并最富创见的哲学论著之一”。

在怀特海看来，宇宙的事物一分为二：事件的世界和永恒客体的世界。前者的一切都处于变化的过程之中，各种事件综合统一体构成机体，机体的根本特征是运动，它有自己的个性、结构和创造力，从单个人到整个社会、从微小的原子到浩瀚的宇宙都是不同等级的机体。运动的过程就是机体各个因子之间的创造活动，而且机体A可以转化为机体B，整个世界因而就表现为一种运动的过程。这就如同是说，世界不存在不变的物质，唯一不变的就是变。如果说事件的世界是具象的，那么所谓“永恒客体”就只是作为抽象的可能性而存在，而非人们意识之外的客观实在，它能否转变为现实要受客观的限制，并在最终层面上受到上帝的限制。

怀特海认为，“宗教是人性寻求上帝的反应”，是个人针对自身的孤独性而进行的活动。宗教作为一种信仰力量具有决定生活价值的意义。他的这一认识有助于理解宗教观念对科学产生的巨大影响，克服科学主义所造成的文化困境。

因为《过程与实在》被人们简单地理解为对有神论的拥护，因而风行一时。比如怀特海认为，事件世界是上帝将可能状态的世界转化而来的，因此上帝是现实世界的泉源，也是具体实在的基础。但细读之后就会发现怀海德的上帝和宗教中的启示性上帝是有本质区别的，整个宇宙一直在流转变动，而作为宇宙起源的上帝也必然改变发展。无论如何，部分基督徒愿意一厢情愿地认为过程哲学对认识上帝和宇宙有推动作用。

这本书之所以被有些人有意无意地曲解和利用了，原因还在于怀特海的著作过于艰难晦涩。与之相比较，他在1933年出版的《观念的历险》可以说是怀特海最为可读的一本著作。此书对怀海德过程哲学的主要见解作了摘要，也对美、真理、艺术、和平作了解释。其中最有名的一个观点就是“没有全部的真理；所有真理都是一半的真理。想把他们当做全部的真理就是在扮演魔鬼。”

文明与野蛮相互冲突却又难以截然分开，二者就是这样纠缠不清，人类的发展也就是文明逐渐取代野蛮的历史，用怀特海的话说，是说服逐渐取代征服的历史，而《观念的冒险》说的就是文明如何在时就中生根发芽发展壮大的主题。怀特海序言中说，人类历史的研究只能在某些经验材料中进行某些选择，站在某视角进行某阐释，而这本书所关注的是两个相互关联的问题：观念在文明进步过程中的影响和观念对人类历史经验的解释。

怀特海说：“观念之史便是错误之史。”人类文明的演进便是一部更正错误、战胜困难的演义，观念在人类的进步中发挥着具有举足轻重的作用。比如，19世纪美国的黑奴解放运动就是民主这一观念的产物，在此观念下，人们进行着不屈不挠地斗争，最终观念战胜了专制和奴役，将黑暗与暴虐踩在脚下。

“冒险”可以是个名词，也可以是个动词，它在怀特海的思辨架构占有重要地位。怀特海认为，无论观念与冒险息息相关，“一个种族要保持它的精力，就必须怀抱有既成现实和可能事实的真正对比，就必须在这一精力的推动下敢于跨越以往稳健保险的成规。没有冒险，文明就会全然衰败。”

当年，黑格尔称普鲁士建立了完美的政治制度；在他之后，麦考利又认为英国的立宪制是人类政治智慧的巅峰。在怀特海看来，这两人肯定是错的，他们把一个国家一定历史时期的政治制度绝对化，无论他们是怎么得出这种结论的都依不足为据。文明生生不息，不进则退。怀特海虽然强调冒险的作用和意义，但他却并非一位激进主义者，也不是什么浪漫主义者或者文化虚无主义者。他睿智、敏锐、深刻，很好地把握了激进与保守间的分寸，进退之间取舍有度。文明是一个渐进的过程，要在尊重传统的基础上创新发展。以此看来，任何试图以“第一原理”、“绝对精神”简单地、一劳永逸地解决文明的方向和命运的理论构想无疑都是虚妄不可信的。

XIFANG
ZHEXUE
GUSHI

天才人物的最完美范例

哲学的结果是我们发现了我们的理智在冲撞语言的界限时所留下的肿块和由此引起的直截了当的胡说。而正是这些肿块使我们看到了这种发现的价值。

——维特根斯坦

如果你对西方哲学已经略知一二，那么你一定对罗素的伟大有所了解，他是仅有的两名不是凭借文学作品获得诺贝尔文学奖的哲学家之一，另外一位是柏格森。可就是这样一位天才式的人物也有看不懂的著作，比如维特根斯坦的《逻辑哲学论》，那么，是否可以说维特根斯坦比罗素还要伟大呢？在草率得出这个结论之前不如先了解一下其人其事。

维特根斯坦是个神童，少年时动手做了一台缝纫机，那年他才10岁。长大后做过飞机的发动机，设计过风格前卫的房子，另外他的单簧

维特根斯坦（1889年—1951年），出生于奥地利，后入英国籍。哲学家、数理逻辑学家。语言哲学的奠基人，20世纪最有影响的哲学家之一。

管是专业水平的，数学和逻辑上也有独到的贡献，哲学的创造性在20世纪也是一流的。

在生活上，维特根斯坦活得潇洒，他把从父亲那里继承的千万遗产全部转送他人，这是何等的胸怀；战场上，维特根斯坦是个勇敢的士兵，在敌人的炮火狂轰滥炸之时别人都东躲西藏，只有维特根斯坦若无其事地继续干活……凡此种种就不一一列举，只说到这里你就没有理由不认为他是一个伟大的人。

维特根斯坦虽然做过飞机的发动机，但他后来又对哲学产生了兴趣，于是向弗雷格请教，他听从了后者的建议，在剑桥投身于罗素门下。而维特根斯坦拜师这件事也很有趣，他问罗素："你看我像不像一个十足的白痴？"罗素被他弄得莫名其妙，维特根斯坦接着说："如果我是个白痴，那我就去当一个飞艇驾驶员，反之我就能成为一个哲学家”。罗素没有正面回答，要他随便写篇东西拿来就可以。维特根斯坦不久把论文拿来了，罗素刚读了第一句，就相信他是个天才，称之为“天才人物的最完满的范例”。而罗素本人也是天才，二人亦师亦友，相得益彰。

那时的维特根斯坦年纪尚轻，又一头扎进了哲学里，难免经常感到郁闷，然后他就跑到罗素那里解闷，关键是他不停地走来走去地持续几个小时而又一言不发。有一次，罗素实在忍不住了：“你到底在想什么啊?逻辑，还是你罪孽？”维特根斯坦回答：“兼而有之。”

平静没有维持多久，两个天才在一起想不碰出火花也不行。维特根斯坦常公开批评罗素的学术尽是些浅知薄见，他甚至说罗素研究逻辑是勉为其难。而已经名满天下的罗素却不得不承认学生的思想远在自己之上。他甚至他这样评价维特根斯坦对他的批评：“我明白他是对的，我知道我不再有希望去做哲学基础原理”，就这样，有生以来罗素第一次感到智力上被打败。

终于等到了毕业，我想罗素应该会为此长会一口气，但维特根斯坦却不会让老师那么轻易地过关。他拿着那本不足70页的《逻辑哲学论》到剑桥申请博士学位，这是他在一战服役期间利用战斗间隙蹲在战壕里写下的大量哲学笔记，他事后只是略加修改而已，翻译成中文不过几万字。

答辩主持人是罗素和摩尔。这里简单介绍下摩尔，据说英国国王曾接见摩尔，为表彰他对哲学的贡献，国王称赞他是英国头号哲学家，但摩尔摇头说，不，维特根斯坦才是头号哲学家。摩尔的才能与胸怀可见一斑。答辩的气氛很轻松，他们边聊天边随手翻阅维特根斯坦的著作，然后提问说：“你一会说哲学没有什么可说的，一会又说存在绝对真理，这不是前后矛盾吗？”对于质疑，维特根斯坦不以为然，他过来拍拍老师他们的肩膀说：“不用着急，你们永远也搞不懂这一点的”。简直是答非所问，但答辩就这样通过了。现在看来，这真是传奇而浪漫的事，也唯有几个天才之间才能留下这样的会话。

维特根斯坦的哲学天赋无人能及，以至于他把他的大作《逻辑哲学论》很少有人能看懂。弗雷格，备受罗素推崇的而且自视为数学家和逻辑学家，也是维特根斯坦的哲学入门导师。他在读了《逻辑哲学论》开头部分后，回复维特根斯坦，直率地承认他一个字也看不懂。于是维特根斯坦又找到了罗素，后者欣然为其作序，但维特根斯坦对老师的序很不满意，认为罗素甚至没有理解他的“主要论点”，像罗素这样的天才居然没有理解他的思想，维特根斯坦一定失望至极。

书中描述看来简洁通俗，但你就是不会明白他的思想内涵究竟是什么。维特根斯坦雄心勃勃，他想识别语言和现实之间的关系，并通过清

维特根斯坦所在的家族是欧洲最显赫的豪门家族之一，有着悠久的历史，其对整个世界的影响更是涉及政治、经济、文化、哲学等诸多领域。图为维特根斯坦为他姐姐设计的房子，后被用作大使馆。

晰地说出“逻辑上完美的语言的条件”来定义哲学的界限，而他的间接目的就是完善罗素早年的逻辑原子论哲学的一个哲学系统。但在这本书的结尾，他明确地建议任何形而上学的讨论都位于意义领域之外，而唯一正确的哲学方法是为自然科学而舍弃哲学。

这本书如此抽象，以至于就像一张关于哲学的迷宫图，维特根斯坦用命题标注法标出了曲曲折折的路径，意在为他人指出了一条清晰的出路，但这些路径彼此缠绕，甚至起来相互矛盾，反而让读者进退维谷，更加找不到北。一部最简洁的书成了当今哲学界里最难读懂的一部书，奠定了维特根斯坦世界级思想大师的地位。

《逻辑哲学论》之后，维特根斯坦一度认为从根本上解决了他所关心的所有哲学问题，于是跑到农村去当小学教员，但经过反思后不又重新投入到哲学思考。他曾准备出版一本书，后来又放弃了这一念头。在他去世后，他的学生根据材料加以编订后最终出版了《哲学研究》。这本书由一系列札记组成，字面十分简单但这些简单的话语中富含深意，中国研究维特根斯坦的专家陈嘉映这样评价说：“《哲学研究》是本伟大的书，我个人认为它是20世纪数一数二的哲学著作。”

XIFANG ZHEXUE GUSHI

凡不可说的，应当沉默

陷入哲学困境就像这样一种情况：一个人在房间里想要出去，却又不知道怎么办。想从窗户跳出去，可是窗户太小；试着从烟囱爬出去，可是烟囱太高。然而只要转过身来，他就会发现，房门一直是开着的！

——维特根斯坦

一战期间，维特根斯坦作为志愿兵加入奥地利军队，据称他参加一战就是为了“体面地自杀”，他的导师罗素就曾担心这个年轻的学生有自杀倾向。不论原因如何，维特根斯坦在战场上勇敢、镇定，利用战争间隙他写下大量哲学笔记。1918年7月，维特根斯坦从前线回到萨尔茨堡，完成了《逻辑哲学论》的创作，并着手联系出版事宜。

但当时维特根斯坦只是个无名小卒，出版商并不想做这笔没有多

现代逻辑和经验主义相结合后就产生一种逻辑原子论。他主张通过分析的方法来了解任何主题的实质，对任一事物不断分析，直至无可分析为止，那时所剩下的就是逻辑原子。如同图中的景泰蓝是由一小块一小块元素构成一样。在《逻辑哲学论》一书中，维特根斯坦通过这种形式分析，最终承认神秘主义和唯我论。

少利润可图的生意，于是向他提出了两个方案，要么找到名人为其作序，要么自费出版。维特根斯坦还是有着很深厚的书生意气，“我的工作是写书，而世界必须以正当的方式接纳它”，于是拒绝了第二种建议。找位名人为其作序自是不难，他的导师罗素当时已是名满天下，而且后者也乐意促成学生的好事，于是痛快地应承下来，写了一篇长长的导论。

但维特根斯坦并不领悟，他在看过老师的稿子后，坦率地告诉罗素他没有真正地理解著作，无论是解释的部分还是批评的部分，他都看不上。但终究是一番好意，于是维特根斯坦把这篇序翻译成德文，这样文稿的质量因此又打了个折扣，于是他和罗素说因为译文欠佳，他不想把这篇序和自己的著作一起出版。但没有名人罗素的导论，出版商拒绝出版此书。

这之前，罗素的《数学原理》成功出版，并有人发表《数理哲学介绍》介绍这一佳作。维特根斯坦读完后感叹道："这真令人郁闷，使一本完成了的著作处于禁闭状态而无价值的书却大行其道。"幸好维特根斯坦的导师胸襟宽广，他四处奔波托人联系出版事宜。1921年，《逻辑哲学论》作为一篇论文发表在《自然哲学年鉴》最后一期上，罗素导论的德译本也一并附上。次年，此书的德英对照本在英国出版，随即在欧洲大陆刮起一股旋风，引发了逻辑实证论运动。

《逻辑哲学论》当然是一本伟大的著作，维特根斯坦在前言里宣称他彻底解决了书中所论述的所有问题。而其中的一个问题就是"我并不身处于我的世界之中，我是我的世界的疆界。"维根斯坦受到叔本华、尼采和日耳曼浪漫主义者的影响。理性主义试图研究自己而不得，它无法为自己设下限制，也无法描述自身的限制。为什么人们不能说出什么事物存在于理性的限制之外，也不能描述"无法言说的事物"？《逻辑哲学论》给出了答案："凡能够说的，都应当说清楚；凡不能够说的，就应当保持沉默。"这并不是在玩文字游戏，而是深刻的神秘主义。沉默，代表着哲学的疆界与理性的限制之外还有其他的东西。

《逻辑哲学论》很薄，翻译成中文也七十来页，但书中涉及的论题极其广泛。这本书的形式也很特别：全书七章，一章一个总题，下面列出系列扩充和论证。此书的最后一章只有一行字："对于不能说的东西我们必须保持沉默"。

中国人喜欢"只可意会不可言传"的境界，而维特根斯坦也多次谈论"不可说"的东西，如"的确存在着不可言说的东西，它们显示自身"、"能够被显示的，不能被言说"等。在他看来，不可说的东西并非不重要的东西，他在向出版商推介自己的作品时说，《逻辑哲学论》的观点"是一种伦理的观点"，了解此点恰是"了解此书的一把钥匙。"就这本书而言，这本书分为写出的部分和没有写的部分，而没有写的那一部分才是重要的部分。

维特根斯坦的著作《哲学研究》是20世纪数一流的哲学著作。在书中，他对待哲学的方式和希腊哲人一样，是直接面对问题，在大众议论纷纭不知真理为何物的时代，坚持走在真理的道路上。

那么，《逻辑哲学论》都认为哪些东西是不可说的？ 首先是哲学问题，还有与之相关的伦理学、美学等。实证科学是对世界的描述，而哲学并不提供实在的图象，也不能反驳科学。哲学都干些什么呢？它的任务是区划可说和不可说的界限。在刚完成《逻辑哲学论》后，维特根斯坦给罗素这与了一封信，称“哲学的根本问题”在于为可说的和不可说的划出界限。他把这本书比作梯子，在借助梯子登上高处以后还要把梯子扔到一边去。

哲学也好，伦理学、美学也罢，这些学科所研究的都是形而上的，而这些事实之外的东西也是不可说的。维特根斯坦说，神秘世界中一切都是必然的，而语言只能言说偶然的东西——事实。人们可以理解世界怎么存在，但世界中有这些对象存在而没有那些对象却无法理解。“神秘的不是世界如何存在，而是它竟然存在。”

逻辑形式也是不可说的，也就是语言本身不可说。用维特根斯坦的话说，一幅图像不描绘它的描绘形式。这就是说，一幅画不能描绘他自身的创作过程，但你却可以用画一幅画来描绘这个过程。故而人们只能在语词的实际使用中理解语言，正如维特根斯坦所言，“说，就是让人看”。让你描述于下笛子和箫的区别，你当然知道一些，但却表达不清楚。最有用的莫过于让他看一下二者的外形，然后听一听不同的声音。因为人们并非只通过语言了解世界，也不只靠说话进行交流，一个眼神、一个动作、一张图片、一段视频要比语言表达简便有效。

假如两个人一起走到屋子，甲对乙说：“茶几上有三只杯子”，这句话没有什么意义，因为乙也能看到。“三只杯子”是否意味着刚才有三个人在这里喝茶？而表象之后的意义却是不可说的，每句话都有所隐含，人们又不能说尽一切隐含。说出所说的，让不曾言说的意蕴悠悠无尽，这是说的艺术，说的力量。

维特根斯坦如此看重不可说，以至于罗素很早就认为他有神秘主义倾向，并后来断定他转为一个纯粹的神秘主义者，但这恰恰是维特根斯坦哲学魅力的所在。

XIFANG ZHEXUE GUSHI

不掷骰子的上帝

人只有献身于社会，才能找出那短暂而有风险的生命的意义。个人之所以成为个人，以及他的生存之所以有意义，与其是说靠着他人的力量，不如说是由于他是伟大人类社会的一个成员，从生到死，社会都支配着他的物质生活和精神生活。

——爱因斯坦

“如果我知道您还活着，我会早些给你写信的。我对历史本没有什么兴趣，我一直以为您是生活在18世纪的人，可能我把您当成牛顿或是别的什么人了……有一次老师说起您在美国时，我惊讶地问道，‘爱因斯坦是葬在美国吗？为什么不是英国’。老师回答说您还在世呢。我当时兴奋得不得了，以致于有点得意忘形，结果老师课后把我留下了……”这是一名在南非开普敦市寄宿学校读书的英国女孩在1946年7月10日给爱因斯坦写的一封信，她还告诉爱因斯坦她喜欢天文，常常晚上和小伙伴偷跑出去仰望夜空，为此没少受处罚。40多天后，小女孩收到了爱因斯坦回信：“亲爱的蒂芬妮：感谢你7月10日的来信。我得向你说声抱歉，我还活着……”

爱因斯坦（1879年—1955年），德裔美国物理学家、思想家及哲学家，犹太人，现代物理学的开创者和奠基人，他同时还拥有瑞士国籍，相对论的提出者，“决定论量子力学诠释”的捍卫者，“不掷骰子的上帝”就是他为此提出的。1999年，被美国《时代周刊》评选为“世纪伟人”。

这一年爱因斯坦已经67岁了，距离他年少成名的1905年已经有41年了。1905年，爱因斯坦年仅26岁，但在这年他接连发表了六篇划时代的文章：《关于光的产生和转化的一个试探性观点》《分子大小的新测定方法》《热的分子运动论所要求的静液体中悬浮粒子的运动》《论动体的电动力学》《物体的惯性同它所含的能量有关吗？》《布朗运动的一些检视》，并凭借光电效应理论在1921年荣获诺贝尔物理奖。物理学界为之震惊，而这一年也因此被称为“爱因斯坦奇迹年”，时隔百年，为了纪念这位伟大，人们将2005年定为“世界物理年”。

爱因斯坦在数学方面表现出特别的天赋，他16岁时就通过自学掌握了解析几何和微积分。但他并不擅长语文之类的学科，所以他在中小学阶段并没有显得出类拔萃。因为他的不善言谈，他在瑞士苏黎世联邦理工学院师范系学习物理学时，物理学教授韦伯并不太喜欢他，他对爱因斯坦说：虽然你很聪明，但却有个要命的缺点，你不会表达也听不进别人的意见。对于自己的这种性格，爱因斯坦并不想改变，他在晚年写给朋友的信中说：“我年轻时对生活的需要和期望是能在一个角落安静地做我的研究，公众人士不会对我完全注意，可是现在却不能了。”爱因斯坦虽然并不在乎别人怎么对待他，但他的女友经常为鸣不平而与韦伯教授争吵，认为他对爱因斯坦心存偏见。

1914年4月，爱因斯坦迁居柏林，同年8月第一次世界大战爆发。他处在战争的发源地，被大堆的战争鼓吹所包围，但他却坚决地表明了自己的反战态度。

10月份，德国文化界和科学界人士在军国主义的煽动发表了“文明世界的宣言”，为德国发动的侵略战争辩护的同时呐喊助威，鼓吹全世界都应该接受“真正的德国精神”。许多当时德国有声望的学者名人都在上面签了字。但爱因斯坦拒不签名，转向就在反战的《告欧洲人书》上写下了自己的名字，这一举动让所有人感到震惊。 列宁领导的社会主义革命在俄国取得胜利后，爱因斯坦盛赞这场伟大的革命时表示：“我尊敬列宁，因为他是一位有完全自我牺牲精神，全心全意为实现社会正义而献身的人。我并不认为他的方法是切合实际的，但有一点可以肯定：像他这种类型的人，是人类良心的维护者和再造者。”

二战后期，希特勒统治下的德国科学家发现以中子撞击铀会产生核分裂的现象，并开始着手将其运用到军事武器的计划。认识到这一点后，爱因斯坦联合众多科学联名上书美国罗斯福总统，建议立即展开铀的军事应用，促使美国下定决心制造原子弹，并在一定程度了加速了二战的结束。二战之后，爱因斯坦又大力倡议和平利用原子能，反对将其用到战争中。

以上各种，可以看出爱因斯坦是一名和平主义者，但他淡泊名利，甘心作为一名科学家而不涉身政治。1948年5月14日，以色列国诞生，随即与周边阿拉伯国家爆发了战争。作为一名犹太人，爱因斯坦对这种行为表示出了他的支持：“现在，以色列人再不能后退了，我们应该战斗。犹太人只有依靠自己，才能在一个对他们存有敌对情绪的世界上生存下去。”

1952年11月9日，以色列首任总统魏茨曼逝世。而在此前一天，以色列总理本•古里安让以驻美大使转告爱因斯坦转达的信中，正式提请后者担当以色列共和国总统候选人。

爱因斯坦一口回绝：“关于自然我了解一点，关于人我却知之甚少。我这样的人怎么能担任总统呢？希望您能向大家转述我的意思。”“您是最伟大的犹太人，也算得上是全世界最伟大的人，况且已故总统魏茨曼也是教授，我们相信您能胜任，每位以色列公民，全世界的每位犹太人都对你充满期待。”大使并不死心。

爱因斯坦的确被同胞们的诚意和热心所感动，但他心意已决，只是想委婉地拒绝政府的邀请。爱因斯坦随后发表公开声明，正式谢绝出任以色列总统。“当总统可不是一件容易的事。……对我来说方程更重要些，因为政治是为当前的，而方程却是永恒的。”

有所不为有所必为，所以成就了爱因斯坦的伟大。当有位美国记者

爱因斯坦拒绝了出任以色列总统，因为，在爱因斯坦看来，“当总统可不是一件容易的事。”同时，他还说：“方程对我更重要些，因为政治是为当前，而方程却是一种永恒的东西。”

问爱因斯坦成功的秘诀，他回答说：“1901年时我才22岁，那时我找到了成功的公式。那就是A=X+Y+Z，A代表成功，X表示努力工作，Y是适当休息，Z是少说废话。这公式对我很有用，我想对其他许多人也是有所帮助。”

物理学史上最大牌云集的一次会议1927年10月召开的第五次索尔维会议。此次会议主题为“电子和光子”，参会的29人中有17人已获得或后来获得了诺贝尔奖，与会代表合影也被称为“有史以来最聪明的照片”：包括爱因斯坦、居里夫人、玻尔、薛定谔、海森堡、普朗克等，无一不是大名鼎鼎。

爱因斯坦因为研究与量子力学有关的光电效应而获得诺贝尔奖，但他至死也不认同量子理论已经完备，特别是其中的不确定性原理。他坚信现在对粒子运动不确定的理论只是暂时的，总有一天会找到能够消除所有不确定因素的理论。“上帝不掷骰子”就是他在会议上抛出的反对不确定性原理的一句名言，意即粒子运动应该是确定的，不会像掷骰子充满不确定性。到会的玻尔不同意这样的观点，他反唇相讥：“你没法告诉上帝该做什么！”。上帝掷不掷骰子只是一个形象的说法，要想抓住问题的关键还要先来了解一下量子理论。量子论是作为物理学界的重大课题，被国际上公认为科学史上目前为止最成功的理论，在20世纪让科技爆发出巨大能量，推动人类文明大跨步发展。量子论充满英雄气概，甚至可以说它改变了历史，并将继续引导着人类走向更深、更广的真理世界。

1900年12月14日，德国物理学家马克思•普朗克提出了“黑体辐射定律”，他认为原子在发射或吸收辐射时，存在着一个最小的固定单位，这个最小单位的能量叫做“量子”，量子是一些不连续的值，这就像苹果只能论个卖，不能切开来卖一样。用戈革在《量子永寿》一文中举的那个有趣的比方就是：“原子‘吃掉’辐射，这不像是喝牛奶，而是吃米饭，每个饭粒就是食物的最小单位……”

当原子吸收了一个能量包之后，它的状态从A上升到B，可是量子是已知最小的单位了，不可继续分割，那么问题就来了，这个状态的变迁是怎么发生的呢？就这样，神秘莫测的量子论将人类认知的方式从已知、确定的宏观世界转向了未知、充满不确定性的微观世界。

量子物理学最具革命性的结论之一就是不存在因果的直接关系，而当时人们更乐于接受从条件甲可以推出结果乙的决定论，人们对自然事物——如天气预报，可以基于共性和特殊规律作出判断，尽管准确程度会受到限制。在20世纪初期，经典物理学遇到前所未有的挑战，而以量子力学和相对论为支柱的现代物理学开始攻城掠地。

物理学家通过系列双缝衍射实验证明了光呈现出波而非粒的特性，所以麦克斯韦在电磁学中将光归入为“波”的范围后，这成为当时主流的说法。1905年是“爱因斯坦奇迹年”，当时在瑞士专利局默默无闻的爱因斯坦连续发表了6篇重要论文，如同向物理学界连续发射了几发炮弹，炸得人们晕头转向。他的系列理论有狭义相对论、质能方程和光电效应等等让人难以理解的东西。在普朗克提出“量子”之后，爱因斯坦提出了“光量子”的概念，即光以量子的形式吸收能量，没有连续性，也不能累积。因此爱因斯坦主认为光不是“波”而是“粒”，这让光的属性归类再次成为物理学界的焦点。

经典物理学认为世界是连续、确定的，但现在出现的量子打破了这一观念，量子效应令传统意义上的时空连续性丧失了，颠覆了牛顿等人建立起来的传统物理观。在上个世纪众多的诺贝尔奖获得者中，不少人或直接或间接地因为和量子力学有关的科学成就而获奖。

在第五次索尔维会议上反驳爱因斯坦“上帝是不掷骰子”的丹麦物理学家玻尔这一次没有与他针锋相对，而是采取了中庸之道。他提出，电子的波和粒两种属性在同一时刻是互相排斥的，却在可以在更高的层次上统一起来，因此不妨说它具有“波粒二象性”。玻尔进一步指出，与日常物品相比，原子微粒的行为难以预见。在量子力学中，世界并不是像一部机器那样运转，而是像掷骰子游戏一样，人们无法预测一个被你所认定的自然现象一定会发生，发生不发生都只是一种可能性而已。玻尔是“哥本哈根学派”的领军人物，该学派认为微观粒子是不确定的，唯一确定的只是宏观意义上的统计概率，“不确定性”因此成了量子论的重要基础，并让经典物理学大厦的根基不再坚不可摧。

但这种有点和稀泥式的理论让爱因斯坦无法接受，他坚信世间万物是存在因果关系的，用要命的概率来解释世界是不能让人满意的，所以他才会说出一句世人皆知的话：“上帝是不掷骰子的。”这句话后来成为量子物理学的名言。

爱因斯坦和玻尔究竟谁对谁错，量子理论真是让人头疼，这让后世的物理学家们忙活了半个多世纪。有无数的物理天才围绕着量子论展开研究，在普朗克和爱因斯坦、玻尔等人之后、薛定谔狄拉克等人陆续登台，对量子论做出了重大诠释，所以人们将把量子力学戏称为“男子物理学”。最终的现实是，主流观点认为，正统的量子理论是对的。本世纪最伟大的科学家霍金针对爱因斯坦“上帝不掷骰子”观点做出了反驳，他说：“上帝不仅掷骰子，而且会把骰子掷到我们看不到的地方！”

避开了理论上的纷争，许多科学家投向于实际研究之中，推动了人类社会重大进步。晶体管就是量子论的现实产物出现，像电视机、收音机、电脑等我们离不开的电器在根源上都离不了量子力学的功劳。正如有人评价的那样，19世纪是机械世纪，20世纪是信息世纪，而21世纪则是量子世纪。

提出问题往往
比解决问题更重要
爱因斯坦
(Albert Einstein)
1879-1955

一个美国记者问爱因斯坦成功的秘诀时 他回答说："我早在1901年还是22岁的青年时，我已经发现了成功的公式 我可以把这公式的秘密告诉你，那就是A=X+Y+Z! A就是成功，X就是努力工作，Y是懂得休息，Z是少说废话！这公式对我有用，我想对许多人也一样有用 " 爱因斯坦墓碑上刻着"提出问题往往比解决问题更重要"

XIFANG
ZHEXUE
GUSHI

哲学家应该是一个战斗的人

我没有停止我们自由的自由。

——让·保罗·萨特

在象牙塔中，萨特认为自己和政治无关，正如他自己后来所说，在1939年以前，他也一直认为个人的存在与国家无关。但是，第二次世界大战，准确地说是萨特被俘的经历让他的人生态度彻底改观。

二战爆发后，萨特应征入伍成了气象兵。1940年6月21日，萨特随部队转移时在法德边境时被德军俘虏。之所以对这天的日期记得如此清楚，是因为那天是萨特35岁的生日。更为悲剧的是，在萨特被俘几个小时后，法德之间的停战协议开始生效，这种偶然性和荒诞戏剧般的叠加让萨特深受触动。为了脱困，萨特撒了个小谎，因为他有只眼睛斜视，他声称眼睛有疾不能打仗，德国军官也就相信了他不是士兵而加以释放。

让·保罗·萨特（1950年—1980年），法国20世纪最重要的哲学家之一，法国无神论存在主义的主要代表人物，也是优秀的文学家、戏剧家、评论家和社会活动家。萨特一生中拒绝接受任何奖项，包括1964年的诺贝尔文学奖。

战争的无情与现实的残酷使萨特的思想发生了巨大的转变，他从战前的个人主义转向对社会现实的关注，开始用行动影响世界。萨特回到巴黎后创办了名为“社会主义与自由”的抵抗组织，但却被当做是“德国奸细”遭到其他组织的拒绝。直到这些猜疑被澄清后萨特才重获信任，再次加入了抵抗组织。萨特奉行“介入文学”的主张，在创作宗旨上，他主张作家要对各种政治事件和社会问题发表见解，积极投身到改造社会的活动中去。在创作方法上，他认为作品要真实，至于艺术雕琢和辞藻修饰则是次要问题，文字朴质自然才是至为重要的。他的文学主张和创作实践对二战后的法国文学产生了重要影响。

战争期间，萨特完成了他的多卷本长篇小说《自由之路》的前两卷，他在卷首语中说：“我们是痛苦的，因为我们自由！”。开始他为这本小说起了个奇怪的名字叫“魔鬼”，第一卷名为《懂事的年龄》，第二卷是《缓期执行》，第三部为《痛心疾首》。小说反映了二战前夕法国的精神状态，续集中的政治和哲学色彩愈发浓重。以第三部为例，原名为《最后的机会》，以布吕内和重伤复员的马蒂厄联手领导战俘解放巴黎为构架，但现实却让使他对法共失望至极，创作也无法继续，不得不更名为《痛心疾首》，给读者呈现的是一条望不到尽头的“自由之路”。

进入50年代，他开始对社会主义思潮充满兴趣。1952年他发表了《共产党人与和平》，试图说明共产党和工人间的关系，分析共产党人雅克•杜克洛被捕和6月4日罢工失败的根源。文章最后成了颂扬共产党的文章，因此人们认为50年代初萨特成为共产党的同路人。1954年5月，萨特应苏联作家的邀请，访问了苏联，次年9月，萨特和携妻子波伏瓦到访中国。中国对他而言是一个陌生的国度，而大多数中国人对萨特也几乎是一无所知，除几个法国文学专家。但萨特还是愿意谈谈他对这个新兴社会主义国家的感受的，《人民日报》后来也发表了萨特的文章《我对新中国的感受》，萨特回国后还写了一篇《我所看到的中国》，谈到了他对中国的感受。1960年2月，在古巴最大的报纸《革命报》主编的邀请下，萨特夫妇二人来到古巴，他对古巴十分欣赏，称赞古巴“是一种直接的民主制”，并感叹“这是革命的蜜月。”

萨特认为“哲学家应该是一个战斗的人”，他始终站在正义的一边，对各种被剥夺权利者表示同情，他坚决反对侵略战争，不管侵略者是社会主义国家还是他的祖国。法国和阿尔及利亚战争爆发后，萨特公开持反对意见，他不仅支持秘密发行的出版物《为了真理》，而且在“关于在阿尔及利亚战争中有权不服从命令的宣言”上签名，包括萨特在内的121人在上面签名，所以又被称为“121宣言”。依宣言所讲，法国士兵有权拒绝参加阿尔及利亚战争。他甚至发表讲话，号召“左派与阿尔及利亚民族解放阵线联合起来”，因此被当时的法国政府斥责为“有害于国家安全”的人。1960年8月，萨特在巴西里约热内卢大学发表演讲，大肆抨击戴高乐和马尔罗，被许多法国民众视为叛徒和法国之敌。一些退伍军人在香榭丽舍大道游行示威，高呼着“处死萨特”。回国后的萨特不断受到暗杀威胁，但他绝不放弃自己的立场，反而会亲自上街参加游行和静坐示威。1968年5月，法国爆发大游行，反对越南战争和学校的规则，萨特支持学生行动，并前往大学发表演讲。5月风暴过后，萨特加强和左派分子的联系，不仅加入他们的报纸，还亲自上街散发，“用行动来承担义务而不是言词”。

1956年苏联军队入侵匈牙利，这让萨特十分震惊，他谴责了苏联，并宣布与共产党决裂。1968年苏联入侵捷克斯洛伐克，萨特将苏联人称为战犯，并表示与苏联彻底断绝关系。而他本来讽刺德国法西斯的剧本《苍蝇》和《肮脏的手》接连在捷克上演，因而成为反对苏联人侵占领的宣言，受到当地人热烈的欢呼。萨特还坚决反对美国越南的战争，并以执行主席的身份参加了对美国在越南的战争罪行的审判，而当时的法庭名誉主席是伯兰特•罗素，一位真正的人道主义哲学家。

萨特是享誉世界的哲学家、思想家和文学家，波伏瓦也是享有世界盛名的最权威的女权主义理论家，当代法国最有影响的女性之一，其代表作《第二性》被誉为西方妇女的“圣经”。他们亲密生活了半个多世纪，一直没有结婚，相伴一生，却又各自享有自己身体和灵魂的自由。

1964年萨特的自传性小说《文字生涯》获得了诺贝尔文学奖。但萨特拒绝领奖，理由是他从不接受官方荣誉。诺贝尔奖一向被视为最高荣誉，有史以来第一次受到了轻视与冷落。萨特的拒绝比他的获奖更让人惊愕与震动。“作家应该拒绝被转变成机构，哪怕是以接受诺贝尔奖这样令人尊敬的荣誉为其形式。”对于主办方，他认为东西方两种文化的共存而进行的斗争，这种冲突应该在人与人、文化与文化之间进行，而无须机构的参与。 所以他不能接受无论是东方还是西方的高级文化机构授予的任何荣誉，虽然萨特完全理解这些机构的存在。

XIFANG ZHEXUE GUSHI

存在主义是一种人道主义

存在主义就是一种使人类生活成为可能的学说，并主张每一真理，每一行动，都包含有人类的背景和人类的主观性在内。

——让·保罗·萨特

三个生前有罪的男女死后同居于地狱的一间密室，确切地说是一男两女。他们之间互相猜疑、折磨、纠缠，每个人都需要另外的一个人，同时又在暗中破坏着另外两个人的关系，每个人都无法躲避他人的注视而自由行动。最终，他们谁也不能如愿。1944年，萨特的新戏《密室》公演大获成功，戏中的台词“他人即是地狱！”也成为萨特最为人熟知的名言之一。萨特甚至被邀请作了一个关于《密室》的演讲，这部戏受欢迎的程度可想而知。

作为一位哲学家，萨特的非凡之处在于，他不仅是思辨与体系的大师，而且善于把哲学融入生活。他哲学思想的核心是“自我选择”，当这些思想与人的生存状态结合之后，就发展成为生活哲理，萨特的哲学因而有着永不衰竭的生命力。

萨特1943年了出版的哲学专著《存在与虚无》，他希望向世人阐述自己多年对人与世界关系的思考。此书问世后在知识界引起了巨大反响，从事哲学研究的人都要关注这本书。但学术界正统权威认为《存在与虚无》过于离经叛道，难登大雅之堂。1946年，萨特发表了演讲《存在主义是一种人道主义》来表明他后期的哲学思想，同时指出它与其他

萨特幼时家境艰难，再加上矮小的身材和平凡的相貌，都没有让他有过自卑。相反，他天生自命不凡。他在年轻时就立下理想：“我要同时成为斯宾诺莎和司汤达。”同时成为一流哲学家和一流文学家的梦想居然成为了现实。

哲学流派的异同，澄清了各种无意的误解和恶意的歪曲。“对几种对存在主义的责难为它进行辩护”，主要是针对法国共产党与基督教，在辩护中，萨特不仅阐明了自身的基本立场，还完善了存在主义原本观点的基础，使存在主义更加适应社会现实、适应人性主义。

有人说萨特的存在主义是“绝望”的，但又在这绝望之后并非是黑暗，而是透出希望。在《存在主义是一种人道主义》一文中，针对“存在主义曾被指责为鼓励人们对人生采取无所作为的绝望态度”，萨特并不否认“世界是荒诞的、人的存在是虚无的”，就像他所认为的那样：作为特定个人的存在世界之中，在特定的场合下会有部分的空白和缺失。虽然萨特追求的是个人的自由和价值，但客观现实难免让人陷入无助和困惑之中。追求和现实之间，选择是件让人痛苦的事情，而造成痛苦的缘由还有“责任”这一事项。你要有所选择，就不能不考虑基于个人和他人的责任，虽然选择让人们无法“掩盖和逃避痛苦”，但选择是通向本质的必由之路，是人之所以成为个人和人类的必然要求。萨特提出，存在先于本质，人的主观精神与外在世界斗争而联合。人类可以在正视黑暗之时放松心态，以真我的宽容笑对人性。选择的困惑可以是压力也可以是动力，他激励着人们为了摆脱孤独而奋斗，获得“从自在自由向自为自由的转变”。在此转变之中，钥匙握在自己手中，“绝望”会在光明降临之时逐渐消退，进而升华为“希望”。你悲观或者乐观，“绝望”就在那里，关键在于你对绝望的心境和解决方式。作为人道主义，存在主义认为这种“绝望”可以改变，是人们走向“希望”殿堂的路上必然要解决的问题。

为什么说存在主义是一种人道主义？“人经常超越自己。当人在投出自己，把自己消融于自己之外的时候，他就造成了自己的存在。另一方面，人之所以能存在，乃是由于追求超越的目的。……结合超越性和主观性，即我们所谓的存在主义的人道主义。”这是萨特给出的答案。存在主义把人的主观性作为人类认识和行动，乃至全部人类生活的出发点。在萨特看来中，存在主义就是一种人道主义，两者是对等的。存在主义之外的人道主义倾向于把人视为对象或目标，用理想的形式把人包装起来，而存在主义是真正的关于人的学说，它永远不把人当做目的，因为人在形成之中，通过否定和虚无直通本质，实现真正的存在。萨特在文中结尾说："人所需要的是去重新发现他自己，是去了解没有什么东西能够从他的自身中拯救他，就算有上帝存在的确切证据也不能够的。在这个意义上说，存在主义是乐观的。"

和《存在主义是一种人道主义》一样，《今天的希望：与萨特的谈话》也是萨特主要代表作之一。后者发表于萨特生命中的最后岁月里——1980年，在本书中，萨特再次重申，他的存在主义本质上是一种对人生充满希望的乐观主义哲学，而非黑色的虚无和绝望主义。

1980年4月15日，萨特与世长辞，享年75岁。唁电像雪片一样飞来，

萨特是诺贝尔奖中第一个主动拒绝奖赏的人物。当诺贝尔文学奖颁给萨特时，萨特躲到女友波伏瓦的家里以避开新闻记者。萨特解释说，他拒绝任何来自官方的荣誉。

世界各国哲学界纷纷表示哀悼。时任法国总统的德斯坦发表谈话："我们这个时代陨落了一颗明亮的智慧之星。"4月19日，萨特遗体下葬，数万民众自发跟随灵车前行，浩浩荡荡，哀荣之盛，那是一场法国20世纪最隆重、最触动公众感情的一次葬礼。

萨特的一生丰富多彩，轰轰烈烈。在20世纪的哲学史、文学史上，在造成巨大的社会轰动效应方面无人能出其右。例如，他的《存在与虚无》最初不为人们所接受，更说不上推崇。直到1945年战争结束后，更多的读者被书中的思想所吸引，获得存在主义者的青睐，此书也被视为法国存在主义运动的奠基之作，存在主义因而也成为50年代最具影响的思潮。他的哲学思想与文学作品大为流行，风靡欧美以及亚洲等国，萨特的信徒多是那些狂热的青年，他们身体力行地标榜对萨特的信仰，在服饰、语言、行为上进行模仿。虽然萨特对存在主义大量的称号并不认可，他还曾反问过："存在主义，我不知此乃何物。" 但萨特宛然就是存在主义的教主，有意无意地接受着存在主义信徒们的顶礼膜拜。

XIFANG ZHEXUE GUSHI

荒谬与永恒的“存在之谜”

我们反抗，所以我们存在。

——阿尔贝·加缪

和萨特一样，加缪同样反对别人给他贴上的“存在主义”的标签，但加缪于1957年10月17日获诺贝尔文学奖，成为法国当时第九位也是最年轻的获奖者时，他的颁奖词中依然称他为存在主义者，所以，不管他本人喜欢不喜欢，存在主义绝非空穴来风。

简而言之，存在主义的主要命题在于个人与世界间的感受，比如个体对于存在感到的恐惧和荒诞：孤立无援、与世隔绝等。正如加缪的代表作《西西弗斯神话》中所说，每个人都可能是西西弗斯，关键在于你是否意识到了这一点：起床，坐车，上班，吃饭，坐车，吃饭，睡觉，从星期一到星期五，甚至还有星期六、星期天，日子几乎按照同样的节

阿尔贝·加缪（1913年—1960年），法国哲学家、小说家、戏剧家。他的主要作品剧本有《误会》《卡利古拉》，小说有《局外人》《鼠疫》，哲学论文集有《西西弗斯的神话》等。1957年诺获诺贝尔文学奖。

奏周而复始地重复。也许在某一时刻，当你思考“为什么”的时候，你才能从这枯燥、厌倦的生活中有所觉悟。在单调麻木之中产生了厌倦，而在厌倦之后可能会是觉悟。存在主义的本质动机不在荒诞，因为荒诞不能告诉人们什么是幸福，加缪在作品中假设西西弗斯是幸福的，因为只有幸福的生活才符合人的尊严。加缪的许多作品中就是以存在主义的方式表现存在主义，故人们普遍认为加缪是存在主义者。

存在主义作为一种思潮，里面涌动着各种各样的思想，在当时公认的存在主义思想之间也存在着尖锐的矛盾。比如同为存在主义大师的加缪和萨特后来势如水火，不可调和。加缪反对存在主义的原因之一在于他要和萨特划清界限。既然大家公认是萨特式的存在主义才是存在主义，那么加缪就不能与之为伍，而是要划清界限。

同为存在主义，二人的思想有不少共同点，分歧主要集中在对待革命、历史以及苏联的态度上。二人对马克思主义的态度成为分水岭，萨特是支持马克思主义的，而加缪却并不认同。尤其是历史主义方面，萨特的哲学比较抽象，更多的是被理念所缠绕，而加缪的思想取自感性生活，所以《存在与虚无》和《西西弗斯神话》是两本截然不同的书。这种迥异并非只是在观点分歧上，也包括二人思考问题的方式上。同样是表现荒谬，萨特会通过一系列的论证说明你就是荒谬的，而加缪却不强调这些，他直截了当地说“我就在这儿，这就是荒谬”。

除了方向和方法外，二者的另一重大区别在于二者的行为方式。萨特是个行动派，而加缪却不是个实干家。在他的小说只有《鼠疫》有些行动的外意义，其他的作品如《局外人》等，几乎总是在犹疑不定。同样是反抗，萨特的反抗是要付之行动的，你怎么想并不重要，重要的是你怎么做。而加缪的反抗更多的是精神层面的，并不看重你怎么做，而

加缪认为，西西弗斯一遍一遍重复繁重而无结果无意义的劳作，固然使人看到人生的虚无，但加缪在此强调了人的反抗，对命运的反抗。哪怕反抗的结果在表面上是毫无效果的。他爬上山顶所要进行的斗争本身就是足以使他心灵感到充实。因此，应该认为，西西弗斯是幸福的。

取决于你怎么想。所以萨特笔下的英雄奥莱斯忒和加缪描述的英雄西西弗斯是两种截然不同的英雄。

1943年6月，萨特的戏剧《苍蝇》在巴黎上演公演，标志着他由哲学进入历史。加缪和萨特在首映式上初次见面，相谈甚欢而成为知己。加缪曾评价过萨特的小说《恶心》和小说集《墙》，而萨特也发表过《局外人》和《西西弗斯神话》的评论。对于存在，萨特的"恶心"和加缪和"荒谬"有着异曲同工之妙，都否定了传统本质论哲学对人的先验性价值定义，给个人的自由和责任找到一片空间，他们看到了对方非凡的创造力和惊人才华。

二者的分歧出现在对苏联问题的认识上。加缪希望在冷酷的历史现实中牢记人性的根本要求，不能在反抗压迫者的过程中成为压迫者。"我们不能逃避历史，因为我们身在其中，它一直没到我们的脖子。但人可以设想在历史中作战，以从历史中保全属于人的那一部分——这不是它的固有领地"。出于此，加缪对苏联的大清洗运动加以斥责，认为极权政治扼杀了。他还以此思想创作了戏剧《正义者》，主人公用生命维护了革命的最初目标和最后目标，是一个"以自己的死为条件接受了为一件事业而杀人的义务的人"。而萨特比较倾心于社会主义，暴力是

1960年1月4日，法国"存在主义"文学大师加缪意外车祸身亡，这位诺贝尔文学奖最年轻的获奖者、二战后欧洲乃至全世界一代年轻人的精神导师如巨星猝然陨落。图为法国小镇为加缪树立的车祸纪念碑。

必要的手段，为了历史的长远进步，短期内有所局限也是可以接受的。萨特的戏剧《魔鬼和上帝》有点自传的意味，塑造了一个从哲学进入历史的强硬分子，并宣扬了暴力作为手段的正当性。

事已至此，分裂在所难免，两位朋友因思想对立而情绪激动，一场“争吵”之后他们势不两立。但在苏联出兵匈牙利后，萨特当即表达了反对意见，作为一个独立的知识分子，他“成了一个观点举足轻重的道德在场者”，为一切受压迫者说话。这就是说，在道德和人性方面，加缪和萨特是殊途同归，虽然这没有令他们的关系有所缓和。

1951年，加缪的《反抗者》出版，二人在“反抗”问题上的矛盾发展到顶点，这一不能调和的鸿沟导致两人绝裂。难道他们不懂得“君子和而不同”的道理吗？几十年的友谊毁于一旦毕竟是件让人惋惜的事，这是一次震动欧洲知识界的“分手”，这场友谊“崩解”背后有着怎样冷峻和现实和价值深层的两难处境？

50年代中期，法国派军镇压法属阿尔及利亚民族主义运动。生于斯长于斯的加缪十分矛盾。加缪希望双方扬言和，他既反对法国的“愚蠢的镇压”，也呼吁阿尔及利亚停止“血腥暴行”，结果两边不讨好，“阿尔及利亚历史上最后一次促进法国——阿拉伯和解的重要努力宣告失败”。萨特看不起加缪的“改良主义神话”，他坚决支持阿民族主义者的暴力行为，谴责法国殖民者，并因此脱离法共。

虽然他们是为20世纪的历史和人性问题呕心沥血，但他们一直不依不饶地挑对方的刺，至死方休。加缪于1960年1月4日遇难，萨特在致哀词中说，加缪通过自己对历史的拒绝，“重新确立了道德事实在我们时代中心的存在”，他们“分手”以后，是在“以另一种方式共处”。

XIFANG
ZHEXUE
GUSHI

人类的需求是有层次的

如果你故意避重就轻，去做比你尽力所能做到的更小的事情，那么我警告你，在你今后的日子里，你将是很不幸的。因为你总是要逃避那些和你的能力相联系的各种机会和可能性。

——亚伯拉罕·马斯洛

亚伯拉罕·马斯洛的童年是孤独寂寞的。因为父母感情的不和，家庭气氛十分紧张，父亲忙于生计而对他无暇顾及，母亲则脾气暴躁，动不动就加以责骂。如果说父亲的淡漠让马斯洛忽略，母亲的暴戾则让他无法接受，甚至在母亲去世时马斯洛竟没有参加葬礼。在这种情况下，安静的街区图书馆要比冷冰冰和闹哄哄的家里好得多，图书馆就成了马斯洛的避难所。

马斯洛（1908年—1970年），美国著名心理学家，第三代心理学开创者，将精神分析心理学与行为主义心理学融合，而提出人本主义心理学。提出了著名的马斯洛需求层次理论，认为人的需求是有层次的。

歌德说过：“一个人在年轻时积累了许多铜币和银币，年岁愈大，这些钱币的价值也愈高。到了最后，他年轻时的财产都变成了黄金。”马斯洛早在童年就已经开始了知识积累，在求学时开始为一种美好的信念而奋斗，最终在他的人本主义心理学中得以实现。如果不是幼年就开始醉心于阅读并坚持一生，很难想象一个有着灰色童年的人会在研究健康人格上成就非凡。就连马斯洛自己也感到惊讶，他的理想主义倾向，他对伦理的关注，他对人道主义、善良、爱、友谊等美好事物的倾心从何而来？他明白的只有一点：这些绝非母爱的直接结果。

1938年夏，马斯洛前往黑脚印第安人的保留地进行实证考察，从中他为当地人体现出同甘共苦、和睦相处的精神而震惊。他发现黑脚印第安人和白人具备的人格特征是基本相同的。在消除了对黑人的偏见之后，他开始思索人性中“基本的”人格结构是什么，动机理论的萌芽由此形成。恰逢此时，马斯洛的女儿安诞生了，成为他观察人类动机的具体对象。虽然女儿出生不久，小家伙也能强烈地表达她的需求，由此马斯洛开始怀疑行为主义的观点。行为主义认为人是环境的产物，通过教育和文化熏陶就可以培养出理想中的人物。但这无法解释新生儿与生俱来的一些需求，马斯洛决心探索新的办法，集中精力进行人类动机理论和自我实现理论的研究。

《人类动机理论》是马斯洛35岁时发表的一篇论文，提出了著名的“自我实现”理论，奠定了他一生的成就。在他看来，从弗洛伊德开始的心理学重心全放在了人类的病态研究上，却对人类的健康常态视而不见，是时候让心理学的发展回归到健康人性的研究方向上了，这就是马斯洛开创的人本主义心理学。人本主义心理学是对人道主义的继承和发展，他同样强调人的价值和尊严，主张解放人性，促进人的充分发展。人性本善并可以通过教育得到发展，因而人本主义心理学试图通过研究人的心理促进人格健康全面地发展。

追溯心理学的发端，在对冯特的元素论的批判的基础上，有两种对立的心理流派：第一思潮和第二思潮。第一思潮主要是指弗洛伊德开创的精神分析学派。弗洛伊德强调无意识的作用，强调人类基本的、遗传的和本能的性冲动。弗洛伊德的精神病学研究是对达尔文的进化论的解释和发展，他以生物学的观点研究人类，过分强调人的生物性。他的人格学说由“本我”、“自我”和“超我”三部分构成。“本我”是一种无意识本能，只受快感支配；“自我”来他外界影响，受现实支配；“超我”是道德的部分，是社会价值的内在化。以华生为代表的行为主义心理学派被认为是“第二思潮”。行为主义心理学主张以行为为研究对象，其根本特点在于摒弃意识、摒弃内省，而以外显行为的客观实验为研究方法，比如刺激-反应模式、环境-行为等。

现在，马斯洛的人本主义心理学开启了的“第三思潮”。他对上述学派批判、继承和发展，主张研究人的本性、潜能、经验、价值、创造力及自我实现。人本主义心理学的逻辑起点与弗洛伊德并无二致，沿袭了本能决定论的观点，认为人的本性决定人的价值。但是对本性的看法马斯洛和弗洛伊德截然相反，他认为人的本能不仅仅是动物性的本能，还具有社会性和创造性，因此重视后天的环境和教育作用。而在人的基本需要得不到满足时就会发生侵犯和破坏行为，而这种过错也并非是不可预防和纠正的。与行为主义的外在价值观相比，人本主义更看重内在价值观，强调对人的整体观察和思考，而不能将动力、本能等割裂出来进行单独研究，在与完形心理学不谋而合。可以说，人本主义心理学在一定程度上完成了对当时主要心理学流派的整合。

时至今日，马斯洛的人类动机理论无人不晓，几乎谁都知道需要层次论，尤其是在在管理学领域。需要层次论并不复杂，需要决定了动机，而不同需要互相联系，可以按其“优先程度”归类排序。五种需求（生理需求、安全需求、社交需求、尊重需求、自我实现需求）阶梯状从低到高，逐级递升，基本固定，很少变动。在满足了低层次的需要后，人会转向高的层次，追求更高的需要就成为驱使人的动力。

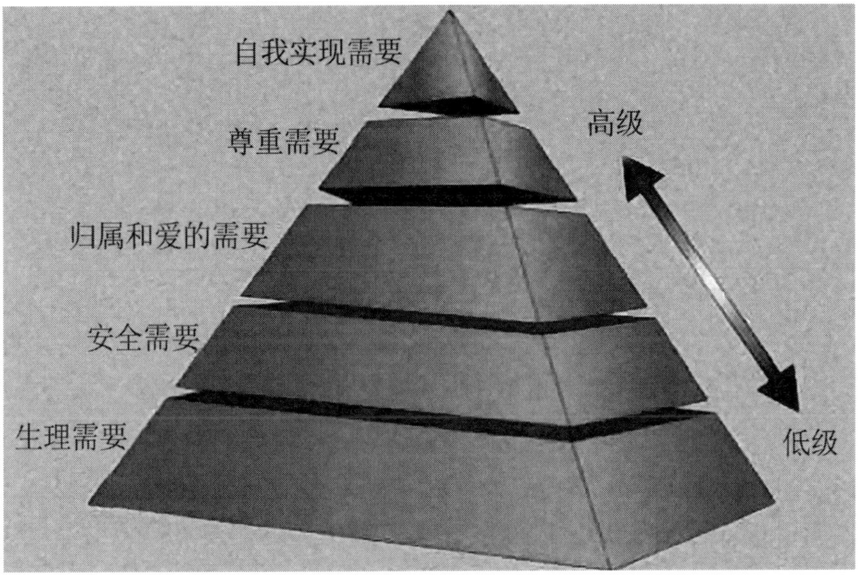

马斯洛需要层次理论

马斯洛在《人类激励理论》中提出了人的需要层次理论，即人的需求从低到高依次为生理需要、安全需要、社交需要、尊重需要、自我实现。这一理论现在已被普遍应用于企业管理中激励员工的积极性。

如果将马斯洛的需要层次论比作一个五层的金字塔，那么处在最底层的就是生理需求，这是人的基本需求。比如食物、空气、水、性，一个人在饥肠辘辘的时候对别的事物不会感兴趣，他最想要的就是填饱肚子，至于其他的则要在酒足饭饱之后。衣食住行之后还要平安无事才好，安全需求包括对人身安全、生活稳定以及免遭痛苦、威胁或疾病等，安全才是第一位的。社交需求是与前两层次截然不同的另一层次，需要得不到满足会影响人的心理状态。尊重需求包括对成就或自我价值的个人感觉，也包括他人对自己的认可与尊重。而达到自我实现境界的人，接受自己也接受他人，这是人们发展最终境界。

XIFANG
ZHEXUE
GUSHI

人性能够达到的境界

心若改变，你的态度跟着改变；
态度改变，你的习惯跟着改变；
习惯改变，你的性格跟着改变；
性格改变，你的人生跟着改变。
——亚伯拉罕•马斯洛

马斯洛是个智商高达194的天才，他18岁考入康奈尔大学，三年后转至威斯康辛大学攻读心理学，26岁获得博士学位。之后，马斯洛留校任教，后来又在哥伦比亚大学、纽约布鲁克林学院、布兰戴斯大学等任教。

马斯洛给他的研究生上课时向学生提问：“班上有哪位同学想写出美国最伟大的小说？谁希望成为伟大的领导者？学生们反应并不热烈，大多是微微一笑，低下头不安地乱动。马斯洛再问：“那你们有没有私下写一本伟大的心理学著作呢？”学生们还是不正面回答，结结巴巴地搪塞过去。马斯洛有点沉不住气了：“你们难道没有人想成为一名著名的心理学家吗？”这次终于有了回应，有人小声地回答说：“当然有”

约拿是圣经旧约中的一个人物形象。约拿情结是一个心理学概念，渴望成功，却又害怕成功。它会导致我们不敢去做自己能做得很好的事，甚至逃避发掘自己的潜力。在日常生活中，约拿情结可能表现为缺少上进心。

“你们这样是想成为一位沉默不语、谨小慎微的心理学家吗？”马斯洛说，“这样有什么好处？这可不是一条通向自我实现的理想途径。”为此，马斯洛深入研究了这种在成功面前的畏惧现象——约拿情结，并写过一篇题为《约拿情结——理解我们对成长的恐惧》的文章，来分析人类的这种普遍心理现象。

还是先来了解一下“约拿”这个人吧，他是《旧约》圣经里面的一个人物。作为一名虔诚的基督教徒，他非常渴望得到神的差遣。终于有一天耶和华交给了他一项光荣的任务：以神的旨意去宣布赦免一座将被罪恶毁灭的城市—尼尼微城。而恰恰尼尼微城是毁灭他家族的死敌，这让他矛盾和痛苦。因为仇恨，虔诚而矛盾的约拿没有遵从神的旨意，而是乘船溜走了，并四处躲避他所信仰的神。但在神的面前，他无可逃，上帝让一条大鱼吞了他，在鱼腹中待了三天三夜后才被释放。神没有放弃约拿，给了他赎罪的机会，约拿终于悔改并完成使命。

此后，那些渴望成长却又因为某些内在阻碍而害怕成长的人就被戴上了“约拿情结”的帽子。约拿情结有两个基本特征：对自己他们拒绝长大，逃避责任。对他人，他们会嫉妒别人取的成功，却又对不幸的人幸灾乐祸。简而言之，“约拿情结”就是对成长的恐惧：既畏惧自身的成功又畏惧别人的成功。约拿情结是一种复杂的心理现象，从自我实现的角度来看，这是一种阻挠自我实现的心理障碍。

马斯洛的人本主义心理学是阳光向上的，他相信人们有对于成长的渴望、对于实现自我的愿望。可是为什么很多人都觉得没有实现自我，没有充分发挥自己的潜能呢？马斯洛认为，原因不在于人们自身的条件和能力不足，而是因为“人们的心理中本身同时存在着对成功追求的冲动和阻碍其表达的防御心理这两项因素”。

马斯洛引用弗洛伊德的心理动力学理论对“约拿情结”进行解释，他认为冲动本身和阻碍其表达的防御是一种辩证关系。心理学上的动力学概念就是把人的精神活动还原为“冲动力和阻力”间的相互作用力，因此在研究人类自我实现的发展中就必须考虑在冲动和阻碍之间的辩证关系，分析那些阻碍因素，从而清楚地认识人类的心理活动，解决心理障碍。为了便于理解人们对于成长的畏惧以及成长的停滞甚至倒退，马斯洛专门提出了“固着”和“倒退”等心理学术语，为解决人类成长中的问题，他进行了一些开创性地研究。

比如“健康无意识”的心理机制，人们不仅压制看来是错误的冲动，也会压制美好而崇高的冲动。根源在于人们所处的社会环境，出于安全考虑，人们会隐藏起自己的真实个性，迎合流行的观点和行为方式，哪怕大众的看法和行为是错误和恶劣的。谦虚通常被认为是一种美德，所以大家喜欢“低调”行事而不愿太过张扬。但人们内心又有渴望成功的冲动，因此他会努力奋斗，希望得到众人认可。但他也清楚：个性张扬是没有市场的，所有人必须披上一件谦虚的外衣，隐藏自己的真实情感，以防冒犯别人或招来敌视。马斯洛认为，内心的冲突和压抑的情绪折磨着人们却难以宣泄，这很有可能让人患上神经症。

在内在本性和外在环境的冲突下，人们反应无非两种：大多数人会妥协让步，披着谦恭、平和的外衣来成长，放弃了自己成长的最高可能性，马斯洛将他们称为“萎缩的个体”；当然，总会有勇敢面对冲突，坚持自己梦想，有效解决冲动与阻碍之间的关系，达到心理上的某种平衡状态，从而有可能会取得成功，成为“奔放的个体”。

后者之中就有马斯洛大学时代的两位导师：本尼迪克特和魏特海默。马斯洛觉得从二者所体现出来的心理行为模式可以作为常人学习的样板。两位导师虽然在身体外貌、文化背景等方面存在诸多差异，但心理特征却基本相同的。他们的心理很健康，在学术上也有所建树，能力得到充分释放，也就是马斯洛所说的达到了自我实现。

马斯洛以历史伟人和身边熟人为研究对象探讨“自我实现者”的心理行为模式。他将48人分为三类：第一类基本满足“自我实现者”的要求，称之为他称之为“案例”，比如林肯、杰弗逊、赫胥黎、斯宾诺沙等12人；第二类是部分的“自我实现”，称之为“不完全的案例”，有10人；第三类是历史上有所贡献的人和成长中的年轻人，称之为“潜在

马斯洛认为，在人自我实现的创造性过程中，会产生出一种所谓的“高峰体验”的情感，这个时候是人处于最激荡人心的时刻，使人存在最高、最完美、最和谐的状态，这时的人具有一种欣喜若狂、如醉如痴、销魂的感觉。在马斯洛对人的分类中，林肯就属于这类人。

的或可能的案例”，有26人。

通过研究，马斯洛归纳出自我实现者的15种积极的心理特征：1.全面和准确地知觉现实，2.接纳自然、自己与他人，3.对人自发、坦率和真实，4.以问题为中心，5.超然于世和独处的需要，6.自主性和相对的独立性，7.永不衰退的欣赏力，8.难以形容的高峰体验，9.爱心，10.深厚的友情，11.民主精神，12.区分手段与目的，13.富于创造性，14.幽默风趣，15.不盲从。

XIFANG ZHEXUE GUSHI

如何成为自己的最佳敌人？

一种理论没有经受过辩驳，就没有多大意义。因为假若我们不采取批判态度，我们就总是能找到我们想要的东西；我们总能找到一些东西来证实我们心爱的理论，而凡是可能对这理论有危险的东西，我们都会视而不见，不予思索。

——卡尔·波普尔

在此之前，你可以不知道卡尔·波普尔，但在此之后你一定要了解并记住这个人。金融大鳄索罗斯视其为自己的“精神导师”，为表达对导师的敬意，他创办了“开放社会”基金会。英国的撒切尔夫人更是将波普尔和哈耶克视为自己的“两位老师”。生前，波普尔拥有20个大学颁发的荣誉博士学位，顶着白金汉宫授予的“爵士”和“勋爵”头衔，是英国皇家协会会员，英国学术学院和美国艺术与科学院院士，其著作被翻译成40种语言流传于世。在他去世之时，欧美各大媒体纷纷发表充满赞誉的悼念文章。波普尔的一生获得了无数荣誉，却算不上绚烂。仅仅十余年，波普尔的影响力已经日渐势微，他引以为豪的“证伪主义”也风光不在，逐渐被库恩的“范式转换”和费耶本德的“反对方法”盖过风头。最让人难以理解的是在波普尔任教二十三年的伦敦经济学院，他曾用过的办公室居然沦落成厕所，而没有改建为“波普尔纪念馆”之类的场所，实在让人叹息。

卡尔·波普尔（1902年—1994年），20世纪最著名的学术理论家、哲学家之一。其最著名的理论，是对经典的观测—归纳法的批判，提出“从实验中证伪的”的评判标准：区别“科学的”与“非科学的”。在政治上，他拥护民主和自由主义，并提出一系列社会批判法则，为“开放社会”奠定了理论根基。

波普尔生于1902年，卒于1994年，离我们似乎不太遥远。1992年，他的自传再版之时，他在后记中自嘲地说自己似乎活得太久了。读过《自传》的人不难发现，贯穿波普尔一生的问题就是知识论问题。波普尔并不认为知识可以和感觉、意见、信仰有太大的联系，但他的观点并不为人所接受，与西方学术界的主流知识观格格不入。波普尔坚持“众人皆醉而我独醒”，他没有因为人云亦云而随波逐流，而是坚定不移、旗帜鲜明地表明他的“主观主义知识观”。

波普尔的“离经叛道”从他批判当时被世人普遍认可是科学的“归纳法”开始。“不管我们已经看到多少白天鹅，也不能证明这样的结论：所有的天鹅都是白的。”18世纪的休谟已经开始怀疑归纳法了，现在波普尔将其发扬光大：以是否得到“证实”来检验判断的真伪是不靠谱的。

波普尔主张从实验中证伪，而证伪是科学发展不可缺少的特征，科学的增长是通过猜想和反驳发展的，理论不能被证实，只能被证伪，所以他的理论又被称为“证伪主义”。不能因为我们看到的天鹅都是白天鹅，就说天鹅都是白色的。

与“证实”的归纳法相比，波普尔的“证伪”标准似乎提供了更好的理论检验标准。传统理论大多都是针对问题的试探性猜想或假说，这种假设是否成立要靠经验进行证明，但这种证明过程并不是一个“证实”的过程而是一个“证伪”的过程。按照波普尔的观点，无论一种理论在经验中得到了多少次证实，人们有理由怀疑它就是真理，而只能暂时假定它是正确的；反之，现实如果与命题不符，则该理论在经验中被证伪，人们就可以确定命题是错误的。两者比较，证明理论是错误的比证明它是正确的更为容易。为了尽量避免和尽早改正错误，每一种“可能错误的”理论要保持谦逊的态度，欢迎来自各界的批判。波普尔在《水桶和探照灯：两种知识论》一文中分析了神话到科学的进化历史时认为，科学出现的标志“不是神话让位给更科学的东西”，而是人们“对待神话的新态度”，一种怀疑其正确性和真理性的批判态度。这种“批判的态度”才是科学之所以成为科学的重要标志。

随后波普尔在《历史决定论的贫困》批判历史决定论，“我断言，历史主义不仅在理性上是站不住脚的，它也和任何倡导良心重要性的宗教相冲突”。他提出“零星修补”方案与总体论“空想的工程学”的区别，前者能够以开放的心灵来解决问题，而总体论者却缺乏相应的胸怀，他们不肯承认其纲领不可避免地包含了失败的可能性，也不愿接受批判，这必然不利于多样性和思想自由的发展，与真正的科学态度背道而驰。

在对历史主义的批判实践中，波普尔批判了历史上三个最具影响力的历史主义代表人物：柏拉图、黑格尔和马克思。波普尔认为柏拉图是第一个提出完备历史主义理论的哲学家，而柏拉图最为津津乐道的理想国被波普尔批得体无完肤，认为其中充斥着极权主义，否定个人自由。至于黑格尔，波普尔借用叔本华的话说黑格尔的哲学逻辑混乱、信口雌黄，其之所以显赫一时不过是因为迎合了官方需求而已。马克思是波普尔驳斥的重点对象，马克思的历史主义最精致，影响最广泛，因而也是最危险的，其局限完全是因为历史主义的，通过历史而预言未来本来就是没有行不通的。

卡尔•波普尔的理论在知识经济中显示出其理性光芒，其三个世界的理论影响深远。波普尔把自己对知识论的思考归结为“三个世界”的理论：作为物质的第一世界，作为人的意识的第二世界和作为思想的客观内容的第三世界。波普尔对第三世界的界定从区分语言的功能开始，语言描述和论证的功能帮助人类发展迈出关键性的一步。第三世界出现之前，人类的进化和自然界进化一样，服从的自然选择法则，不改正错误就会灭亡。而第三世界提供了这样一种可能：人类能够通过批判有意识地发现和消除错误，使得人类在错误导致灭亡之前消除错误。在此这之前的生存竞争中“持错误理论的支持者被淘汰”，而此之后人类“可以让我们的理论代替我们消亡”。索罗斯在金融投资领域熟练运用并且拓展了波普尔的理论，人的意识、判断引起的市场波动，而索罗斯则对这种波动掌握得恰到好处从中谋利；而索罗斯开放市场的理念也是波普尔《开放社会及其敌人》理念的延展。

波普尔徘徊在科学与哲学之间者，享有盛名又在流行中备受误解，但为什么他成了一位“速朽的明星”很快就被人淡忘？这多少是波普尔的“咎由自取”。波普尔谴责黑格尔的著作人看不懂，他以罕见的清晰表述深奥而复杂的思想，却也在流行中被简化、曲解，流失了其复杂深刻部分，最终为世俗的声誉付出了世俗的代价。

波普尔一生都在探索，并将苏格拉底“我一无所知”的箴言作为自己思想的墓志铭。他以最有力的方式告诫人们知识的局限性，以警惕理性自负的危险。对于20世纪人类历经的灾难与恐怖来说，波普尔是一位诊断思想瘟疫的医生。如果他的告诫已经成为今天的常识，那么他被淡忘也正是他杰出的成就。